VOCÊ, SEU FILHO E A ESCOLA

CB011220

R662v   Robinson, Ken.
         Você, seu filho e a escola : trilhando o caminho para
     a melhor educação / Ken Robinson, Lou Aronica ; tradução:
     Luís Fernando Marques Dorvillé. – Porto Alegre : Penso,
     2019.
         x, 244 p. : il.; 23 cm.

         ISBN 978-85-8429-185-4

         1. Educação. I. Aronica, Lou. II.Título.

                                                        CDU 37

Catalogação na publicação: Karin Lorien Menoncin – CRB 10/2147

Ken Robinson (Ph.D.)
Lou Aronica

VOCÊ, SEU FILHO E A ESCOLA

trilhando o caminho
para a melhor educação

Tradução
Luís Fernando Marques Dorvillé

penso

Porto Alegre
2019

Obra originalmente publicada sob o título
You, your child, and school: navigate your way to the best education.
ISBN 9780670016723/0670016721
Copyright ©2018 by Ken Robinson.
Published in English by Viking, an imprint of Penguin Random House LLC,
New York.

Gerente editorial
Letícia Bispo de Lima

Colaboraram nesta edição
Editora
Paola Araújo de Oliveira

Capa
Paola Manica

Preparação de original
Daniela de Freitas Louzada

Leitura final
Carla Araujo

Editoração
Ledur Serviços Editoriais Ltda.

Reservados todos os direitos de publicação, em língua portuguesa, à
PENSO EDITORA LTDA., uma empresa do GRUPO A EDUCAÇÃO S.A.
Av. Jerônimo de Ornelas, 670 – Santana
90040-340 – Porto Alegre – RS
Fone: (51) 3027-7000 Fax: (51) 3027-7070

SÃO PAULO
Rua Doutor Cesário Mota Jr., 63 – Vila Buarque
01221-020 – São Paulo – SP
Fone: (11) 3221-9033

SAC 0800 703-3444 – www.grupoa.com.br

IMPRESSO NO BRASIL
PRINTED IN BRAZIL

Autores

Ken Robinson, Ph.D., é um líder internacionalmente reconhecido em educação e autor dos livros *The element, Finding your element* e *Out of our minds*. Foi citado pela revista *Fast Company* como "um dos maiores pensadores mundiais em criatividade e inovação" e classificado pelo Thinkers50 entre os maiores líderes de pensamento de negócios do mundo. Ken Robinson trabalhou com governos na Europa e na Ásia, agências internacionais, empresas citadas na Fortune 500, sistemas educacionais estaduais e nacionais, bem como algumas organizações culturais e sem fins lucrativos espalhadas pelo mundo. Foi professor de educação na University of Warwick, no Reino Unido, durante 12 anos e hoje é professor emérito da instituição. Sua palestra de 2006 – *Será que as escolas matam a criatividade?* – é a mais assistida na história do TED, já tendo sido vista por milhões de pessoas em mais de 150 países.

Lou Aronica é autor de três romances e coautor de diversos livros de não ficção, incluindo os *best-sellers The culture code, The element* e *Finding your element*.

Para James e Kate com amor.

Agradecimentos

Existe um mito antigo de que a única pergunta em um longevo exame imperial chinês era "O que você sabe?". O candidato que desse a resposta mais longa conseguia o emprego. Quando comecei a escrever um livro sobre educação destinado para pais, eu me senti um pouco dessa forma. A educação aborda tantas questões e as famílias são tão diferentes que durante algum tempo foi difícil saber o que dizer. A resposta, claro, era me concentrar no que acho mais importante e admitir que nenhuma discussão a respeito desses temas pode ser inteiramente livre de valores pessoais. A maioria dos assuntos tratados nesta obra está baseada em pesquisas e experiência profissional da maneira mais objetiva possível. Outra parte é influenciada pela minha própria visão sobre o tema. Acredito que será fácil identificar essas influências, pois todas são importantes.

A educação é um campo muito amplo e ninguém sabe tudo. Por isso, sou imensamente grato a todas as pessoas com as quais me aconselhei e que com frequência me auxiliaram em momentos de adversidade. Não posso mencionar todas, mas quero agradecer àquelas que forneceram aconselhamento especializado em diferentes temas: Lily Eskelsen García, Laura Gross, Bob Morrison, Andy Hargreaves, David Price, Peter Gamwell, Hadley Ferguson, Richard Gerver, Pasi Sahlberg, Kate Robinson, Anthony Dunn, Jerry Mintz, Elliot Washor, James Robinson, Cynthia Campoy-Brophy, Mitchell Bass, Michelle Kinder e Heather Bryant.

Em especial, sou grato ao meu parceiro neste livro, Lou Aronica, por sondar as reações das pessoas enquanto o livro assumia forma e por ter realizado boa parte das pesquisas iniciais, entrevistas e estudos de caso que são a base desta obra. Agradeço ao nosso agente literário, Peter Miller, por seu entusiasmo e por sua competência ímpar em promover o meu trabalho.

Agradeço a Jodi Rose por gerenciar minha agenda e por ter lidado com as pessoas quando eu mais precisei de tempo para escrever. Você não teria este livro em mãos se não fosse pela orientação competente de Kathryn Court, nossa excepcional editora da Penguin Random House, e sua excelente assistente Victoria Savanh. Acima de tudo, agradeço à minha esposa e parceira profissional de toda a vida, Terry, por sua crença constante e seu apoio sem igual em tudo o que faço. Como sempre, obrigado.

Sumário

1

Oriente-se

S e você for pai de uma criança em idade escolar este livro é para você. Meu objetivo é ajudar a proporcionar a educação que ela precisa para ter uma vida produtiva. Trabalhei com educação durante toda a minha vida profissional e, ao longo do caminho, tive inúmeras conversas com pais sobre a escola. Também sou pai e sei que ser pai é um desafio bem como um prazer. As coisas se complicam quando seus filhos entram na escola. Até então, você havia sido o principal responsável pelo seu desenvolvimento e bem-estar. Agora, você confia uma parte importante de seu tempo a outros, dando a eles uma enorme influência sobre a vida das crianças durante seus anos mais formativos.

Vê-los ir para a escola no primeiro dia traz um conjunto de emoções. Você espera que eles fiquem entusiasmados em aprender, façam bons amigos e sejam felizes e inspirados na escola. Ao mesmo tempo, é provável que você sinta uma boa dose de apreensão. A escola traz um novo conjunto de relacionamentos. Como seus filhos irão responder aos professores? A escola verá o que eles têm de especial? E os outros pais e as outras crianças? Seus filhos irão superar as novas dificuldades sociais ou irão tropeçar nelas? No primeiro dia, à medida que seu filho se dirige à escola, não se surpreenda se sentir um nó na garganta. Você verá que as coisas nunca mais serão as mesmas, e você estará certo.

Emma Robinson (nenhum parentesco comigo) é professora na Inglaterra. Ela também é mãe e sabe qual é a sensação de deixar seu filho na escola no primeiro dia de aula. Ela escreveu um poema chamado "Querido professor", que foi compartilhado por milhares de outros pais. A seguir, um trecho:

Sei que você está muito ocupado
O primeiro dia de novo, não há tempo
Uma nova turma de pequenos
E este aqui é o meu.

Tenho certeza que você pensou em tudo
E já fez inúmeras vezes
Mas o meu filho é muito pequeno
Não faz muito tempo que fez 4 anos.

Vestido no seu uniforme nesta manhã
Ele parecia tão alto e seguro,
Mas agora ao lado de sua grande escola
Não tenho certeza se ele está pronto.

Parece um que foi um piscar de olhos
Que o segurei em minhas mãos
Tem sido minha ocupação amar, ensinar
Protegê-lo dos perigos.

Eu sei, enquanto o beijo mais uma vez
E o vejo partir,
Que ele nunca será totalmente meu de novo
Como havia sido antes do dia de hoje.[1]

Os pais sempre se preocuparam em entregar seus filhos, mas atualmente eles se preocupam ainda mais com as escolas. Muitos ficam revoltados com o que está acontecendo com a educação. Esses pais se afligem com a quantidade excessiva de testes e a pressão sob os alunos; sentem que o currículo se tornou restrito devido a exclusões de importantes programas em artes, esportes e atividades externas. Preocupam-se com o fato de seus filhos não serem tratados como indivíduos e que as escolas não estejam sendo capazes de promover sua curiosidade, criatividade e talentos pessoais. Ficam ansiosos com o fato de muitos jovens serem diagnosticados com problemas de aprendizagem e serem medicados para manter sua concentração. Preocupam-se com o *bullying* e os assédios. Se seus filhos estiverem no ensino médio, preocupam-se com os custos elevados do ensino superior e se eles serão capazes de encontrar um emprego se entrarem na universidade ou não. Mais do que isso, frequentemente eles sentem-se impotentes como pais para agir a respeito dessas situações.

RAIVA E ANSIEDADE

Recentemente perguntei no Twitter e no Facebook sobre as maiores preocupações dos pais na educação de seus filhos. Em menos de uma hora, centenas de pessoas de todo o mundo responderam. Bec, uma jovem mãe norte-americana, falou em nome de muitos quando disse "os pontos fortes das crianças não são valorizados e suas dificuldades são ampliadas. Suas notas são mais importantes do que sua autoimagem". Kimmie, outra mãe, perguntou: "Meus filhos descobrirão seus potenciais e serão orientados para uma carreira que amam e com a qual terão entusiasmo?". Conchita escreveu: "Tenho todo tipo de preocupações com minhas duas filhas. O sistema atual não deixará que elas brilhem e minha filha de 10 anos pode não receber o que precisa para superar suas dificuldades de aprendizagem e ansiedade".

Jon está preocupado: "As crianças estão gradualmente sendo ensinadas a não gostar de aprender; trata-se de um rito de passagem pelo qual todos nós temos que passar sem qualquer argumentação sólida. Trata-se de uma batalha constante para manter vivos a centelha da curiosidade e o prazer em aprender quando o sistema os empacota e estabelece narrativas sobre a educação da maneira como o faz". Karin afirmou: "A educação está quebrada. Há pressão demais, testes demais, exigências demais, linhas de montagem demais. Como podemos recomeçar? Como podemos preparar nossos filhos para uma vida radicalmente diferente daquela para a qual o sistema atual os prepara?".

Carol estava preocupada com o fato "de a abordagem 'um tamanho serve para todos', conduzida por indivíduos que não têm qualquer política educacional voltada para os negócios, estar produzindo alunos que não têm capacidade de pensar por conta própria e com um medo absoluto do fracasso". A maior preocupação de outra mãe era se as escolas "estavam ensinando os alunos a serem solucionadores de problemas de forma criativa. Os testes não ensinam os alunos a serem pensadores versáteis". Tracey destaca uma preocupação profunda de muitos pais: "Estou preocupada principalmente com o fato de os legisladores aparentemente não darem muita importância à opinião dos pais. A cultura em torno da opinião dos pais é, na melhor das hipóteses, depreciada, e aqueles que tomam as decisões sobre as crianças não fazem ideia do que de fato ocorre nas salas de aula". Todas essas ansiedades são legítimas e se você compartilha delas, tem razão em estar preocupado.

A educação, às vezes, é concebida como uma preparação para o que ocorre quando seu filho deixa a escola – obter um bom emprego ou entrar no ensino superior. Existe uma percepção de que essa é a realidade, porém, a infância não é um ensaio. Seus filhos estão vivendo a vida deles nesse momento, com seus próprios sentimentos, pensamentos e relacionamentos. A educação precisa lidar com eles aqui e agora, exatamente como você faz como pai. Quem os seus filhos se tornam e o que eles farão no futuro tem tudo a ver com as experiências que estão tendo no presente. Se seus filhos receberem uma educação limitante, eles podem não ser capazes de descobrir talentos e interesses que podem enriquecer sua vida no presente e inspirar seu futuro para além da escola.

COMO ESTE LIVRO PODE AJUDAR?

Então, como este livro pode ajudar? Espero que ele seja útil de três maneiras. A primeira é considerando o tipo de educação que seus filhos precisam nos tempos atuais e como ela está relacionada ao seu papel de pai. Os pais frequentemente pensam que seus filhos precisam do mesmo tipo de educação que eles receberam. Isso depende do tipo de educação que eles receberam, mas em geral não é verdade. O mundo está mudando tão rapidamente que exige que a educação o acompanhe. A segunda é considerando as mudanças que você enfrenta ao ajudá-los a obter essa educação. Alguns desses desafios têm a ver com as políticas públicas de educação e alguns, de modo mais geral, com os tempos em que vivemos. A terceira é levando em conta suas opiniões e poder como pai para superar esses desafios. Deixe-me fazer algumas ressalvas de imediato.

Para começar, não existe um manual sobre como ser um bom pai. Eu não teria esse atrevimento. Tenho certeza que isso é um alívio, porque aparentemente todo mundo tem. Do Dr. Spock às mães-tigre, você já enfrenta uma enxurrada de informações sobre como criar seus filhos. Além dos conselhos não solicitados de amigos, parentes e provavelmente de seus próprios filhos, existem mais de quatro milhões de *blogs* de mães na internet, e as livrarias *on-line* listam mais de 150 mil livros nas categorias de competências parentais. Não quero contribuir para esse clamor.

Minha esposa e eu temos dois filhos e muitos dos nossos parentes e amigos também têm. Enfrentamos vários desafios discutidos aqui, assim como o meu parceiro neste livro, Lou Aronica, que tem uma grande família. Sabemos que a pressão sobre os pais nunca diminui. Vocês sempre se preocuparão com seus filhos e tentarão ajudá-los a direcionar suas vidas. Ser pai é uma tarefa para a vida toda. Pode ser difícil em alguns momentos e em algumas horas pode ser terrível. Considere este livro como um alívio para essa pressão.

Não estamos vivendo na mesma realidade alternativa em que todos levam uma vida melhor que você. Quero sugerir alguns princípios de cuidados parentais que são relevantes para a educação e que são amplamente apoiados por pesquisas e experiências. Dessa forma, deixe-me garantir que estou ao seu lado e que os conselhos que estou oferecendo veem da perspectiva daqueles que erraram em mais de uma ocasião.

Esse também não é um guia de boas escolas. Frequentemente me perguntam sobre escolas ou sistemas escolares específicos e se eu os recomendo. Todas as escolas são diferentes; existem escolas públicas boas e ruins, escolas privadas boas e ruins, e *charter schools** boas e ruins. Minha resposta é sempre que você deve ver o local por sua conta e tentar perceber se ele funcionaria para você e seu filho. Para fazer isso, é preciso saber o que é uma escola boa e é isso que abordaremos.

Não estou sugerindo uma solução única para todos. Ao contrário, nenhuma criança é igual a outra e seus filhos não são diferentes. Suas escolhas e prioridades parentais são naturalmente afetadas pela sua própria origem e circunstâncias. Se você for um pai solteiro em um bairro menos favorecido, suas escolhas são diferentes das de alguém com ajuda profissional vivendo em um bairro privilegiado. Você pode estar em posição de escolher a escola que desejar para seu filho. A maioria dos pais não está. Então você tem que jogar de acordo com as condições que tem, certo? Na verdade, não. Você de fato tem escolhas e abordaremos quais são elas.

No geral, meu objetivo é sugerir alguns conselhos sobre uma boa educação e o que você pode fazer como pai para se certificar de que seus filhos a recebam. Isso inclui como apoiá-los ao longo do atual sistema educacional, ou fora dele, se assim você escolher. Essas são algumas das opções disponíveis para todos os pais, nas quais você pode:

- matricular seu filho na escola local e deixar a educação a cargo dela;
- tornar-se ativo na educação do seu filho construindo relacionamentos com os professores por meio de apoio dado em casa;
- tornar-se mais engajado no cotidiano da escola;
- influenciar na elaboração da política da escola por meio de associação de pais e mestres;

---

* N. de E. *Charter schools* são instituições que têm um modelo de gestão compartilhado pelos setores público e privado (são financiadas pelo governo, mas funcionam independentemente do sistema escolar público, submetidas a diferentes regulamentações e administradas de modo privado). Serão explicitadas mais adiante, neste capítulo.

- fazer campanha por mudanças com outros pais;
- procurar outra escola;
- escolarizar seu filho em casa ou não escolarizá-lo;[*]
- usar oportunidades de aprendizagem *on-line*.

Se você de fato puder escolher a escola, qual você escolheria e por quê? Se não puder, o que deve esperar da escola que tem, o que pode fazer se ela fracassar? Decidir para aonde ir depende de vários temas que serão considerados nos capítulos a seguir. O primeiro deles é o nosso papel como pais e como ele se relaciona à educação. O segundo é o desenvolvimento das crianças do nascimento até o início da vida adulta. É importante perceber isso para conhecer os tipos de experiências que você e a escola devem oferecer ao seu filho e por quê. O terceiro tema é a importância de reconhecer talentos, interesses e caráter de seu próprio filho. O quarto tema é porque a educação que seu filho pode ser diferente de quando você estava na escola. O quinto tema é porque tantas escolas ainda não estão oferecendo esse tipo de educação e o que você pode fazer para mudar isso.

APRENDIZAGEM, EDUCAÇÃO E ESCOLA

Antes de começar, deixe-me distinguir três termos, que aparecerão constantemente: *aprendizagem, educação* e *escola.*

- *Aprendizagem* é a aquisição de novas habilidades e compreensão.
- *Educação* é um programa organizado de aprendizagem.
- *Escola* é uma comunidade de aprendizes.

As crianças adoram aprender; elas nem sempre gostam da educação e algumas têm grandes problemas com a escola. Por que isso ocorre?

A *aprendizagem* é natural para as crianças. Os bebês aprendem em um ritmo prodigioso, como, por exemplo, a linguagem. Em seus primeiros 24 meses, passam de grupos de choros e balbucios não articulados para serem capazes de falar. Trata-se de um feito impressionante e ninguém, incluindo você, "ensina" ao seu filho a como fazer isso. Você não ensina porque não poderia ensiná-lo. Aprender a falar é muito complexo. Como os bebês aprendem a falar? Eles têm uma capacidade natural para isso e adoram aprender. Como eles fazem isso? Escutando e copiando você e outras pessoas em volta

---

[*] N. de E. Leia mais sobre educação domiciliar e desescolarização no Capítulo 6.

deles. Você os encoraja com seu sorriso e sua satisfação e eles encorajam você com os deles. Eles aprendem a falar porque querem e podem. À medida que avançam na vida, eles aprenderão outras habilidades e conhecimentos apenas pelo prazer de aprender: porque querem e podem.

A *educação* é uma abordagem mais organizada para aprender. Ela pode ser formal ou informal, autodirecionada ou organizada por outra pessoa. Pode ocorrer em casa, *on-line*, no trabalho ou em qualquer outro lugar. Peter Gray é um professor e pesquisador de Psicologia do Boston College e autor do livro *Free to learn*. Ele diz que as crianças "[...] são lindamente construídas pela natureza para dirigir sua própria educação. Durante a maior parte da história da humanidade, as crianças educaram a si mesmas por meio da observação, da exploração, do questionamento, das brincadeiras e da participação. Esses institutos educativos ainda funcionam de forma maravilhosa para as crianças, que são dotadas das condições que lhes permitem florescer".[2]

Uma *escola* é qualquer comunidade de pessoas que se reúne para aprender com e a partir das outras. Recentemente me perguntaram se as escolas ainda eram uma boa ideia. Eu acho que sim, e a razão principal é que a maior parte do que aprendemos na vida aprendemos com os outros e a partir dos outros. A aprendizagem é tanto um processo social quanto individual. A verdadeira pergunta é que tipo de escola ajuda as crianças a aprender melhor? Muitos jovens desistiram da educação não porque não querem aprender, mas porque as regras e as rotinas da escolarização convencional atrapalham.

Para a maioria de nós, a principal experiência de educação formal é a escola com notas. Que imagem a palavra *escola* traz à mente? Se você pensar em escola de ensino médio, pode imaginar longos corredores e escaninhos, salas de aula cheias de mesas com quadros na frente, uma sala com um palco, um ginásio, laboratórios de ciência, talvez uma sala de música ou um estúdio de arte e uma área de esportes em algum lugar. E o que acontece lá? Você pode pensar em disciplinas separadas (algumas mais importantes que outras), horários fixos, tarefas, testes e atividades após o turno escolar. E sobre a educação infantil ou o ensino fundamental? Quaisquer que sejam seus sentimentos pessoais sobre a escola, o fato é que se você desmaiar em algum lugar e acordar em uma escola, você rapidamente perceberia onde se encontra. Desde a introdução da escolarização em massa no século XIX, as escolas tornaram-se locais reconhecíveis que trabalham de maneiras próprias. Muitos dos padrões escolares são subestimados em grande parte porque a escola tem sido assim há muito tempo. Nem todas as escolas são desse jeito e, definitivamente, não precisam ser assim. O fato de tantas serem desse modo é uma questão de hábito, não de necessidade. Veremos diferentes tipos de escolas e como as melhores delas criam condições em que os jovens gostam de aprender e querem alcançar seu desempenho mais elevado. É importante que tanto eles quanto você, de fato, gostem da educação.

PARA QUE SERVE TUDO ISSO?

Começando como bebês, a maioria das crianças nos Estados Unidos passa 14 anos na escola, 40 semanas por ano, cinco dias por semana, com média de oito horas por dia, contando o dever de casa. Isso totaliza em torno de 22 mil horas de escolarização, sem contar o ensino superior. É aproximadamente a mesma quantidade de tempo que todos os motoristas da Suíça passaram em congestionamentos no trânsito em 2017. Os suíços são pacientes, mas mesmo assim trata-se de muito tempo. Isso não inclui o tempo que você passa preparando seu filho para ir à escola, deixando-os na escola, pegando-os na escola, ajudando com o dever de casa, comparecendo a eventos e reuniões e todas as horas que você passa em engarrafamentos. O que você espera desse enorme investimento de tempo e energia? Por que, antes de mais nada, você está escolarizando seus filhos? O que esperar a partir disso?

Na minha experiência, a maioria dos pais espera que seus filhos conheçam o mundo à sua volta, desenvolvam seus talentos e interesses naturais e adquiram habilidades e conhecimentos necessários para tornarem-se bons cidadãos e terem uma vida decente. Trata-se de expectativas razoáveis. Tivemos essas expectativas quando nossos filhos foram para a escola e nossos pais as tiveram quando éramos jovens. Independentemente do que você deseja, que tipo de educação você acha que eles precisam? Se você acha que uma educação acadêmica convencional apoiada por notas perfeitas em testes é o melhor, você pode estar muito errado. Mesmo se não pensar dessa maneira, muitos legisladores pensam e isso é um problema. Na minha opinião, eles também estão errados.

TUDO MUDA

Uma das razões pelas quais você precisa pensar diferente sobre a educação atual é que o mundo em que seus filhos estão vivendo é muito diferente daquele em que você e seus pais cresceram. Falaremos sobre isso em outros capítulos, mas seguem alguns dos pontos principais.

As famílias estão mudando. Atualmente, apenas 60% das crianças nos Estados Unidos vivem em famílias em que seus pais biológicos são casados.

Os outros 40% vivem em várias situações: apenas com a mãe, apenas com o pai, com os avós, com pais do mesmo sexo, em uma família mista, ou em outro cenário. Existem tendências semelhantes em muitos outros países. A propósito, caso você esteja se perguntando se é um pai, deixe-me esclarecer. Diante dessas grandes mudanças sociais, para os nossos propósitos, ser um pai significa preencher papéis específicos e não apenas ser um parente de sangue. Você pode ser pai biológico da criança ou não. Qualquer que seja a sua situação, se você tem uma responsabilidade central pelos cuidados domésticos e bem-estar de uma criança, você é um pai.

As crianças estão mudando. Fisicamente, os jovens estão amadurecendo mais cedo do que antes, especialmente as meninas. Eles estão enfrentando pressões sociais enormes da cultura popular e da mídia social; estão vivenciando altos níveis de estresse e ansiedade, boa parte relacionada às pressões na escola; estão se tornando menos saudáveis e mais sedentários – por exemplo, a obesidade infantil mais do que duplicou nos últimos 30 anos e mais do que quadruplicou entre os adolescentes.

O trabalho está mudando. As tecnologias digitais estão acabando com muitos mercados de trabalho tradicionais e criando novos. É quase impossível prever que tipos de trabalhos os alunos de hoje estarão realizando em 5, 10 ou 15 anos, assumindo que eles encontrem um trabalho.

O mundo todo está mudando. Vamos encarar esse fato: existem mudanças tumultuadas se estendendo por todo o planeta em várias frentes: culturais, políticas, sociais e ambientais. A educação deve levar isso em conta, ela deve ajudar as crianças a encontrarem o seu caminho e sobretudo a florescerem, em um mundo que está mudando mais rápido do que nunca.

Evidentemente, os governos entendem parte do que está acontecendo e estão trabalhando duro por meio de comitês e câmaras de votação tentando controlar o que ocorre nas escolas. Ao longo do caminho, a educação tornou-se um tema político importante e você e seus filhos estão na mira.

QUAL É O PROBLEMA?

Por mais de 30 anos, muitos governos despejaram recursos em tentativas de reformar a educação e elevar os padrões das escolas. Seus motivos são principalmente econômicos. Como as tecnologias digitais, em particular, transformaram o comércio internacional e os empregos, os legisladores reconheceram que padrões elevados nos sistemas educacionais são fundamentais para a prosperidade e competitividade nacionais. Eles não estão errados sobre isso.

Os problemas para você e seus filhos se encontram nas estratégias que adotaram para "melhorar" a educação. Em muitos países, existem quatro estratégias principais: *disciplinas STEM* (do inglês *science, technology, engineering, and mathematics* – ciência, tecnologia, engenharia e matemática), *teste e competição, academicismo* e *diversidade e escolha*. Em alguns países, especialmente nos Estados Unidos, existe uma quinta estratégia: *lucro*. À primeira vista, algumas dessas estratégias de reforma podem fazer sentido. Na prática, ocorreu o oposto, com consequências preocupantes para muitos jovens e suas famílias.

Disciplinas STEM

Como pai, você quer que seus filhos tenham um bom desempenho na escola, consigam um emprego de acordo com seus talentos e que os ajudem a estar financeiramente seguros. Os governos querem algo semelhante para o país, mas não estão pensando em seu filho especificamente; estão pensando na força de trabalho como um todo e em temas mais amplos, como o produto nacional bruto. Consequentemente, eles enfatizaram as disciplinas STEM, acreditando que apenas elas são as mais importantes para o crescimento econômico e para a competitividade. O argumento é que as economias modernas são em grande parte impulsionadas por inovações nessas disciplinas e existem bons empregos a serem preenchidos por aqueles com as qualificações corretas.

As disciplinas STEM são importantes na educação, tanto por si mesmas quanto por razões econômicas, entretanto, economias bem-sucedidas não são criadas apenas por cientistas, engenheiros e matemáticos. Elas dependem do talento de empreendedores, investidores e filantropos; também se desenvolvem por meio do trabalho de *designers*, escritores, artistas, músicos, dançarinos e atores. A Apple é uma das companhias mais bem-sucedidas do mundo. Seu sucesso não foi impulsionado apenas por engenheiros de *software* e programadores, por mais que eles tenham sido fundamentais, mas por pessoas de múltiplas disciplinas: narração de histórias, música, filmes, *marketing*, vendas e muitas outras.

A preocupação com as disciplinas STEM levou a uma redução na oferta de programas de arte e humanidades nas escolas, que são igualmente importantes para o desenvolvimento equilibrado das crianças e para a vitalidade das comunidades e economias. Essa preocupação envia uma mensagem de que se seus filhos não se sentem à vontade com as disciplinas STEM o mundo não precisa deles, quando na verdade precisa.

Em 2011, o Farkas Duffett Research Group (FDR) realizou um questionário nacional entre mil professores do 3º ano do ensino fundamental às séries finais do ensino médio nos Estados Unidos.[3] O objetivo era reunir informações sobre comportamento e prática dos professores em sala de aula. A pesquisa pedia que os professores dessem detalhes sobre o que ocorria em salas de aula e nas escolas: como o tempo era utilizado em sala de aula, de que maneira os testes estaduais afetavam seu trabalho e quais áreas do currículo recebiam mais ou menos atenção. Segundo a maioria dos professores, as escolas estavam restringindo o currículo, transferindo o tempo de aula e os recursos para matemática e línguas e retirando o de arte, música, língua estrangeira e estudos sociais. Todos os alunos pareciam ser afetados. A pesquisa indicou que o currículo estava sendo mais limitado nas escolas dos anos iniciais do ensino fundamental.

Bob Morrison é o fundador da Quadrant Research e uma das principais autoridades nos Estados Unidos sobre o impacto das políticas públicas na oferta da disciplina de artes nas escolas. Ele afirma que está sendo observado em todos os setores, como resultado do intenso foco na preparação dos alunos para os testes, um declínio em saídas de campo e programas de aulas práticas em artes. Quando perguntado por que, os administradores das escolas mencionam o tempo reduzido como razão.[4]

A maioria dos professores acredita que um currículo amplo é essencial para uma boa educação e que os testes estaduais de matemática e linguagem estão limitando o currículo e provocando alterações profundas no dia a dia do ensino e na cultura escolar. De acordo com os professores, o foco na matemática e na linguagem às custas de outras disciplinas teve também outros efeitos: nove entre dez professores disseram que quando uma disciplina é incluída no sistema estadual de testes, ela é tratada de forma muito mais séria nas escolas; e dois entre três professores afirmaram que era mais fácil obter dinheiro para tecnologia e materiais para as disciplinas que são testadas.

Muitos educadores e defensores de abordagens mais equilibradas na educação estão fazendo uma campanha para ampliar o STEM, incluindo um A de artes: STEAM. Estou entusiasmado que estejam fazendo isso. As escolas também deveriam dar espaço para as humanidades: então SHTEAM? E educação física? Você está vendo o problema? A verdadeira resposta é ter uma abordagem adequadamente livre de acrônimos na educação das crianças e é por isso que deveríamos estar lutando.

Testes e competição

Os legisladores de todas as tendências enfatizam a necessidade de elevar os padrões nas escolas. É difícil contestar essa ambição. Por que eles deveriam baixar esses padrões? O método escolhido geralmente é a administração de testes padronizados, com frequência na forma de questionários de múltipla escolha. As respostas são facilmente processadas por leitores ópticos e geram uma sequência de dados que podem ser compilados em gráficos comparativos e tabelas de classificação. Consistente com o foco nas disciplinas STEM, esses testes são principalmente sobre matemática, ciências e alfabetização.

A realização de testes de alto nível deveria estimular padrões mais elevados na educação. Em vez disso, ela tornou-se uma cultura sombria que desmoraliza igualmente estudantes e professores. Nos anos de 1980, os alunos do ensino médio dos Estados Unidos eram submetidos a alguns poucos testes por ano. Não estou me referindo ao popular teste ocasional; refiro-me a testes que tiveram consequências, determinando se o aluno passou de uma série para outra, se concluiu o ensino médio ou se entrou no ensino superior e para qual instituição. Agora, os alunos realizam uma série aparentemente interminável de testes, em anos alternados, começando nos anos iniciais do ensino fundamental (às vezes até na educação infantil), com pressões crescentes sobre eles e sobre os pais também. Eles são chamados de testes de alto nível por uma razão. Os resultados dos testes dos seus filhos são utilizados para compilar tabelas de classificação de escolas, as quais podem afetar quanto os professores recebem, quais são as verbas das escolas e mesmo se elas receberão alguma verba ou não.

Anya Kamenetz é uma autora e jornalista norte-americana que tem especial interesse pela educação. Ela também é mãe. Anya confirma os enormes desafios nos testes padronizados anuais das escolas públicas. Os quase universalmente desprezados testes de múltipla escolha preenchendo círculos "estão agora sendo utilizados para decidir os destinos não apenas dos estudantes de modo individual mas também de seus professores, das escolas, dos distritos e do sistema educacional como um todo, embora esses testes tenham pouca validade quando aplicados dessa forma". Como eles determinam a elegibilidade para a mudança de série ou para a graduação, "[...] eles excluem grande número de minorias, os pobres, os que estão aprendendo a língua inglesa e as pessoas com dificuldade de aprendizagem. Eles duplicam seu valor como medida de desempenho dos professores, que têm tido sua posse negada e até mesmo sido demitidos com base nas notas dos alunos. As escolas que não conseguem atingir os objetivos nas notas dos testes são penalizadas, perdem sua liderança ou são fechadas; distritos e estados devem aplicar os testes e seguir as regras ou, do contrário, perdem bilhões de dólares em assistência educacional".[5] Como ela diz, esses são apenas os efeitos diretos mais óbvios dos testes; os efeitos indiretos de julgar as escolas com esses números se estendem por toda a sociedade.

A obsessão por testes está transformando muitas escolas públicas, "[...] onde nove entre dez crianças norte-americanas se matriculam, em locais infelizes. Testes de referência, práticos, de campo e diagnósticos estão aumentando o número total de testes padronizados a 33 por ano em alguns distritos. Educação física, arte, línguas estrangeiras e outras matérias fundamentais estão em bloco a favor de mais treinamentos em matérias principais testadas... Em distritos pobres, é ainda mais provável que o ato de ensinar para o teste substitua outras atividades que os alunos desesperadamente precisam".[6]

Existe uma crescente competição por vagas em escolas e faculdades particulares e os resultados desses testes geralmente são a base de decisões para os selecionadores. Os estudantes escutam cada vez mais cedo que ter um bom desempenho nos testes é a chave para carreiras bem-sucedidas e que mesmo um escorregão pode ser desastroso. Tenha um desempenho ruim em algum teste e você não será capaz de entrar na turma de Colocação Avançada,[*] e se não entrar, as faculdades de elite não o levarão a sério, e se não for aceito por uma delas, pode desistir de obter um emprego decente e bem-pago. Existem muitas informações erradas com essa mensagem, mas é o que os jovens estão ouvindo todos os dias na escola e frequentemente também dos seus pais.

A cultura dos testes gastou bilhões de dólares dos contribuintes sem qualquer melhora real dos padrões. Os níveis alcançados em matemática, ciências e linguagem pouco se alteraram e tampouco a posição dos Estados Unidos na classificação internacional nessas disciplinas. Enquanto isso, os testes estão provocando um enorme estresse para você, seus filhos e seus professores. A propósito, profissionais das ciências, tecnologia e matemática também estão preocupados com o fato de a cultura dos testes estar destruindo o prazer e criatividade dos alunos também em suas disciplinas.

---

[*] N. de T. No original, *Advanced Placement*, disciplinas cursadas pelos estudantes durante o ensino médio que podem valer créditos em cursos de graduação, mediante a aprovação em exames administrados de forma centralizada nos Estados Unidos.

Academicismo

O principal foco da reforma educacional é a elevação dos padrões do tipo de habilidades acadêmicas necessárias para a obtenção de títulos nas universidades. Os governos estão encorajando o máximo de pessoas a entrarem no ensino superior baseados no pressuposto de que os graduados têm as qualidades que o mundo dos negócios precisa e no fato de eles serem mais empregáveis do que as pessoas que não cursaram uma faculdade.

A estratégia pode parecer seriamente ponderada, mas não está funcionando como planejada. Um título de ensino superior não é mais uma garantia de um emprego bem-remunerado, em parte porque agora muitas pessoas o possuem. Os empresários também não estão satisfeitos e eles são as pessoas que os políticos tentam agradar. Diante do modo extremamente rápido que o mundo do trabalho está mudando, os empregadores dizem que precisam de pessoas que sejam adaptáveis e que possam se dedicar a novas tarefas e novos desafios; precisam de pessoas criativas e que tragam novas ideias para novos produtos, serviços e sistemas; e de pessoas que trabalhem em equipe, podendo colaborar e trabalhar juntos. Eles se queixam de que muitos jovens com qualificações acadêmicas tradicionais não são adaptáveis, criativos ou capazes de trabalhar em equipe. Por que eles deveriam ser? Eles passaram anos de sua educação aprendendo que o sistema constante de testes recompensa a conformidade, a complacência e a competição.

Isso não é um problema apenas dos Estados Unidos. Em 2016, o Fórum Econômico Mundial publicou um relatório sobre as habilidades-chave que os trabalhadores de todo o mundo precisarão em 2020: criatividade, flexibilidade, colaboração, trabalho em equipe e inteligência emocional.[7] O Fórum reconheceu que essas habilidades precisam ser desenvolvidas na educação. A ênfase nos testes acadêmicos também comprimiu os cursos técnicos, que costumavam ser um caminho valioso para o emprego para muitos jovens cujos interesses e capacidades são agora negligenciados pela escola.

Diversidade e escolha

Houve uma época em que os pais simplesmente colocavam seus filhos na escola pública. Agora, você escolher entre escolas públicas, privadas, *charter*, alternativas, que visam o lucro, virtuais, escolas-ímã,[*] educação domiciliar

---

[*] N. de T. Escolas públicas dos Estados Unidos que oferecem cursos ou currículos especializados como forma de atrair os estudantes.

e desescolarização. Você também pode viver em um distrito que opera um esquema de *voucher*.* Escolas que oferecem alternativas à educação pública podem ou não ser boas, mas o efeito geral do financiamento tem sido o de drenar recursos do sistema público e reduzir a escolha de muitos pais. Considere o esquema de *voucher*, por exemplo.

Vários estados dos Estados Unidos e alguns países da Europa utilizaram sistemas de *voucher*. Em vez de colocar dinheiro público nas escolas com base na quantidade de alunos que elas têm, o dinheiro para cada aluno é dado aos pais na forma de um *voucher*. Teoricamente, você pode escolher a escola que deseja que seu filho frequente e dar o *voucher* à instituição. A ideia é encorajar a competição entre as escolas assumindo que isso elevará os padrões gerais ao dar aos pais uma escolha. Na superfície, esses esquemas são atraentes para os pais. Se você não gosta do aspecto da escola pública local você pode utilizar seu *voucher* para mandar seu filho para outra escola ou para uma escola privada ou *charter*. Na prática, o sistema de *voucher* não funcionou dessa forma.

As escolas têm um número limitado de vagas e as mais populares logo ficam cheias. Quando elas têm candidatos demais, geralmente procedem da seguinte forma: estabelecem critérios de seleção específicos – notas nos testes ou características das famílias, por exemplo – que aumentam a dificuldade de ser aceito; ou realizam um sorteio, em que as chances são iguais para todos. Se você não for contemplado, provavelmente ficará com uma escola pública local, que agora pode ter menos dinheiro pois seu financiamento foi reduzido em função do esquema *voucher*.

Oferecer aos pais a possibilidade de escolher as escolas pode parecer admirável. Na prática, a escolha é frequentemente mais aparente do que real.

Lucro

A educação pública é cara e os governos da maioria dos países aceita isso. Alguns, principalmente os Estados Unidos e a Inglaterra, não aceitam, e parecem comprometidos em quebrar o sistema público abrindo-o aos interesses corporativos. Consequentemente, a educação tornou-se um mercado apetitoso para grandes negócios, com cadeias de escolas que visam o lucro, a novas plataformas de tecnologia, a milhares de aplicativos e inúmeros dispositivos, todos sendo vendidos para obtenção de lucro com a promessa

---

* N. de T. Um *voucher* escolar ou cheque-educação é um vale do governo entregue aos pais para que escolham uma escola para seus filhos a partir de uma lista preestabelecida.

de melhores resultados, maior desempenho e maior sucesso para seus filhos. Evidentemente, uma motivação nas políticas de governo é transferir o peso de pagar pela educação dos recursos públicos para a iniciativa privada. Fazer isso tem os mesmos resultados que ocorrem em outros mercados orientados pelo lucro: negócios lucrativos são bem-sucedidos, negócios não lucrativos, não. A pergunta é se você acredita que educação de qualidade pode ser assegurada pelo preço e se está confortável com o caráter da natureza da educação do seu filho ser calculado em uma planilha de balanço privada.

FORA DO PÁREO

Todas essas estratégias de reforma misturam-se umas com as outras, e o redemoinho está causando problemas para muitos jovens e suas famílias; e os pais, individual e coletivamente, podem desempenhar papéis importantes em lutar contra elas. Para alguns jovens elas são especialmente prejudiciais.

O número de jovens que não completam o ensino médio é muito elevado. Nos Estados Unidos, aproximadamente um em cada cinco estudantes que começam o 9º ano não se formam ao final do ensino médio. Colocando de outra forma, a cada ano, um milhão de jovens deixa a escola antes de se formar. Isso significa o abandono de um aluno a cada 26 segundos. O número é muito maior em algumas regiões. Os números variam ano a ano, mas como uma indicação da variedade, uma análise publicada em 2016 registrou que a cidade de Albany, Oregon, apresentou a taxa de graduação mais baixa do país, com pouco mais de 50% dos alunos do ensino médio formando--se no período certo (a taxa de graduação mais elevada foi observada em Sherman-Denison, Texas, em que quase 95% dos alunos se formaram no ensino médio).[8] Estou evitando o termo *desistentes* aqui. Chamar as pessoas de desistentes sugere que elas fracassaram no sistema. É mais coerente afirmar, conforme esses números, que o sistema fracassou perante elas.

Esqueça as porcentagens por um momento e pense nas pessoas reais – e em suas famílias. Cada indivíduo tem suas próprias razões para deixar a escola antes de se formar. A pobreza pode ser um fator. Outro pode ser viver com um pai ou uma mãe que trabalha em vários empregos e tem pouco tempo para se envolver com a educação. Estima-se que nos Estados Unidos mais de um terço dos jovens com menos de 18 anos vivam com um único pai. A gravidez na adolescência pode ser outra razão. Apenas 40% das mães adolescentes terminam o ensino médio. Esse padrão tende a se repetir: apenas dois terços das crianças nascidas de mães adolescentes se formam no ensino médio.[8]

Existem muitas outras razões possíveis para que esses alunos não concluam o ensino médio, mas para os muitos que não se formam, a sensação de pressão e tédio estão certamente entre elas. Se fizerem as crianças sentarem durante todo o dia fazendo trabalho burocrático de baixo grau para um teste que parece sem sentido, não é de surpreender que elas fiquem ansiosas ou se desliguem. O mesmo aconteceria com você. A realização de testes é um fator, mas alguns alunos não têm um desempenho tão bom quanto poderiam devido ao modo como as escolas funcionam. Não é apenas o *que* da educação desestimula os alunos, mas o *como*.

ESPAÇO PARA A MUDANÇA

Há muitas escolas maravilhosas e excelentes professores trabalhando nelas. Existem também pressões políticas imensas sobre elas, que podem distorcer a educação que mesmo os melhores entre eles desejam que seus filhos tenham. Se você não gosta de todos esses testes e de seus efeitos sobre seu filho – e você tem razão em não gostar – pode ser um conforto saber que a maioria dos educadores também não gosta. Os professores com frequência são levados a passar horas sem fim aplicando e elaborando testes em vez de ajudar os alunos a aprender coisas que realmente importam. Eles se sentem sobrecarregados e se ressentem que seus papéis como profissionais são reduzidos a trabalho burocrático monótono para as empresas de testes. Como você, eles sabem que a educação de uma criança não deve ser uma prova de obstáculos irritante, assombrada pelo medo constante do fracasso. Como você, eles querem ver mudanças nas escolas e são essencialmente parceiros na ajuda para realizá-las.

Dessa forma, algumas das rotinas estabelecidas das escolas podem provocar seus próprios problemas. Muitas delas são hábitos, não obrigações. Por exemplo, manter as crianças em turmas formadas por grupos definidos, estritamente por faixas etárias, pode criar obstáculos para aquelas que estão se desenvolvendo de forma mais rápida ou mais lenta em áreas específicas de aprendizagem. As escolas que abordam de modo superficial programas práticos ou técnicos em favor de programas exclusivamente acadêmicos podem alienar os alunos cujos verdadeiros talentos envolvem colocar as ideias em prática. Quando as escolas são julgadas e financiadas com base em resultados de testes de alta complexidade em disciplinas específicas, é compreensível que elas realizem cortes em outras áreas. É errado, mas compreensível. Mude o sistema e o problema desaparece.

A boa notícia é que existe espaço para a mudança e muitas escolas estão mudando. A voz dos pais é uma das razões para isso. Alguns sistemas nacionais também estão mudando e os efeitos perturbadores das novas tecnologias são outra razão para isso. A educação pode ser diferente e como pai você pode ter mais poder do que imagina para fazer essa mudança. A primeira etapa é ter a clareza do que você deseja na educação dos seus filhos e que tipo de escola irá oferecê-la.

ENCONTRANDO UM NORTE

Vamos eliminar alguns mitos. Em primeiro lugar, uma escola não precisa ter uma determinada aparência. Não existe uma correlação entre a quantidade de hera nas paredes de uma escola e a qualidade da educação que ocorre em seu interior. Existem escolas em barcos em Bangladesh, existe em uma caverna na China e um programa inteiro de escolas em plataformas de trem que funciona na Índia. A Abo Elementary School, no Novo México, foi construída inteiramente subterrânea (fundada durante o auge do medo da guerra nuclear), escolas de alta tecnologia da Califórnia têm paredes de vidro e *design* ultramoderno e a School of the Future, na Filadélfia, se parece mais com um museu do que um lugar que atende ao 9º ano. A Florida Virtual School não possui qualquer prédio, uma vez que todas as aulas são realizadas *on-line*. Todas elas são escolas reais mesmo que não se pareçam com algo como a escola do filme *Gênio indomável*.

Outro mito é que as *charter schools* ou escolas independentes são automaticamente melhores do que as escolas públicas. Elas não são. Existem escolas boas de todos os tipos e escolas ruins também. Quais são os fatores que devem ser levados em conta?

Escolas públicas

Nos Estados Unidos, mais de 90% das crianças em idade escolar (50,4 milhões) frequentam as escolas públicas. Essas escolas são pagas pelos contribuintes e são gratuitas para os alunos, sendo financiadas pelo distrito escolar local com base no número de alunos que possuem. Elas podem obter financiamento suplementar por meio da comunidade, especialmente dos pais, e o grau em que são financiadas depende do distrito e da comunidade. O distrito decide quais escolas os alunos devem frequentar, geralmente as mais próximas de suas residências e quem serão os professores dessa escola. A menos que apresentem boas razões para não fazê-lo, as escolas públicas têm de aceitar alunos e professores a elas destinados. Elas também devem adequar-se às legislações estadual e federal sobre educação, incluindo currículos, testes e certificação dos profissionais. Boas ou más, essas políticas têm um importante efeito no modo como as escolas públicas funcionam e na educação que as crianças recebem.

A situação varia em outros países. Em muitos países, a maioria dos jovens vai para as escolas públicas e os professores podem se candidatar para trabalhar em escolas específicas em vez de serem alocados nelas. As escolas públicas são financiadas de acordo com fórmulas padronizadas que levam em conta as necessidades específicas de cada uma, seus alunos e suas comunidades. Na maioria dos países, as escolas públicas são de longe a fonte mais importante de educação para grande parte dos jovens e de suas famílias.

Charter schools

Nos Estados Unidos, as *charter schools* são escolas públicas operadas de forma independente, em geral se especializando de alguma forma: em disciplinas específicas, por métodos de ensino ou atendendo a determinadas comunidades. As *charter schools* funcionam em algumas, mas não em todas as legislaturas federais e estaduais, o que significa que elas têm mais liberdade do que as escolas públicas comuns sobre o que ensinar e o modo como são administradas. A primeira *charter school* nos Estados Unidos foi inaugurada em Minnesota, em 1992. Esse modelo foi ostensivamente estimulado em outros estados para promover mais inovações na educação pública. Em 2016, havia pouco menos de 6 mil *charter schools* nos Estados Unidos, que eram frequentadas por cerca de 5% dos estudantes da escola pública.

Qualquer grupo de pessoas – educadores, pais, líderes comunitários, empresários da educação ou outros – podem se candidatar e dar início a uma *charter school*. Elas têm que elaborar um "plano *charter*", estabelecendo os princípios em que a escola se baseará, como será dirigida e como será feita a prestação de contas. Na maioria dos casos, operam com base em um acordo entre o estado e a escola: maior autonomia em troca de maior prestação de contas. Se o estado aprovar a *charter school*, ele a financia como uma escola pública regular com base no número de alunos. Uma diferença é que o distrito não aloca os estudantes; a escola tem que atraí-los. Isso significa que as *charter schools* populares também podem escolher seus alunos, tornando-as frequentemente seletivas. Uma crítica comum é que a seleção dos alunos dá a elas uma vantagem injusta quando são feitas comparações de desempenho com as escolas públicas. Não são em si melhores do que as escolas públicas tradicionais. Algumas foram bem-sucedidas e outras nem tanto.[9]

Escolas privadas

Nos Estados Unidos, um em cada dez jovens frequenta escolas privadas. Essas escolas não recebem qualquer financiamento público e são apoiadas por taxas e outras atividades arrecadadoras de fundos. Em 2016, o custo da mensalidade média das escolas privadas era pouco menor que 10 mil dólares por aluno, embora ele seja muito maior em certas regiões do país.[10] Apesar de as escolas privadas serem melhor financiadas do que a maioria das escolas públicas, elas também enfrentam desafios financeiros. Poucos podem pagar por elas e com a ampliação das *charter schools*, cadeias de escolas lucrativas e educação *on-line*, muitos pais acabam sendo atraídos para opções menos caras.

As escolas privadas variam de tamanho, escopo e filosofia de várias maneiras, de escolas confessionais a especialização em disciplinas específicas ou métodos de aprendizagem. Elas também variam de forma significativa na qualidade e na valorização dos estudantes; algumas têm excelentes instalações e turmas pequenas. Muitas escolas privadas não exigem que seus professores sejam certificados no estado e frequentemente pagam menos. Quaisquer que sejam as outras vantagens, algumas famílias preferem as escolas privadas devido ao sentimento de tradição e de oportunidades sociais que elas oferecem aos seus filhos.

Robert Pianta é o diretor da Curry School of Education na University of Virginia. Ele afirma que: "A maioria dos 'efeitos' da educação privada é atribuível às influências das famílias sobre seus filhos à medida que eles crescem, aos recursos e às decisões, elas colocam esses alunos em escolas privadas – não na escola privada em si".[11] Se houver um efeito da escolarização privada, ele se deve principalmente à influência dos colegas na aprendizagem e na motivação, que tendem a ser maiores nas salas de aula dessas instituições. Quando você leva em conta que as escolas privadas tendem a ter alunos de contextos mais privilegiados, as escolas públicas frequentemente as superam.[12]

Escolas de grupos específicos

Existem escolas públicas, *charter* e independentes que se baseiam em filosofias e metodologias específicas. Elas incluem escolas Montessori, Waldorf, Dalton, Big Picture, KIPP, Green Dot e outras. Frequentemente os pais me perguntam se eu as recomendo. Eu recomendo fortemente algumas dessas abordagens e discutirei algumas delas posteriormente. Se você está pensando em matricular seu filho em uma escola desse tipo, meu conselho é sempre o mesmo: observe atentamente seus materiais gerais e em seguida visite a instituição que você tem em mente. Qualquer método pode ser posto em prática bem ou não. Conheça os professores, fale com outros pais e com as crianças e tente perceber a escola, certificando-se ao máximo de que ela é boa para você e para seu filho.

O BEM MAIOR

Permita-me um pequeno desvio sobre a importância das escolas públicas. Na maioria dos países, o sistema de educação pública de massa foi desenvolvido no século XIX. Cresceram no contexto da Revolução Industrial e uma das principais razões do seu desenvolvimento foi econômica. Os governos sabiam que uma força de trabalho bem-educada era vital para o crescimento da economia industrial.[13] O formato da força de trabalho industrial – principalmente de trabalhadores braçais e em menor grau das pessoas mais qualificadas – é uma das razões pela qual a maioria dos sistemas educacionais são organizados da forma que são. Alguns pioneiros da educação pública também tinham outros objetivos em mente. Eles eram de natureza social e cultural.

Lily Eskelsen Garcia é presidente da National Education Association. Ela destaca os objetivos mais amplos que alguns filantropos e legisladores tinham em mente e especialmente a visão de Horace Mann, que é visto como o pai das escolas públicas norte-americanas. Ele era perspicaz em encarar a educação pública como um bem público e uma necessidade democrática.

> Na metade dos anos de 1800, esse advogado observou a mistura de escolas privadas, tutoras donas de casa (damas de escolas) e a crescente população de imigrantes. Ele se questionou como esse novo país uniria essa diversidade de línguas, de costumes e de religiões. Ele pensou em um local onde todos se reuniriam. Seria um local físico na comunidade, com professores profissionais (por lei receberia todas as crianças e pessoas que nunca se sentariam lado a lado na igreja ou se socializariam de alguma forma) e teriam seus filhos sentando-se uns ao lado dos outros para aprender a ler. Ele acreditava que esse era o sistema necessário para que todos os norte-americanos vissem a si mesmos como norte-americanos.[14]

Um dos objetivos centrais do sistema educacional financiado de modo público foi o de assegurar a igualdade de oportunidades a todas as crianças, independente das suas circunstâncias. Como a igualdade, a equidade é – ou deve ser – um princípio básico nas sociedades democráticas. Igualdade é garantir a todos os mesmos direitos e condições. Equidade é reconhecer que algumas pessoas precisam receber mais apoio, ou recursos, do que outros para se beneficiar desses direitos. O ideal de educação pública é oferecer a todos os jovens as oportunidades que precisam para levarem vidas plenas e contribuírem para o bem comum. Isso significa ajudar aqueles que mais precisam e não ajudar apenas a si mesmos. Como pais, queremos as melhores escolas para nossos filhos, mas como Eskelsen Garcia afirma, há perigos para todos "se não houver uma compreensão de que a educação pública é um bem comum a serviço das crianças da comunidade e a serviço dos fundamentos públicos da democracia".[14]

As *charter schools*, escolas privadas e as que visam o lucro podem ou não oferecer uma educação sólida. Visitei muitas delas e algumas oferecem e outras não. Conheci muitos professores dedicados e inspiradores em escolas privadas e *charter*. De fato, elas têm mais liberdade para inovar do que muitas escolas públicas, que estão fortemente limitadas pelas legislações estaduais e federais. Algumas de fato inovam, outras não. A maioria dos outros países – incluindo aqueles com sistemas educacionais de alto desempenho – não estimula escolas privadas ou *charter* como os Estados Unidos fazem. Eles investem na força dos seus sistemas escolares públicos. Um dos argumentos para as escolas privadas e *charter* nos Estados Unidos é que elas podem estimular o setor público disseminando novas ideias e práticas. Talvez. Certamente seus críticos poderiam sentir-se melhor se trabalhassem construtivamente com as escolas públicas em vez de drenarem seus recursos.

De qualquer modo, para a maioria das crianças e das famílias, as escolas públicas são a única oportunidade na educação.[11] Muitas escolas públicas funcionam em circunstâncias difíceis e frequentemente remando contra a maré de contextos políticos. Criar as melhores condições para que as escolas públicas trabalhem da melhor maneira é o desafio real da reforma educacional. Isso será alcançado apenas entendendo, como Horace Mann e muitos outros pioneiros da educação fizeram, que a educação de nossos filhos é importante demais para a saúde de nossas democracias para ser colocada em risco. Deveríamos encará-la como um bem comum e não como uma fonte de lucro privado. Na educação, como em tudo, a igualdade e a equidade são princípios que precisam de proteção constante e vigorosa.

FAZENDO A MUDANÇA

Meu livro anterior foi intitulado *Escolas criativas: a revolução que está transformando a educação*. Ele aborda a necessidade de mudanças radicais no modo como nossos filhos são educados, a fim de enfrentarem os desafios reais de viver e trabalhar no século XXI. Ele também aborda como fazer essas mudanças acontecerem e dá muitos exemplos de escolas que estão fazendo isso. Esse livro tem um capítulo para os pais e o livro que você tem em mãos é uma sequência de *Escolas criativas* e está direcionado especificamente a você.[15]

Como pai, seu principal papel é o de proporcionar aos seus filhos o melhor para que tenham uma vida feliz e produtiva. Uma das maneiras mais importantes de alcançar isso é por meio da educação. Como a maioria dos pais, você provavelmente está mais preocupado em saber se a educação dos seus filhos está ajudando a se desenvolverem como indivíduos únicos, que você sabe que eles são. Estão adquirindo conhecimentos e informações que são importantes e valem à pena? Estão aprendendo habilidades valiosas? Estão descobrindo seus pontos fortes e sendo ajudados nas áreas em que precisam se esforçar? Estão sendo cobrados e gostando do desafio? Sua confiança e habilidade estão aumentando? Esses serão alguns dos temas que abordaremos, oferecendo pensamentos, indicações e recursos que ajudem você a enfrentar essas situações.

Se estiver preocupado com a natureza ou a qualidade da educação dos seus filhos, você tem três opções: pode lutar por mudanças *no interior do sistema*, em especial na própria escola do seu filho; pode pressionar por mudanças *no sistema* ou pode educar seus filhos *fora do sistema*. Você pode estar interessado apenas na educação do seu próprio filho: se for assim, existem maneiras práticas de se tornar engajado ativamente nisso. Você pode estar interessado mais na educação; se for assim, existem maneiras práticas de afetar a política em um nível mais amplo no seu distrito, estado e nacionalmente. Você pode agir sozinho ou com outras pessoas, incluindo outros pais, professores e grupos de defesa da educação e campanhas, que abracem de forma ativa a participação dos pais no enfrentamento da reforma da educação a partir de diferentes perspectivas.

O melhor ponto de partida para tudo isso é entender o que você deseja para seus filhos à medida que crescem e se desenvolvem, o que eles precisam de você durante esse processo e como a educação se encaixa no cenário geral. Algumas partes desse cenário estão mudando de forma rápida e algumas dificilmente irão se alterar. Saber quem é quem, antes de tudo, é parte do desafio e do prazer de ser pai.

2

Conheça seu papel

Quando você pensa em pais e famílias, qual é a primeira imagem que vem à sua mente? Pode ser o pai chegando do trabalho e as crianças descendo as escadas para abraçá-lo e a mãe saindo da cozinha para perguntar-lhe como foi o seu dia. Tudo bem, pode não ser essa imagem; afinal, já saímos de 1956 há muito tempo. Contudo, ainda é possível que, quando você pense em "pais", você imagine um casal, casado e com filhos biológicos. E essa é ainda a configuração majoritária em muitos países, mas não é a única. O núcleo familiar clássico não é mais a norma em várias partes do mundo.[1] As combinações são praticamente ilimitadas.

Em um artigo no *The New York Times*, a autora Natalie Angier, ganhadora do Prêmio Pulitzer, revelou alguns modelos surpreendentemente diferentes de mudanças na família norte-americana, começando pelos Burnses. Sua família mesclada "é uma combinação extensa, algumas vezes tênue, constituída por dois filhos de olhos puxados de seus dois ex-maridos, uma filha e um filho de seu segundo casamento, ex-esposas com diferentes graus de envolvimento, parceiros de ex-esposas, sogros perplexos e uma gatinha chamada Agnes que gosta de dormir nos teclados de computador". Se os Burnses não parecem uma típica família norte-americana, e quanto aos Schulte-Waysers:

> [...] um grupo feliz formado por dois pais casados, seis crianças e dois cachorros? Ou os Indrakrishnans, um casal bem-sucedido de Atlanta, cuja filha adolescente divide seu tempo entre o corriqueiro dever de casa e o preciso trabalho com os pés da antiga dança hindu; os Glusacs, de Los Angeles, com seus dois filhos quase crescidos e seus desafios de classe média que parecem sagas menos importantes; Ana Perez e Julian Hill, do Harlem, não casados e apenas vivendo juntos, mas com sonhos do tamanho de Warren Buffet para suas três crianças pequenas; e o alarmante número de famílias com pais

encarcerados, um triste subproduto do *status* dos Estados Unidos como o principal carcereiro do mundo.[2]

Nós entendemos. A família de Lou consiste em duas crianças de um ex-casamento, uma filha dele e de sua esposa e uma filha que adotaram na Etiópia. Seja qual for a sua situação familiar, se você é pai ou mãe, seu papel vem com um grande número de responsabilidades. Então, quais são essas responsabilidades?

Você já deve ter ouvido falar sobre a famosa pirâmide, estabelecida pelo psicólogo Abraham Maslow, chamada de conceito da hierarquia das necessidades humanas. Na base da pirâmide de Maslow estão as necessidades fisiológicas, as necessidades básicas que nos mantêm vivos. No mínimo, você é responsável por fornecê-las aos seus filhos. Se você não concorda, não há muito sentido em ler o que vem a seguir. Logo acima na pirâmide está a segurança, o que você faz para proteger seus filhos do perigo. Se isso também tem de ser explicado, é preciso considerar a possibilidade de uma ajuda profissional. O terceiro nível é o amor e o pertencimento. Aqui pode haver algumas sutilezas.

O quarto nível é a estima, ajudar seus filhos a se sentirem confiantes, respeitados e respeitar os outros. No topo da pirâmide de Maslow está a autorrealização, um termo interessante para as aspirações humanas mais profundas. Expressa encontrar o significado e o propósito na vida e nos tornarmos a pessoa completa que desejamos ser. Você também tem um papel nesse sentido para seus filhos.

Hierarquia das necessidades humanas de Maslow

Pare e pergunte a si mesmo se você concorda que esses são os papéis dos pais. Eu desempenho esses papéis, mas nem todo mundo faz e nem todo mundo sempre os fez. Há grandes diferenças em como a infância e o papel dos pais foi encarado ao longo do tempo e mesmo em algumas culturas.

UMA HISTÓRIA (MUITO) BREVE DA INFÂNCIA

A infância, como a pensamos atualmente, é uma invenção relativamente recente. Ela começou a se formar na Europa e nos Estados Unidos no final do século XIX. Antes disso, as crianças pequenas eram tratadas como miniadultos e esperava-se que colocassem seu peso na vida e na comunidade de trabalho. Elas iniciavam no trabalho adulto assim que fossem fisicamente capazes. Se vivessem no campo, trabalhariam na lavoura. Durante a Revolução Industrial, milhões de pessoas lotaram as cidades em busca de emprego, e as crianças de todas as idades trabalhavam ao lado dos adultos nas minas, fundições e fábricas.[3]

A maioria das novas classes de trabalhadores urbanos vivia em prédios superpovoados, com pouco ou nenhum saneamento e em bairros que poderiam ser violentos e hostis. Inúmeras crianças viviam em situações desesperadoras: sem educação, sem saber ler, sem sistemas de apoio social e de saúde e com poucas perspectivas de melhoria. Nos Estados Unidos, após a Reconstrução, no sul do país, elas incluíam milhares de crianças ex-escravas, que vagavam pelas ruas das cidades, perdidas ou órfãs.

No meio desse turbilhão surgiram vários grupos de reformadores sociais, que criaram instituições de caridade e sistemas de assistência social que visavam a aliviar o sofrimento, a mitigar a pobreza e a salvar os destituídos. Muitos desses reformadores tinham um interesse especial na situação das crianças. Ao mesmo tempo, educadores e vários outros grupos profissionais tornavam-se fascinados pelas novas ideias em relação à própria infância.

No final do século XVIII, o filósofo Jean Jacques Rousseau publicou o livro *Émile*, um profundo tratado sobre a infância e a educação. Ele retratou a infância como um período de pureza e inocência, que devia ser valorizado e protegido das influências corruptoras dos valores adultos. Essa concepção da infância estava fortemente de acordo com as reformas sociais vitorianas e com os pioneiros contemporâneos da psicologia, psiquiatria e pediatria. A infância passou a ser considerada como um delicado período de desenvolvimento, que devia ser orientado e cuidado pelos adultos e por profissionais. Foi mais ou menos nessa época que os sistemas de educação em massa começaram a tomar forma. Assim, a infância institucionalizada

foi se tornando mais longa, abarcando a puberdade e os jovens e, eventualmente, um tipo ainda não descoberto: o adolescente. Quando meu pai foi
para a escola com 14 anos, em 1928, ele, nem ninguém, tinha a menor
ideia do que era um adolescente. A adolescência só foi concebida após os
anos de 1950.

O modo como vemos nossos papéis como pais tem muito a ver como
pensamos a infância e no que as crianças podem ou não fazer sem o nosso
apoio. Nossas atribuições também são moldadas por crenças e valores culturais. É sempre tentador pensar que o modo como vemos as coisas em nossa
cultura seja o senso comum. Geralmente não é o que ocorre no cuidado com
os filhos, como na maioria das outras áreas de nossas vidas. Na Europa e na
América do Norte, por exemplo, é garantido que meninos e meninas tenham
as mesmas oportunidades e sejam tratados igualmente por seus pais.[4] Nem
sempre funciona assim, mas esse é o pressuposto.

Em partes do mundo árabe, há uma visão diferente. Culturalmente, as
mulheres e as meninas são subservientes aos homens e necessitam de permis-
são de seus guardiões masculinos – pai, marido ou irmão – antes de tomar
decisões ou de se engajar em atividades específicas. Em partes do subcon-
tinente indiano, as diferenças nas atitudes dos pais em relação aos filhos e
filhas podem ser extremas e fatais. Durante a gravidez, muitos pais rezam
desesperadamente por meninos e sentem-se punidos se geram uma menina.
Assim, comumente são punidas, depreciadas e, até mesmo, mortas por seus
próprios familiares.[5]

SENDO PAIS

Assumindo que você concorde com os cinco papéis listados na hierarquia de
necessidades de Maslow, desempenhá-los como pais é uma atividade repleta
de complexidades.

Necessidades fisiológicas

Sua primeira responsabilidade é fornecer aos seus filhos os recursos para
permanecerem vivos: alimentação, água e abrigo. Para muitos pais isso envolve uma ansiedade constante. Milhões de famílias em todo o mundo lutam
para obter alimentação saudável, água limpa ou abrigo seguro. À medida
que as populações continuam a crescer e as mudanças climáticas se aceleram,
assegurar esses elementos básicos pode tornar-se um desafio para todos nós.

A disponibilidade desses recursos é um fato; ter dinheiro para pagar por eles é outro. Em todo o mundo 600 milhões de crianças vivem em extrema pobreza e quase a metade do mundo, mais de 3 bilhões de pessoas, vive com menos de 2,50 dólares por dia.[6] Isso não é um problema apenas dos países "em desenvolvimento". Nos Estados Unidos, uma em cada cinco crianças, cerca de 14 milhões de pessoas, vivem abaixo da linha de pobreza e outras 14 milhões vivem em famílias cuja renda é menos de duas vezes o limite de pobreza. Em 2015, mais de 43 milhões de norte-americanos viviam na pobreza, com 2,00 dólares por dia ou menos para gastar. Para eles, colocar comida na mesa é uma luta diária.

Atualmente, mesmo famílias em melhor situação podem viver no limite financeiro. À medida que se ampliou a disparidade de riqueza, a classe média norte-americana, outrora próspera, encolheu fortemente. Se uma família tem dois pais, é provável que ambos trabalhem e que um ou ambos tenham dois empregos. Eles não estão provavelmente fazendo isso para serem ricos, mas para conseguirem pagar as suas contas. Se houver apenas um sustento na família, é provável que seja da mãe.

Existem outras pressões sobre os pais para fornecer os produtos essenciais básicos. As famílias são bombardeadas com imagens suculentas de *fast foods* baratos e bebidas. Quando o dinheiro é curto e o tempo pequeno, e tudo é tão gostoso, é fácil seguir o fluxo e colocá-lo à mesa. Isso pode ser compreensível, mas o resultado de comer tanto alimento processado é uma devastadora crise de saúde em boa parte do mundo desenvolvido. Assim, mesmo o nível mais básico da pirâmide pode ser um desafio para muitos pais.

Segurança

Pais atentos são naturalmente preocupados com a segurança física de seus filhos embora, como vimos, as crenças culturais possam levá-los na direção oposta. O instinto de proteção com os jovens é muito profundo na maior parte da natureza, mas existem exceções. Tony Barthel é curador de mamíferos no Smithsonian's National Zoo, em Washington D.C. Ele afirma que cachorros, gatos, ursos, répteis (e aranhas, claro) às vezes matam e comem seus filhotes. Pode parecer pouco natural, afirma Barthel, mas há motivos relacionados com recursos.

Os mamíferos podem alimentar seus filhotes apenas se estiverem bem--nutridos. Uma mãe urso, leoa ou de cachorro selvagem que não encontre alimento suficiente pode, do contrário, comer seus próprios filhotes. Em geral, ela só faria isso se o filhote estiver doente ou for deformado. Entretanto, no mundo selvagem, quando o alimento é escasso, as mães obterão o que conseguirem: "Isso as alimenta", diz Barthel "tendo o benefício adicional de remover a carcaça, evitando seu apodrecimento na toca, o que atrairia predadores".[7] Pode parecer brutal, mas os pais humanos são capazes de medidas drásticas às custas de seus filhos. Ok, é raro que os comam, mas eles os abandonam.

O surgimento da filantropia Vitoriana teve sua origem, em parte, porque muitos pais desamparados deixaram de alimentar seus filhos e os abandonaram nas ruas. Tragicamente, milhões de crianças em todo o mundo ainda vivem na pobreza. Em algumas regiões, a luta diária por alimento leva os pais a abandonarem seus filhos ou colocá-los para trabalhar como mendigos ou até vendê-los, conscientemente ou não, para trabalhos forçados. Estima-se que existam 25 milhões de pessoas vivendo em escravidão, uma grande porcentagem das quais são crianças. Elas incluem escravos sexuais, domésticos e estrangeiros, escravos das indústrias e da pesca e crianças obrigadas a servir em grupos militares violentos.[8]

Mesmo nas melhores circunstâncias, alguns pais são capazes de crueldades terríveis com seus filhos. Quando as ouvimos, a maioria de nós fica enojada exatamente porque prejudicar crianças é fortemente contra nossos instintos de protegê-las. No entanto, a punição física de crianças costumava ser rotina nas culturas ocidentais. Até recentemente, os pais, na maioria dos países, incluindo os Estados Unidos, não eram apenas livres, mas também encorajados ativamente a disciplinar fisicamente seus filhos. Diziam a eles: "Deixe de usar a vara e você mimará a criança". O uso da palmatória, da vara e o espancamento já foram comuns nas escolas norte-americanas e da Europa e em algumas partes dos Estados Unidos ainda são.[9]

Ainda assim, os pais geralmente aceitam sua responsabilidade de manter seus filhos seguros e sem sofrerem agressões físicas. Como em todas suas funções, o ponto é encontrar o equilíbrio. As crianças precisam sentir-se seguras, mas elas também precisam crescer fortes e independentes. Ser um pai superprotetor tem seus perigos. A segurança é importante do mesmo modo que permitir que seu filho seja resiliente e autossuficiente. Trata-se de outra caminhada difícil a ser percorrida pelos pais.

Amor e pertencimento

Também é função dos pais ajudar seus filhos a se sentirem amados e a terem um sentimento de pertencimento. Existem tantas formas de amor quantos tipos de famílias e a maneira como você define e expressa o amor é objeto de várias interpretações. Os filósofos antigos distinguiam quatro tipos de amor: *eros*, amor romântico e sexual; *ágape*, amor universal incluindo o amor pela natureza e pelas pessoas em geral; *philia*, amizade e boa vontade em relação a pessoas específicas; e *storge*, amor familiar e especialmente o amor dos pais pelos seus filhos.[10]

Como em outras formas de amor, o amor parental não é um recurso fixo que você dosa, como alimento ou água: tanto para essa criança, tanto para aquela. Ter dois filhos não divide seu amor pela metade, o multiplica. Cresci em Liverpool, Inglaterra, nos anos de 1950 e 1960, um de sete filhos: seis meninos e uma menina. É impressionante como meus pais conseguiram lidar com tão pouco dinheiro, poucos luxos e a constante expectativa de desemprego em uma cidade devastada pela Segunda Guerra Mundial. Quaisquer que fossem os problemas que lidavam pessoalmente, e eram muitos,[11] criaram uma atmosfera de amor e pertencimento para todos nós em casa. Eles não nos tratavam da mesma forma porque éramos diferentes. Tratavam-nos igualmente e mostravam todos os dias que todos éramos importantes uns para os outros como uma família.

Sempre que há irmãos existe rivalidade entre eles e nós não éramos diferentes. Disputávamos atenção e formávamos alianças temporárias a fim de obter favorecimento. Sem dúvida, às vezes era desesperador para nossos pais, mas sabíamos até onde exigir deles e quando recuar. Pelo menos, acho que sim. Como pai você desempenha uma função importante em moldar o desenvolvimento emocional de seus filhos e, como resultado, em moldar sua autoimagem e confiança. Mas não é apenas você.

Estima

O modo como seus filhos vivem a sua vida tem muito a ver com o modo como eles valorizam a si mesmos e aos outros. A autoestima dá o tom ao nosso sentimento de propósito, ambições, valores e ao que nos tornamos em nossas vidas. Enquanto as crianças crescem, ao longo da puberdade até a adolescência, elas podem ser atormentadas por dúvidas sobre sua aparência, seus relacionamentos, seus talentos e seus potenciais. A confiança em qualquer idade pode ser frágil, mas é especialmente delicada nos jovens.

Na verdade, há muito mais, e às vezes muito menos, a ser feito para cultivar a autoestima dos seus filhos do que elogiá-los o tempo todo. Essa abordagem pode repercutir mal e com frequência isso ocorre. A autoestima não ocorre como resultado de elogios constantes. Com o objetivo de fazer seus filhos sentirem-se bem consigo mesmos, alguns pais elogiam tudo o que fazem como se fosse algo inédito para a humanidade. Cada poema, pintura ou rebatida na bola é comemorada com frases como "bom trabalho", "impressionante", toques de mão e gritos de satisfação. Elogios adequados e reforço positivo dos pais e professores têm um papel no estímulo ao bom desempenho das crianças, mas esse recurso rapidamente fica exagerado e pode tornar-se sem função se não for equilibrado com críticas construtivas e um sentimento de proporção.

As crianças em geral sabem quando trabalharam pesado para fazer algo bem-feito e se estão orgulhosas disso. Se não houver padrões ou espaço aparente para melhoras, a autoestima pode se misturar a uma autoindulgência. É importante cultivar a autoestima das crianças e é igualmente importante não exagerar. Isso significa assumir um papel ativo na sua educação moral, estabelecendo limites e as ajudando a aprender a tomar decisões.

Os pais podem afetar a autoestima dos seus filhos de várias maneiras e raramente se trata de uma questão de causa e efeito diretos. Algumas crianças modelam a si mesmas tomando seus pais como base e procuram ser como eles. Elas podem ser inspiradas a seguir a mesma linha de trabalho que você ou copiá-lo de outras maneiras. Elas podem apenas sentir-se orgulhosas de ter você como pai. Do mesmo modo, podem decidir que a última coisa que gostariam na vida é seguir seus passos e fazem uma reviravolta no seu trabalho e em seu estilo de vida.

À medida que envelhecem elas descobrem influências externas ao lar, afetando o modo como encaram a si mesmas e seus sentimentos. Durante a pré-adolescência e adolescência essas influências podem ter um peso maior do que suas famílias. Às vezes parece que todo mundo, *exceto* você, tem alguma influência sobre seus filhos. Você não pode controlar isso e se esforçar nesse sentido tende a ter um efeito contrário. Ainda assim, pais responsáveis sabem que têm de monitorar e apoiar a saúde emocional de seus filhos mesmo quando a competição é feroz.

Autorrealização

Nos meus livros *O elemento-chave* e *Finding your element*, defino elemento-chave como o lugar em que o talento encontra a paixão. Algumas pessoas têm uma aptidão natural para matemática, piano, dança, física ou futebol. Seja o que for, estar em seu elemento-chave tem a ver com descobrir aquilo em que você é bom. Entretanto, significa mais do que ser bom em algo. Inúmeras pessoas são boas em coisas que elas não gostam, mas para estar em seu elemento-chave você precisa amá-la. Quando isso ocorre você nunca mais trabalhará. Você pode sentir como se o trabalho pesado dos outros fosse um grande prazer para você. Qualquer atividade em que você pensar pode ser um ou outro, dependendo de quem a está realizando. Ajudar seus filhos a encontrar seu elemento-chave é em parte encontrar o senso de direção e o propósito em suas vidas ou, como afirma Maslow, se tornar autorrealizado. Todos nós criamos nossas próprias vidas. Ajudar nossos filhos a desenvolver o que está dentro deles é a melhor garantia para que criem uma vida recompensadora no mundo à sua volta. É também por essa razão que a abordagem "tamanho único para todos" na educação é errada para você e seus filhos.

É difícil para qualquer um de nós se "autorrealizar" caso as demais necessidades não estiverem sendo atendidas e é especialmente nesse caso que suas funções como pais e aquelas da educação deveriam se alinhar. A educação é um caminho essencial para a autorrealização e tomar boas decisões para e com seus filhos sobre a educação irá ajudá-los, a longo prazo, a se tornarem as pessoas que eles podem ser.

VIDA REAL

Ok, essa é a teoria, mas na prática é muito confuso. Cuidar dos filhos não é uma ciência e se for uma forma de arte, trata-se de uma arte de contornos ásperos. Os padrões de amor e pertencimento nas famílias são complexos e cheios de *nuances*. Mães e filhas, pais e filhos, filhas e pais e mães e filhos têm diferentes relacionamentos uns com os outros, e o enredo pode tornar-se mais complexo a qualquer momento. Sei disso por experiência própria. Você precisa tratar de seus filhos de modo justo, mas não da mesma maneira. Você precisa adaptar seu relacionamento com cada filho. Eles respondem a você da maneira que o fazem em função de quem são e de onde se encaixam na família: mais velho, mais novo ou em algum lugar no meio. A mesma abordagem pode ter resultados muito diferentes dependendo da criança: pode resultar em resultados felizes com um deles e criar um enorme drama com o outro.

Esqueça as crianças por um instante. Você também tem uma vida. Como pai, enfrenta pressões de todos os lados; provavelmente equilibra sua vida no trabalho com sua vida como pai, sua vida conjugal e sua vida social. Logo, é claro, a maioria de nós ainda cuida dos filhos juntos. Mesmo com todas as mudanças nas configurações familiares, geralmente existe outro responsável na mistura – pelo menos em algum lugar da área metropolitana. Se você é um dos dois (ou mais) pais, seus relacionamentos com seus filhos estão ligados aos relacionamentos uns com os outros e no relacionamento deles com vocês. Como você e o outro responsável se relacionam com seus filhos pode afetar de forma profunda o relacionamento uns com os outros, com sorte os aproximando, mas potencialmente lhe afastando.

Talvez você esteja observando também o que ocorre nas vidas de outros pais por meio das mídias sociais e desejando saber se e como você pode se comparar a eles. Se assim for, você provavelmente está experimentando uma versão adulta da pressão dos colegas que você tenta tanto evitar que seus filhos sintam. Uma blogueira chamada Foggy Mommy abordou diretamente a pressão dos pais pelos colegas:

> Culpo em boa parte o Pinterest, assim como a revista da Martha Stewart. Olhar para todas as ideias fofas e habilidosas sobre tudo, de decorações de festas de aniversário, sobremesas a cenários da história *Elf on the shelf* (Elfo na Prateleira) tem a consequência (inesperada?) de sentir que você precisa fazer todos eles. E que se você não fizer, bem, então você não é tão habilidosa, esperta ou engajada quanto as mães que as realizam. Adoro olhar para essas coisas, eu admito, mas em seguida sinto-me inadequada porque sei que eu nem mesmo odeio o fato de não tentar fazer nada disso. Isso simplesmente aumenta minha culpa de mãe. E não se trata apenas de fazer coisas. Trata-se de que tipo de atividades familiares você faz, que tradições você tem, que expectativas sociais existem para nós como pais. E uma boa parte disso é alimentada pelas mídias sociais.[8]

Essas pressões sobre os pais deram origem ao modelo de "superpai", que procura ser "um pai perfeito, mas também desejam ser um parceiro perfeito, um excelente funcionário – o tempo todo com uma casa limpa, um corpo perfeito e um sorriso no rosto".[12] Alguns pais sentem como se fracassem toda vez que algo dá errado com seus filhos. O nível foi colocado tão alto por um coletivo de pais que o sentimento de inadequação é quase certo. Dito isso, é importante entender o tipo de pai que você é e pretende ser. Não quero julgar como você tem feito isso, quero abordar como você lida com seu papel; como você o põe em prática depende da sua personalidade e de suas próprias experiências como filho. Todos esses fatores se misturarão com seu próprio estilo de cuidar dos filhos. O que isso significa?

DESCOBRINDO SEU ESTILO DE CUIDAR DOS FILHOS

No início dos anos de 1960, a psicóloga Diana Baumrind realizou uma extensa pesquisa na qual sugeriu três tipos básicos de cuidados com os filhos. Tomando seu trabalho como base, Eleanor Maccoby e John Martin, 30 anos depois, sugeriram um quarto estilo. Os quatro estilos são: autoritário, com autoridade, permissivo e descomprometido.

Pais *autoritários* apresentam um conjunto de regras que seus filhos têm de seguir, sem oferecer nem espaço para contestação nem muita explicação sobre a existência das regras. A sua quebra frequentemente leva a duras punições. Pais autoritários esperam que seus filhos sigam suas ordens sem questionamento. A pesquisa sugere que os filhos de pais autoritários tendem a ser bons naquilo que se dispõem a fazer, tendem também a ser infelizes e têm problemas de socialização.

Pais *com autoridade* também têm regras para seus filhos, mas eles estão mais dispostos explicar as razões que estão por trás delas e a discuti-las e adaptá-las de acordo com as circunstâncias. Quando uma criança quebra uma regra, a situação é encarada como um momento para explicação e não para punição. Pais com autoridade esperam que seus filhos sigam as orientações que eles estabeleceram, mas aceitam que essas orientações estão em construção. As crianças de pais com autoridade tendem a ser as mais felizes e mais sociais enquanto têm uma boa chance de sucesso naquilo que fazem.

Pais *permissivos* tendem a ser muito tolerantes com seus filhos, frequentemente os tratando como iguais ou como amigos. Eles estabelecem algumas poucas regras e apresentam poucas expectativas diante dos seus filhos. Eles priorizam os cuidados e minimizam as consequências. As crianças de pais permissivos frequentemente acabam tendo problemas de autoridade fora de casa e tendem a não ter um desempenho tão bom na escola quanto os colegas.

Pais *descomprometidos* se abstêm ao máximo de atuar como pais. Eles se certificam que seus filhos tenham comida e abrigo, mas oferecem muito pouco em termos de cuidados ou orientações. Por razões que são provavelmente óbvias, os filhos de pais não comprometidos tendem a ter problemas de autocontrole, autoestima e felicidade.[13]

Ao final do espectro estão os assim chamados *pais helicóptero*. O termo foi cunhado para descrever pais que são obsessivamente protetores de seus filhos: supervisionando-os continuamente, sempre do seu lado para se certificar que eles nunca caiam ou se machuquem, completando os deveres de casa e correndo para a escola para reclamar ao primeiro sinal de qualquer ação dos professores ou outros alunos que possam perturbar sua autoestima. Chris Meno, uma psicóloga da Indiana University, afirma: "Quando as crianças não têm espaço para lutar sozinhas por suas questões elas não aprendem muito bem a resolver os problemas. Elas não aprendem a confiar em suas próprias capacidades e isso pode afetar sua própria autoestima. Outro problema em nunca ter que lutar é que o fracasso nunca é vivenciado, podendo desenvolver um enorme medo de falhar e desapontar os outros. Tanto a baixa autoestima quanto o medo de fracassar podem levar à depressão e ansiedade".[14]

Seria fácil olhar para essa lista e dizer: "Obviamente preciso de um pai com autoridade". Com certeza, crianças de pais com autoridade parecem ter a melhor opção para uma vida feliz e bem-sucedida. Existem alguns fatos que devemos ter em mente. Um é que não nascemos prontos para sermos esse tipo de pais. Talvez sua própria criação, sua origem ou circunstâncias tornem essa opção pouco realista. Talvez seu filho tenha necessidades especiais que tornam a construção de um pai com autoridade um desafio. Poucos de nós são apenas um único tipo o tempo todo, nem os nossos filhos.

Os favores que você concede, a liberdade oferecida e o tempo gasto com cada filho não são necessariamente os mesmos e esses relacionamentos mudam ao longo do tempo. Seus filhos precisam de você para inúmeras situações em diferentes momentos de suas vidas e a abordagem precisa ser flexível o suficiente para que você seja o que eles precisam em um cada desses momentos. Você não usa a mesma abordagem várias vezes: será preciso reavaliar seu tratamento como pai repetidas vezes. Há momentos em que determinar regras e insistir para que elas sejam seguidas sem questionamento é o melhor caminho: por exemplo, quando crianças pequenas e segurança estão envolvidos ou a explicação pode provocar ansiedade desnecessária.

Teria muita dificuldade em defender pais descompromissados ou pais helicóptero, então os deixaremos de lado por enquanto. Seu estilo natural de ser pai provavelmente é uma combinação dos outros três. Se você tentar ir contra seu estilo natural, existe uma boa chance de que nem você nem seus filhos sejam as melhores pessoas para isso. Você também precisa estar consciente do estilo da outra pessoa responsável pelo seu filho e de como ele é afetado por ela também.

ENCONTRANDO O SEU CAMINHO

Ser pai pode ser a experiência mais enriquecedora da sua vida. Mesmo assim, é sábio aceitar que isso também pode ser um sofrimento e uma dor de cabeça. Pode ser uma luta constante para fazer seu filho se comportar como você acha que ele deve e escolher o caminho que você considera melhor: não apenas nos primeiros meses, mas ao longo da turbulência da primeira infância e no redemoinho da adolescência. Você pode amar, encorajar e os apoiar; estabelecer limites, castigar, advertir e esperar pelo melhor, mas como pai enfrentará vários fatores sobre os quais não têm controle direto, mas que são relevantes para o seu papel.

Independentemente da situação, você terá uma influência indelével sobre eles, mas não pode controlar suas almas ou o que farão no mundo. Tudo o que se pode esperar é criar as melhores condições e oportunidades para que seus filhos cresçam. Esse é o seu papel e conhecê-lo é apenas metade da equação, a outra metade é conhecer seu filho.

3

Conheça seu filho

Você sabe que seu filho é diferente. Nunca o confundiria com outra criança que more na mesma rua. Evitaremos analogias de flocos de neve aqui, mas o fato é que nenhuma criança é igual a qualquer outra no planeta, ou até na mesma casa. Se você tem dois ou mais filhos, sabe que eles não nasceram como páginas em branco. Cada um tem seu próprio caráter inato, talentos e personalidades únicas e são geneticamente destinados a viver de maneiras diferentes. Claro, algumas crianças são parecidas, mas suas personalidades são inconfundíveis. O que significa para você educá-las?

QUEM SÃO ESSAS PESSOAS?

Você provavelmente já ouviu a discussão sobre "inato *versus* adquirido" (*nature versus nurture*). As crianças são moldadas por sua herança genética ou por suas experiências culturais? Se você é o pai biológico, fez uma grande contribuição para a natureza genética de seu filho. Ele pode ter seus olhos e sua intolerância à comida picante; pode ter o nariz de seu parceiro, a altura e a tendência para espirrar sob luz solar intensa. Ele também pode ter o seu fascínio por bandas de *rock* da década de 60 e a aversão do seu parceiro a romances de mistério com gatos. Esse provavelmente é o lado "experiencialista" em jogo. Então, o que é mais importante para seu filho e o que ele pode se tornar?

Os naturalistas (*naturists*), por assim dizer, argumentam que nossas capacidades e disposições inatas ditam o curso de nossas vidas: que nosso destino é o DNA. Os "experiencialistas" (*nurturists*) (por que não?) contra-atacam argumentando que nos tornamos quem somos em função do ambiente em que nos desenvolvemos e do que a vida gera em nós. Esse debate perdurou por anos e tenho o prazer de informar que parece ter terminado empatado. Um recente estudo de referência rastreou mais de 14 milhões de gêmeos em 39 países e examinou mais de 17 mil traços, chegando à conclusão de que nossos genes contribuem com aproximadamente 49% para quem somos, enquanto o nosso meio contribui com cerca de 51%.[1]

Se assim for, colocando ou retirando um ponto percentual, não deveríamos estar falando sobre natureza *versus* criação, mas sobre a relação entre elas – e esse relacionamento tem implicações importantes para a educação. Mais adiante, será abordado o que há de especial em seu filho, mas, antes de o fazermos, falaremos sobre o que todas as crianças têm em comum, porque isso também é importante.

NASCIDO PARA APRENDER

Todo recém-nascido é um feixe efervescente de possibilidades. Quando você olha para um bebê no berço, o que vê? Você pode ver uma imagem de inocência e dependência. Os bebês parecem desamparados e, em muitos aspectos, são, mas estão evoluindo a um ritmo de tirar o fôlego. O que você realmente está olhando é "a maior mente que já existiu, a máquina de aprendizagem mais poderosa do universo".

Os pequenos dedos e a boca são dispositivos de exploração que experimentam o mundo estranho ao seu redor com mais precisão do que qualquer sonda enviada para Marte. As pequenas orelhas amassadas captam um ruído incompreensível e transformam-no perfeitamente em linguagem significativa. Os olhos arregalados que às vezes parecem perscrutar sua própria alma fazem exatamente isso, decifrando seus sentimentos mais profundos. O crânio macio envolve um cérebro que está formando milhões de novas conexões todos os dias. Isso, pelo menos, é o que 30 anos de pesquisa científica nos disseram.[2]

Desde que nascem até o dia em que recebem seu primeiro salário, seus filhos passam por uma metamorfose extraordinária. Com nutrição, repouso e exercícios adequados, eles transformam-se *fisicamente* em termos de tamanho, força e aparência. Evoluem *emocionalmente*, à medida que seus cérebros e sistemas neurais tornam-se mais sofisticados. Desenvolvem-se *cognitivamente*, à medida que expandem seu conhecimento e a compreensão do mundo ao seu redor. Crescem *socialmente,* a partir de sua capacidade de relacionar-se com outras pessoas. E, com sorte, desenvolvem-se *espiritualmente*, à medida que encontram significado, propósito e compaixão em sua vida.

É importante distinguir esses processos, mas é enganoso separá-los. O desenvolvimento de seu filho não é organizado em compartimentos separados. O desenvolvimento físico afeta o desenvolvimento cognitivo, que é envolvido em experiências sociais, que se entrelaçam com sentimentos e emoções sobre si mesmo e sobre o mundo ao seu redor. Nos primeiros meses de vida, os bebês choram descontroladamente quando se sentem desconfortáveis ou inseguros, mas seu autocontrole aumenta à medida que se tornam mais experientes e coordenados. Como crianças pequenas, elas têm mais controle motor sobre si mesmas e sobre seu ambiente (embora sejam chamadas de "crianças pequenas" por uma razão): elas andam, falam e aperfeiçoam a arte de bater suas mãozinhas no chão e gritar se não conseguirem o que querem.

Como crianças em idade escolar, aprimoram suas habilidades motoras e têm mais domínio sobre seus ambientes físicos. Então, chega a puberdade, seu corpo e sua química cerebral disparam para um território desconhecido e você começa a pisar suavemente quando passa pelas portas dos seus quartos. Os hormônios continuam a inundar o corpo dos adolescentes, provocando sentimentos avassaladores sobre si mesmos e suas relações com os outros. A capacidade madura de controlar as emoções está relacionada às conexões multiplicadas no cérebro, em especial no córtex pré-frontal e, na maioria dos jovens, dura até a metade dos 20 anos. Quando a idade adulta chega, com sorte, chega também um relativo senso de equilíbrio e controle, pelo menos até a hora de substituir as articulações do quadril na velhice.

Harvey Karp é um renomado pediatra mundial e autor do *best-seller A criança mais feliz do pedaço*, no qual faz uma fascinante analogia entre o crescimento inicial das crianças e a evolução histórica de nossa espécie. Ele relata que, entre o primeiro e o quarto aniversário de seus filhos, seu rápido amadurecimento assemelha-se a uma reprise muito rápida da antiga evolução humana. As conquistas marcantes que nossos ancestrais levaram uma eternidade para dominar, surgem em nossos filhos no espaço de apenas três anos:[3]

- Andar na posição ereta.
- Usar as mãos e os dedos com habilidade.
- Falar.
- Julgar ideias (comparação/contraste).
- Começar a ler.

Embora algumas pessoas ainda se neguem a ouvir isso, nossos parentes genéticos mais próximos são os chimpanzés. Compartilhamos mais de 98% de nosso material genético, mas esses 2% fazem toda a diferença no que somos capazes de realizar e no que nossas vidas se tornaram.

As crianças nascem com uma imensa capacidade e continuam a desenvolver-se muito tempo depois que essas outras espécies já estabilizaram. Em seus primeiros dois anos de vida, humanos e chimpanzés parecem progredir lado a lado. Apenas um ano depois, a criança humana já superou os chimpanzés em quase todos os sentidos. Os símios superiores são inteligentes, mas até mesmo os chimpanzés adultos têm apenas algumas das habilidades mentais de uma criança de 3 ou 4 anos. Eles podem aprender a língua de sinais básica e têm intrincados sistemas sociais, mas não podem produzir um discurso como nós e não têm capacidades comparáveis para raciocínio e criatividade de ordem superior.

Os humanos têm uma inteligência muito mais sofisticada do que qualquer outra criatura na Terra. Somos únicos em nossa utilização de símbolos para pensar e comunicar, incluindo a linguagem, a matemática, as ciências e as artes e uma miríade de tipos de ideias e inovações que surgem a partir deles. Temos poderes sem paralelo de tomada de decisão, controle das emoções, compaixão, pensamento lógico e racional, criatividade e julgamento social, e todos se desenvolvem a partir do crescimento e amadurecimento das crianças. Como explicar essa enorme lacuna no desenvolvimento?

Um dos fatores é que temos uma infância mais longa que as outras espécies. Para alguns, a infância acaba em um piscar de olhos. O filhote de chimpanzé crescerá duas vezes mais rápido que seu primo humano. Enquanto uma criança de 3 anos ainda está tropeçando ao redor do quarto e verificando seus dedos dos pés, os filhotes de muitas outras espécies já estão caçando e cuidando de suas vidas. Uma razão para isso pode ser que o cérebro em desenvolvimento queima tanta energia que não sobra o suficiente para o restante do corpo amadurecer mais rápido.[4] O cérebro humano tem cerca de três vezes o volume do cérebro dos outros macacos e, em um adulto, pesa cerca de 1,4 kg, o que é enorme em proporção ao corpo. Nosso grande cérebro consome em torno de um quarto dos nutrientes que ingerimos e cerca de um quinto do oxigênio que inspiramos.

Ainda mais importante é o tamanho do córtex cerebral, a camada externa ondulada do cérebro, que é muito mais densa em humanos do que em chimpanzés. O cérebro de um bebê humano tem aproximadamente 100 bilhões de neurônios e um número infinito de conexões possíveis. À medida que o bebê cresce e aprende, esses neurônios conectam-se em inúmeras combinações, por meio de fibras longas, chamadas axônios. Essa complexa rede de conexões facilita o desenvolvimento dos poderes mentais. E depois há toda a mielina.

A mielina é a substância branca lipídica que reveste os axônios e acelera os impulsos elétricos que passam ao longo deles. Leva muito mais tempo para se formar em humanos do que em chimpanzés e está praticamente ausente no cérebro de recém-nascidos. Desenvolve-se de forma lenta durante a infância e continua a desenvolver-se durante a adolescência e início da idade adulta. Nos chimpanzés, ela já está quase toda desenvolvida no nascimento e cessa antes da puberdade. A taxa mais lenta de formação da mielina nos cérebros humanos pode ser importante na formação dos bilhões de conexões neurais, essenciais para as forças cognitivas de ordem elevada, que são o destaque da inteligência humana.[5]

BRINCADEIRA DE CRIANÇA

Para as crianças, existem poucas coisas mais importantes do que brincar. Há correlação direta entre uma brincadeira nova e ativa e o aumento da atividade e desenvolvimento cerebral que facilita o pensamento criativo e analítico, a habilidade para solucionar problemas e a habilidade de colaboração e cooperação com os outros. No próximo capítulo, serão abordados os múltiplos benefícios da "brincadeira verdadeira", os quais se relacionam às inúmeras maneiras que o exercício físico e as atividades ao ar livre contribuem para o desenvolvimento saudável das crianças. A longa infância permite aprender a linguagem de um modo mais rico e holístico, a utilizar as brincadeiras para absorver habilidades críticas sociais e a aprender com erros e falhas.[6] Assim, adquirimos sistemas sociais e culturais mais intrincados. O longo desenvolvimento do cérebro humano também promove mais oportunidades para que as habilidades das crianças sejam moldadas por suas experiências culturais à medida que elas se desenvolvem.

Contudo, temos que lidar com o enorme potencial intelectual por anos de relacionamentos difíceis com a gravidade e a incapacidade de obter o próprio leite da geladeira. Porém, isso é um bom negócio. Podemos ser lentos para começar, mas depois aceleramos em relação às outras espécies como um carro de corrida. Então, da próxima vez que seu filho de 4 anos estiver correndo solto por um restaurante enquanto você está tentando terminar seu prato de massa e parecer que ele nunca irá crescer, lembre-se de que esse longo processo de desenvolvimento eventualmente deve ser compensado.

A LONGA E SINUOSA ESTRADA

Todos sabemos de crianças precoces que correm mais à frente de algum modo e de outras que ficam mais para trás, mas, em geral, o desenvolvimento das crianças segue padrões semelhantes. Cientistas e acadêmicos tentaram identificar seus vários estágios. Um dos mais conhecidos foi Jean Piaget, que argumentou que existem quatro fases: *sensório-motora* (do nascimento até os 2 anos), *pré-operacional* (dos 2 aos 7 anos), *operacional concreta* (dos 7 aos 11 anos) e *operacional formal* (dos 11 em diante).

Na fase sensório-motora, as crianças descobrem a relação entre seus corpos e o mundo ao redor. Aprendem sobre a permanência dos objetos e compreendem que algo continua a existir mesmo que não esteja visível. Durante a fase pré-operacional, começam a pensar de forma simbólica e a realizar conexões metafóricas. Na fase operacional concreta, as crianças começam a argumentar e a trabalhar fora de suas mentes em vez de exclusivamente fazê-las. Durante a fase operacional formal, aprendem a utilizar conceitos abstratos e começam a raciocinar.[7] Você pode esperar que seu filho siga alguma versão dessas fases, em períodos de forma relativa previsíveis, simplesmente porque é uma criança.[8] Esse é um dos efeitos da natureza. E em relação à experiência? Se a experiência tiver uma pequena vantagem sobre a natureza (cerca de 2%), o que lhe confere essa vantagem?

CULTURA E OPORTUNIDADE

Independentemente de suas capacidades inatas, o ambiente no qual a criança cresce tem profunda influência sobre como ela se desenvolve: naquilo que torna sua natureza.

Shamdeo tinha em torno de 4 anos quando foi encontrado em uma floresta na Índia em 1972. Ele brincava com filhotes de lobos e tinha dentes afiados, longas unhas encurvadas e um refinado talento para caçar galinhas. Não tinha uma linguagem e qualquer traço social que normalmente associamos a meninos de 4 anos. As autoridades o encaminharam para uma instituição, após um tempo parou de comer carne crua, mas nunca aprendeu a falar, conquistou apenas os rudimentos da língua de sinais.

Oxana Malaya tinha 8 anos quando foi encontrada em um canil, em 1991, na Ucrânia. Seus pais alcoólatras a deixaram durante a noite do lado de fora da casa, quando ela tinha 2 anos, e Oxana acabou indo viver com os cães. Quando foi encontrada, andava de quatro, latia e rosnava, recordava-se apenas das palavras *sim* e *não*. Por fim, aprendeu alguma forma de comunicação e agora trabalha com os animais da fazenda do hospital onde vive.

A história do ugadense John Ssebunya teve um final mais feliz do que as duas primeiras, embora tenha tido um começo bem impressionante. Quando ele tinha 3 anos, viu seu pai assassinar sua mãe e correu para a floresta. Lá, viveu com macacos por três anos, aprendeu a subir em árvores e a caçar alimentos. Talvez porque não tenha permanecido tanto tempo em um ambiente selvagem como os outros, John conseguiu readaptar-se à vida humana. Suas habilidades verbais são limitadas, mas desenvolveu uma bela voz cantando, e cantou no coral infantil *Pearl of Africa*.[9]

Shamdeo, Oxana e John são três exemplos das chamadas crianças selvagens, que cresceram isoladas de outros seres humanos. Mais de uma centena de casos dessas crianças já foram relatados e, indubitavelmente, há muitos outros que ainda não foram. Há histórias extremas, mas elas mostram claramente os efeitos da cultura sobre nós.

Esses efeitos nem sempre são fáceis de detectar. Mudar-se para um bairro com um compromisso tribal com o time de futebol local pode não ter tanto impacto em você quanto crescer com lobos, mas é apenas uma questão de grau. Seus filhos não estão crescendo em um vácuo cultural, e inúmeros fatores podem influenciar seu desenvolvimento, desde a decisão de sua irmã de largar o quarto marido, a frequência de noites de jogos em família, a criação em uma comunidade de fé (e qual delas), viver em uma expansão urbana cheia de gangues ou em uma comunidade vegana no deserto. Alguns fatores podem ser mais influentes do que outros. Vamos dar uma olhada em dois que são frequentemente atribuídos à natureza, mas que também estão intimamente envolvidos com o ambiente.

Dinheiro é importante

A renda familiar pode ter um drástico efeito sobre as conquistas das crianças e dos jovens, não apenas no que podem comprar, mas também como se sentem em relação à sua vida e ao futuro.

Há muitas causas para a pobreza: uma empresa pode falir e provocar uma crise financeira em seus antigos donos; uma recessão pode lançar uma família influente em um mar de dívidas inesperadas; um divórcio ou questões de saúde podem privar uma família de seu principal ganha pão; uma família pode ter pais com baixo nível educacional, e eles podem estar desempregados ou não conseguir emprego, por crimes, indigência, ou ambos. Os problemas da baixa renda podem estar associados a outras questões sociais: a família pode viver em um bairro arruinado, sofrendo outras formas de privações ou com altas taxas de criminalidade. Dependendo das circunstâncias, a pobreza pode ser catastrófica para as crianças.

Crianças em pobreza extrema têm uma probabilidade seis vezes maior de serem negligenciadas ou abusadas e maior probabilidade de viverem em bairros com riscos à sua própria segurança física. As que vivem na pobreza desde o início de suas vidas sofrem mais do que aquelas que só a experimentam mais tarde. Crianças pequenas que vivem na pobreza por muitos anos tendem a sofrer mais. Como são mal-alimentadas, as que crescem na pobreza apresentam uma probabilidade duas vezes maior de não ter uma boa saúde e de apresentar problemas de desenvolvimento físico do que as crianças de famílias com boa renda. Podem apresentar baixo peso no nascimento e baixo crescimento. São mais propensas às dificuldades de aprendizagem, ficam poucos anos na escola e apresentam baixas taxas de conclusão do ensino médio. Podem apresentar problemas comportamentais e emocionais e uma probabilidade três vezes maior de gravidez na adolescência.[10]

A criança não é culpada pela pobreza. No entanto, o ciclo pode se autoperpetuar. Crianças pobres são mais propensas a ter baixos níveis educacionais e poucas qualificações, a ter ganhos menores na vida adulta e, como resultado, continuarem a criar seus filhos em ambientes mais pobres.[11] Nenhuma dessas condições é inevitável e a maioria de nós consegue pensar em exceções a essa tendência, mas são fortes as evidências de que a renda familiar pode ser um fator principal no desenvolvimento e nas conquistas das crianças. Esse é apenas um exemplo dessa complexa dança entre o inato e o adquirido. Outros envolvem as definições de gênero.

Meninos serão meninos?

A pergunta que todos os pais ansiosos mais se fazem é se terão uma menina ou um menino? Quando um bebê nasce essa é uma das primeiras perguntas que a família e os amigos fazem e a pergunta legal que o médico ou a parteira tem que responder. Pode parecer uma questão fácil, mas muitas vezes não é. Tendemos a pensar em homens e mulheres como categorias distintas com uma linha clara entre eles. Na prática, a linha pode ser bastante borrada. Há uma diferença entre sexo, gênero e orientação sexual. Sexo tem a ver com a anatomia; gênero com identidade; orientação sexual com afinidade. Todos os três estão relacionados e são mais complicados do que parecem. Vamos falar primeiro do sexo.

A maneira intuitiva de verificar o sexo de um bebê é olhar para os seus genitais, mas anatomicamente a identidade sexual é mais do que a aparência externa. Existem pelo menos quatro dimensões físicas da sexualidade: órgãos externos, órgãos internos, cromossomos e hormônios. Não é preciso dizer como os genitais de homens e mulheres são diferentes. Pelo menos espero que não. Existem *órgãos internos* que normalmente também os diferenciam. Meninas em geral têm útero e ovários e meninos têm testículos. Uma mulher de forma habitual tem *cromossomos* XX e um homem XY, mas nem sempre. Alguns bebês têm as genitálias externas de uma menina, mas não têm ovários ou útero. Externamente alguns bebês se parecem com meninos, mas têm genes e órgãos internos de meninas. Alguns têm genitais ambíguos e são classificados como intersexo, nem meninos nem meninas no senso comum. Existem até oito variações que turvam a linha que separa homens e mulheres.[12]

Hormônios também são importantes. Nos estágios iniciais da gravidez, a quantidade de testosterona no útero da mãe determina se o mesmo tecido no feto se transformará em pênis e saco escrotal ou em lábios e vagina. À medida que uma criança cresce, variações nos níveis de hormônios afetam seu desenvolvimento físico e emocional. Alguns bebês meninas têm genes de mulher, mas produzem hormônios masculinos; alguns meninos têm genes de homens, mas produzem hormônios femininos. Em função de toda essa variedade, o Facebook abandonou a necessidade de os usuários declararem se são homens ou mulheres. Eles podem agora escolher entre 52 opções.

Por enquanto pelo menos os médicos ainda têm que declarar os recém-nascidos como meninos ou meninas. Se a genitália externa for ambígua, a decisão se baseará no que eles e suas famílias acreditam que a criança possa se identificar melhor depois de crescer. Essa pode ser uma escolha torturante. Uma criança pode ter uma genitália masculina e ser criada como uma menina, mas ser uma mulher hormonalmente e em termos de autoidentidade.

Gênero é um termo mais complicado do que o sexo físico de uma pessoa. Trata-se da: "[...] complexa inter-relação entre o sexo de um indivíduo (biologia de gênero), sentimento interno do eu como homem, mulher, ambos ou nenhum deles (identidade de gênero), bem como as apresentações e comportamentos externos (expressão de gênero) relacionados àquela percepção, incluindo seu papel de gênero".[13] Juntas, as interseções dessas três dimensões produzem um sentimento de gênero autêntico, tanto no modo como as pessoas vivenciam seu próprio gênero como no modo como os outros o percebem. Quando o gênero atribuído a uma pessoa após o nascimento é diferente daquele com o qual se identifica mais tarde, elas comumente sofrem uma angústia profunda, uma condição denominada *disforia de gênero*. Enfrentam o tormento constante de se sentir e agir como uma menina, mas ser forçada a se comportar e ser tratada como um menino, ou vice-versa. Variações na identidade sexual, gênero e orientação sexual frequentemente provocam *bullying* e provocações na escola, especialmente durante a adolescência.

Outra fonte de tensões potenciais é o modo como os papéis de gênero e estereótipos são reforçados em casa. Por exemplo, a tendência de associar rosa às meninas e azul aos meninos. Até os 2 anos, a maioria das crianças, independentemente do gênero, parece preferir azul. Com 2 anos, as meninas começam a exibir uma preferência por rosa. Isso pode ocorrer devido a influências culturais: as meninas frequentemente são vestidas de rosa e recebem brinquedos rosa para brincarem.[14] As crianças também aprendem sobre comportamento com os adultos em torno delas. Em lares em que os estereótipos de gênero são definidos rigidamente, as crianças que se sentem em conflito devido às suas identidades sexuais podem se sentir encurraladas em papéis que descaracterizam suas sensibilidades naturais.

Seus filhos são geneticamente semelhantes a todas as outras crianças, mas também são indivíduos únicos. Então o que dizer em relação ao seu filho especificamente e sobre o que você pode fazer para cultivar talentos e sensibilidades específicas?

IDENTIFIQUE A GENIALIDADE DO SEU FILHO

Quando nosso filho James tinha 7 anos, eu e minha esposa sabíamos que sua escola não era a adequada para ele e começamos a procurar por outras em que ele se encaixaria melhor. Na primeira que visitamos, o diretor gastou 15 minutos nos dizendo o quanto a escola era maravilhosa e em seguida levou James para outra sala para que ele pudesse "avaliá-lo". Presumimos que isso duraria algum tempo. O que não aconteceu. Dez minutos depois eles estavam de volta. "Bem", disse o professor, "ele não é nenhum gênio, mas ficaremos felizes em aceitá-lo". Sem precisarmos conversar decidimos que ele não teria essa chance.

Parecia absurdo que qualquer pessoa, mesmo um experiente diretor, fosse capaz de fazer esse julgamento em menos de dez minutos. Com que concepção de capacidade, quanto mais de genialidade, ele trabalhava? Como ele poderia saber o suficiente sobre os interesses, talentos, dons e pontos fracos de James em uma breve conversa e, presumivelmente, alguns poucos testes padronizados? O fato de ele ter se sentido confiante para fazer esse julgamento com essa evidência escassa foi o suficiente para que não tivéssemos confiança nesse julgamento – ou nele.

Também discordamos de sua ideia de genialidade. O fato de nosso filho ou do seu filho ser um gênio no senso comum do termo não é a questão aqui. Existem pressões sociais crescentes que tentam demonstrar o mais cedo possível se seus filhos têm talentos impressionantes. O argumento é que se seu filho não tiver se estabelecido como um prodígio de algum tipo com 2 anos, então você pode esquecer a ideia de enviá-lo para uma boa escola e pode começar a se preparar para que ele tenha uma carreira de baixa remuneração. Isso é um absurdo e se você está passando por essa pressão faça o que for possível para evitar colocá-la sobre seus filhos. Nem toda criança vai inventar uma tecnologia revolucionária, descobrir uma inovação médica, ser um grande mestre de xadrez ou escrever uma canção que viverá para sempre. Estou usando o termo *gênio* de uma maneira mais central que vai além dos exemplos icônicos de Stephen Hawking, Maya Angelou, Steve Jobs ou Mozart.

Thomas Armstrong é o director executivo do American Institute for Learning and Human Development. Na obra *Awakening genius in the classroom*, ele utiliza o termo: "dar à luz a felicidade de uma pessoa".[15] *Gênio* deriva das palavras grega e latina que significam "nascer" ou "vir a nascer". Está relacionada à *gênese* e *genial*, que significam, entre outras coisas, "festivo", "que conduz ao crescimento", "vivificante" e "jovial". Essa concepção de *gênio* está de acordo com minha visão, de longa data, de que todas as crianças têm grandes talentos naturais e que os têm de maneiras diferentes.

Um dos problemas profundos da educação, que devem lhe preocupar como pai, é a ideia limitada de inteligência que permeia a cultura escolar. O bom desempenho na educação ainda se baseia em grande parte em uma concepção limitada de capacidade acadêmica e na tendência de confundir isso com a inteligência em geral. A capacidade acadêmica envolve tipos específicos de argumentaçao verbal e matemática que são uma razão para que as crianças passem tanto tempo sentadas escrevendo e calculando nas escolas. A capacidade acadêmica é importante, mas não representa a inteligência como um todo. Se assim fosse, a cultura humana seria bem menos interessante.

Quando a educação funciona baseada em uma ideia limitada de capacidade, todos os outros tipos de capacidade podem passar despercebidos. Seu filho pode ter muitos talentos que não são reconhecidos na escola e você, seu filho e a escola podem concluir juntos que ele não é muito esperto quando o problema na verdade é o quão a palavra "esperto" está sendo estreitamente definida. Quando reconhecemos que todas as crianças são inteligentes de diferentes formas, podemos ver que elas têm muitos caminhos diferentes para a realização, não apenas um. Pelo menos de três maneiras diferentes, os recursos humanos são como os recursos naturais da Terra.

Diversidade

Os talentos e interesses das pessoas são maravilhosamente diversos, por isso que as realizações humanas são multifacetadas. Pense na variedade sem fim de ocupações, habilidades, conhecimentos e realizações nas artes, ciências, tecnologia, esportes, arquitetura, artesanato, negócios, política, saúde, agricultura, assistência social e assim por diante. O psicólogo de Harvard Howard Gardner identifica oito formas de inteligência:[16]

- *Espacial:* capacidade de conceitualizar e manipular arranjos espaciais em grande escala (p. ex., piloto de aviões, marinheiro) ou formas mais locais do espaço (p. ex., arquiteto, enxadrista).
- *Corporal-cinestésica:* capacidade de utilizar de forma integral o corpo ou partes dele (como as mãos ou a boca) para resolver problemas ou criar produtos (p. ex., dançarino).
- *Musical:* sensibilidade ao ritmo, afinação, métrica, tom, melodia e timbre. Pode envolver a capacidade de cantar, tocar instrumentos musicais ou compor música (p. ex., maestro).
- *Linguística:* sensibilidade sobre o significado das palavras, a ordem entre elas e os sons, os ritmos, as inflexões e as métricas das palavras (p. ex., poeta).
- *Lógico-matemática:* capacidade de conceitualizar relações lógicas entre ações ou símbolos (p. ex., matemáticos, cientistas).
- *Interpessoal:* capacidade de interagir efetivamente com os outros. Sensibilidades aos estados de espírito, sentimentos, temperamentos e motivações dos outros (p. ex., negociador).
- *Intrapessoal:* sensibilidade para os próprios sentimentos, objetivos e ansiedades e a capacidade de planejar e agir à luz das próprias particularidades.
- *Naturalista:* capacidade de fazer distinções consequentes no mundo natural, como, por exemplo, entre uma planta e outra ou entre uma formação de nuvens e outra (p. ex., taxonomista).

O psicólogo Robert Sternberg defende que a inteligência tem três componentes principais: *analítica*, capacidade de fazer julgamentos e comparações entre as coisas; *criativa*, capacidade de criar novas ideias ou lidar com situações não familiares e *prática*, capacidade de trabalhar no interior do seu ambiente e lidar com o mundo à sua volta.[17] Existem outras teorias e elas variam nas formas de inteligência que identificam e como as distinguem. Todas elas reconhecem que não há uma única forma de inteligência, que todos somos inteligentes de diferentes maneiras e utilizamos nossas inteligências em combinações que são únicas para cada um de nós.

Descoberta

Assim como os recursos naturais da Terra, os talentos humanos estão com frequência enterrados abaixo da superfície e precisam ser descobertos antes de podermos utilizá-los. Se você vivesse em um local onde apenas uma língua fosse falada, como você poderia saber quantas línguas seria capaz de falar se tivesse uma oportunidade? Se você nunca tivesse em mãos um violino, um microscópio, um serrote ou uma raquete, como saberia se tem talento ou paixão para música, biologia, carpintaria ou tênis? Nossos filhos estão sempre enviando sinais sobre aquilo em que estão se transformando. Nos livros da série *Element* existem vários exemplos de pessoas que são direcionadas cedo em suas vidas para diferentes tipos de atividades. Às vezes, seus talentos reais não eram visíveis a olho nu. Incluem crianças que brincavam sem parar com Lego que depois se tornaram arquitetos bem-sucedidos, rabiscadores obsessivos que se tornaram cartunistas famosos, bebês hiperativos que se tornaram dançarinos ou ginastas profissionais e leitores silenciosos que se tornaram estudiosos acadêmicos.

Desenvolvimento

Existe uma diferença entre capacidades e habilidades. Capacidades são algo com que nascemos; habilidades são o que elas se tornam quando as descobrimos e refinamos. Muitas pessoas não conseguem ler ou escrever. Não porque não tenham a capacidade de realizar essas tarefas, mas porque não aprenderam como realizá-las. Quaisquer que sejam seus talentos, sem prática, estímulo e determinação, como saber até que ponto seria bom neles?

Não é verdade que todas as crianças que reconhecem seus dons serão sempre felizes, mas aquelas que o sabem têm uma chance maior de viver vidas que serão recompensadoras para elas e benéficas para os outros. Isso será verdade se você ajudar seus filhos a descobrir o prazer de ser bem-sucedido em algo que eles realmente valorizam. Oferecer o tipo de educação correta é uma das maneiras mais seguras de fazer isso.

A escola deve oferecer um programa variado e equilibrado que cultive conscientemente o desenvolvimento físico, emocional, cognitivo, social e espiritual do seu filho. Ela não é a única responsável por essas áreas de desenvolvimento. Nos primeiros anos, a principal responsabilidade é sua, da sua família e da comunidade, da qual a escola pode fazer parte. Você deve encarar a escola como um parceiro. À medida que seu filho cresce, o equilíbrio de oportunidades deve mudar para acompanhar o ritmo de suas capacidades em desenvolvimento como alunos e de acordo com seus interesses em desenvolvimento como indivíduos. Boas escolas sempre preencheram esses papéis. Atualmente, seus filhos enfrentam alguns desafios específicos que também recaem sobre suas responsabilidades como pai e sobre o que você deve esperar da educação.

4

Crie-os para serem fortes

Não vejo esperança no futuro se ele depender da juventude frívola de hoje. Todos os jovens são irresponsáveis além das palavras. Quando eu era um garoto, éramos ensinados a sermos discretos e respeitosos com os mais velhos. Os jovens atuais são impacientes com qualquer restrição.

Hesíodo, poeta grego, 700 a.C.

Cada geração se choca com aquelas anteriores a ela. Os jovens com frequência ofendem os adultos; os adultos se desesperam com o modo como a fibra moral de jovens diminuiu desde que eles foram jovens. Hesíodo faz parte de uma longa fila de idosos irritáveis. Assim como Samuel Johnson observou há 250 anos: "Todo idoso se queixa da crescente devassidão do mundo e da petulância e insolência da geração que surge".

Algumas das dores crescentes de seus filhos são tão antigas quanto a humanidade. Você as encontrará nos poemas épicos da Antiguidade, nas peças de Shakespeare e em qualquer filme de época que você já tenha visto. Isso é natural. As lutas dos jovens para atingir a maturidade também são moldadas por suas circunstâncias: pela criação. Os trabalhadores infantis da indústria, as crianças da escravidão, a progênie privilegiada da riqueza e os jovens recrutas da guerra tiveram que lidar com o que tinham em mãos. Alguns dos desafios que seus filhos enfrentam são peculiares aos nossos tempos. Esses desafios dependem de seus papéis como pai e no que você deveria esperar de suas escolas.

SOB PRESSÃO

Se você pensar no seu tempo de escola, provavelmente lembrará de sentir-se estressado com um texto importante, uma aula difícil, com um grande jogo ou uma apresentação. A ansiedade que você sentiu de tempos em tempos era provavelmente menos preocupante do que o estresse crônico que muitos alunos sentem agora o tempo todo. Mais de oito em dez adolescentes nos Estados Unidos sofrem de estresse extremo ou moderado durante o ano escolar e uma em cada quatro experimenta estresse extremo.[1] Um grande número experimenta dores de cabeça, perda de sono, raiva e irritabilidade associados ao estresse. Mais de um terço dos adolescentes deve apresentar estresse no próximo ano. Às vezes, o problema é mais profundo do que o estresse. De acordo com a American Academy of Pediatrics, uma em cada cinco crianças nos Estados Unidos apresenta transtorno mental diagnosticável e apenas uma a cada cinco diagnosticada está recebendo o tratamento necessário.[2]

Se você não acha que os jovens de hoje são especialmente estressados, você não está sozinho. Uma pesquisa recente mostra um amplo intervalo entre como os jovens estressados se sentem e o quanto seus pais acham que eles são estressados. Quase metade dos adolescentes estudados sentia-se seriamente estressado; apenas um terço de seus pais havia percebido. Menos de um em 20 pais pensava que seus filhos eram extremamente estressados, mas quase um terço dos adolescentes disse que estava se sentindo assim. Mais de 40% dos adolescentes disseram que tinham dores de cabeça e apenas 13% dos pais percebiam isso. Metade dos adolescentes tinha problemas para dormir e apenas um décimo dos pais sabia disso. Cerca de 40% dos adolescentes têm ansiedade ao comer; apenas 8% dos pais percebem.[3]

Por que os jovens estão tão estressados atualmente? Em vários estudos, os alunos do ensino médio listam preocupações com desempenho acadêmico, pressões incansáveis dos testes, preocupações em entrar em uma boa faculdade e pressão dos pais para que sejam bem-sucedidos na escola e tenham um desempenho extraordinário como os fatores que mais os estressam. Outros fatores são todas as outras demandas da sua época, que aumentaram de forma considerável na última década: mais deveres de casa, aulas preparatórias e programas extracurriculares. Muitos se queixam da sobrecarga sem qualquer opção realista de redução das atividades, da competição intensa com seus colegas e dos desafios de lidar com as questões sociais em suas escolas. Acrescente a isso o fato de quase todas as horas acordadas serem destinadas, planejadas e organizadas com pouco ou nenhum tempo para apenas "ser uma criança". Dois em cada três alunos do ensino médio apontam a dificuldade em gerenciar seu tempo e os compromissos em casa e na escola como a causa principal dos seus níveis nocivos de estresse.

Em seguida, existem os fatores estressantes que têm origem em disfunções familiares: brigas de pais, queixas sobre dinheiro, crueldade de irmãos e tentar estar à altura de um irmão mais velho. Todas as crianças enfrentam pelo menos alguns desses problemas em algum momento de suas vidas. Uma combinação de vários deles pode ser a diferença entre estresse administrável e o tipo de estresse que tem efeitos negativos e profundos na vida diária. Essas pressões estão encerradas em outras tendências.

CULTURA DIGITAL

Em menos de uma geração as tecnologias digitais revolucionaram o modo como vivemos, trabalhamos, aprendemos e brincamos. Na década de 60, quando os Beatles e os Rolling Stones faziam turnês e a guerra no Vietnã era violenta, ninguém tinha ouvido falar da internet, não havia endereços eletrônicos e ninguém tinha celular. Recentemente assisti a um documentário sobre o festival de rock de Woodstock, em 1969. Não fui ao festival e essa foi a segunda melhor coisa. Milhares de pessoas estavam sentadas, escutando música (bem, algumas delas), conversando ou dançando. Nenhuma delas estava olhando para um dispositivo portátil (pelo menos do tipo que estamos falando), digitando textos, tirando *selfies* ou navegando na internet. Essas coisas não existiam, mas estavam chegando.

Na década de 50, apenas algumas prósperas organizações na Europa e nos Estados Unidos utilizavam computadores. Eles não eram como os computadores atuais, as pessoas não os tinham em suas casas, muito menos em seus bolsos. Eles eram engenhocas do tamanho de um caminhão, lentas e caras, cheias de válvulas e fios enrolados, pelas quais apenas as agências do governo e algumas grandes companhias podiam pagar ou estavam interessadas. Entretanto, a tecnologia estava crescendo de forma acelerada. Na metade da década de 60, o governo dos Estados Unidos encomendou uma pesquisa sobre a melhora de comunicações entre instalações acadêmicas e militares utilizando redes de computadores. Na década de 80, um protótipo de rede chamado ARPANET estava fazendo exatamente isso.

Enquanto isso, os computadores eram cada vez menores, mais rápidos e mais baratos. O investimento nas redes também estava crescendo. Em 1989, Tim Berners-Lee, um cientista computacional inglês que trabalhava na Suíça, desenvolveu os protocolos para a *World Wide Web* e no início da década de 90 a internet começou a tomar forma. Nos últimos 30 anos, ela evoluiu para o sistema de comunicação mais dinâmico e ubíquo que a humanidade já conheceu. Enquanto escrevo isso, metade da população mundial – mais de 3,5 bilhões de pessoas – está conectada à internet. A cada ano o número aumenta à medida que a tecnologia continua a produzir dispositivos cada vez menores, mais rápidos e mais baratos.

A cultura digital está nos transformando. A internet é como um córtex digital vasto e vibrante, envolvendo a humanidade com trilhões de conexões que afetam como pensamos, nossos comportamentos e naquilo em que podemos nos tornar. Está apenas começando. No início da era dos computadores domésticos, utilizávamos *desktops* e *laptops* como computadores e os celulares para, bem, para fazer ligações. No entanto, dez anos atrás, a cultura digital deu um salto. Em 2007, a Apple lançou o primeiro iPhone e a realidade nunca mais foi a mesma.[4] Bilhões de pessoas agora consideram impossível viver sem seus *smartphones*. Nós os usamos para nos comunicarmos, fazer compras, fotografar, jogar, escutar músicas, ler notícias, guardar lembranças e passar o tempo de outras formas. Essas mudanças estão mergulhadas profundamente em nossas vidas que é fácil esquecer que não existiam há dez anos.

O Facebook tem hoje 2 bilhões de usuários ativos em todo o mundo. A cada dia, um bilhão deles entra no sistema, principalmente por meio de celulares, e compartilha mais de 5 bilhões de conteúdos, incluindo 300 milhões de imagens e os botões de Curtir e Compartilhar são vistos em mais de 10 milhões de *websites*.[5] A cada segundo, cinco novos perfis são criados, 300 mil *status* são atualizados e 150 mil fotos são enviadas. Trata-se de um mundo novo e seus filhos estão no coração dele.

Existem incontáveis benefícios em toda essa conectividade. As redes digitais são fontes maravilhosas de trabalho, lazer, criatividade e colaboração e têm um potencial massivo para aprendizagem, educação e escola. Porém, também existem alguns problemas. Um deles é a enxurrada de informações que jorra da internet dia e noite por meio de incontáveis *blogs*, *sites*, arquivos, promoções, campanhas e páginas pessoais sobre qualquer tópico imaginável a partir de qualquer ponto de vista possível. Antes da internet, o material publicado seguia principalmente dos produtores aos consumidores. Um pequeno número de pessoas os criava e o resto de nós o recebia. Agora que qualquer pessoa pode "publicar" o que quiser, é difícil saber o que é verdade ou mentira. Fazer uma busca na internet pode ser parecido com peneirar em busca de ouro; você precisa tomar cuidado onde busca e ter alguma maneira de verificar a informação.

A cultura digital pode ser um buraco negro em relação ao nosso tempo e à nossa atenção. Jovens passam horas, todos os dias, em frente à tela do computador. Antes que você se sinta muito presunçoso é provável que você passe também. Os adultos passam em média até 9 horas por dia em dispositivos eletrônicos, pelo menos um tempo igual ao dos seus filhos: parte dele trabalhando, passando ociosamente de um *link* para outro por curiosidade sem direção ou atraído pelas propagandas de anunciantes. Isso sem levar em conta o tempo gasto em jogos, que são uma indústria de vários bilhões de dólares.[6]

A cultura digital não está apenas mudando como passamos o nosso tempo, ela está transformando nossos relacionamentos.

MÍDIAS SOCIAIS

Quantos amigos reais você teve na escola? Eu me refiro a amigos em que você podia confiar e falar sobre quase tudo. Eu tinha cerca de quatro amigos. Havia outras pessoas com quem me relacionava bem, mas poucos amigos de verdade. Era assim com você? Se a resposta for afirmativa você seguiu um padrão muito comum antes das mídias sociais. Durante a maior parte da história humana, o principal caminho para ter um relacionamento com as pessoas era por meio da sua presença física. Cerca de dois mil anos atrás, os sistemas escritos introduziram outras opções para que as pessoas mantivessem contato. Depois disso, nada mudou muito desde a invenção do telefone há cerca de 120 anos. Conheço pessoas ainda hoje que não gostam de falar ao telefone porque elas não podem "ver" a pessoa que está do outro lado. As mídias sociais são um novo giro na espiral.

De algumas maneiras, manter o relacionamento por meio das redes sociais com pessoas que você já conhece não é muito diferente da correspondência antiga, exceto pelo fato de ocorrer em tempo real utilizando também imagens, música e vídeos. Quando seu círculo de "amigos" *on-line* inclui muitas pessoas que você não conhece de outra forma, a própria ideia de amizade começa a se modificar. As amizades das mídias sociais podem ser apenas trocas episódicas com uma rede dissonante de pessoas relativamente estranhas: um reflexo de polegares para cima/polegares para baixo ou curtidas/descurtidas. Cada postagem é uma espécie de minienquete de opinião sobre sua popularidade social. Postagens bem-sucedidas são curtidas; postagens fracassadas não são. A pior coisa é não responder nada. Você pode desenvolver bons relacionamentos *on-line* com pessoas que você não conhece fora dali, mas as curiosas convenções das mídias sociais podem afetar a confiança dos jovens em relacionamentos regulares.

Sempre pensei que "mídia social" era um título irônico. Na melhor das hipóteses, elas são associais e na pior delas antissociais. Não estou sozinho pensando assim. Existem evidências de que as mídias sociais podem fazer as pessoas sentirem-se mais solitárias. Um estudo recente sugere que quanto mais tempo os adultos passam nas mídias sociais mais eles se sentem separados do resto da sociedade. Mais de duas horas por dia nas mídias sociais dobram as chances de se sentir isolado. O número de visitas às mídias sociais é um dos fatores; o outro é quanto tempo se passa nelas.

O professor Brian Primack, da University of Pittsburgh School of Medicine, que liderou a investigação, afirmou: "Esse é um tema relevante para ser investigado, porque os problemas de saúde mental e de isolamento social atingiram níveis epidêmicos entre os jovens... Somos inerentemente criaturas sociais, mas a vida social tende a nos compartimentalizar em vez de nos reunir". Na opinião dele, essa investigação sugere que "as mídias sociais podem não ser a solução que as pessoas estão procurando".[7]

As mídias sociais também são um canal para antiga mesquinharia, exceto que agora as pessoas podem ser mesquinhas a partir da privacidade de seus próprios dispositivos e anonimamente se assim decidirem. E existem ainda os *trolls*, o *bullying* cibernético e os predadores para quem a internet é um caminho fácil e anônimo de intimidação, abuso e coisas piores.

Ser adolescente sempre envolveu lidar com problemas de *status* social, insegurança, primeiros romances e amizades voláteis. Mesmo assim, antes das mídias sociais, você podia encontrar um amigo ou dois depois da escola, mas a escola estava em grande parte fora da sua vida até o dia seguinte. Com as mídias sociais, sua rede de amigos está com você o tempo todo. Isso é ótimo se você esqueceu do dever de ciências ou precisa falar com alguém sobre um novo filme, mas não é tão bom se você está no meio de um drama com seus colegas ou sendo forçado a ir a um evento que você deseja evitar. Estou ficando estressado só em pensar nisso.

DESENVOLVIMENTO CEREBRAL

A tecnologia não é apenas mais um fator na vida das crianças; ela está mudando o modo como elas pensam e sentem. Jim Taylor é professor de psicologia na University of San Francisco e afirma que existem algumas evidências de que a exposição à tecnologia "está, na verdade, conectando o cérebro de maneiras muito diferentes do que nas gerações anteriores". Por exemplo, a utilização frequente de *videogames* e outras mídias na tela pode "[...] melhorar as capacidades visuoespaciais, aumentar a capacidade de atenção, diminuir o tempo de reação e a capacidade de identificar detalhes em meio à confusão... em vez de tornar as crianças estúpidas, pode estar tornando as crianças apenas diferentes".[8] Existe uma boa razão pela qual crianças e adultos amam os *videogames*: eles são muito divertidos e jogá-los pode trazer reais benefícios ao seu filho.

Outros consideram o extenso uso da tecnologia por parte das crianças como sendo mais preocupante. Cris Rowan, terapeuta ocupacional pediátrico e CEO dos Zone'in Programs diz que "os sistemas sensorial, motor e de vínculos das crianças, ainda em desenvolvimento, não estão desenvolvidos para acomodarem a natureza sedentária, frenética e caótica das tecnologias atuais. [...] O impacto das tecnologias que avançam de forma rápida no desenvolvimento das crianças assistiu a um aumento dos distúrbios físicos, psicológicos e comportamentais que os sistemas de saúde e de educação estão começando a detectar, e menos entender".[9]

SAÚDE

Pela primeira vez na história moderna, as crianças podem viver menos do que seus pais. A obesidade e o diabetes em crianças agora são uma epidemia nacional tanto no Canadá como nos Estados Unidos. Nos Estados Unidos, a obesidade infantil mais do que duplicou nos últimos 30 anos e mais do que quadruplicou em adolescentes. Crianças obesas tendem a se tornarem adultos obesos, o que leva a um risco maior de doenças cardíacas, diabetes, acidente vascular cerebral e outras complicações.[10] As causas são múltiplas, mas têm a ver com a dieta e especialmente à ubiquidade de alimentos *fast food* com níveis elevados de gorduras e açúcares, ao baixo custo de comidas de baixa qualidade e à insegurança alimentar. Saúde física ruim também está relacionada a estilos de vida altamente sedentários que decorrem do excesso de utilização das tecnologias digitais. Todos esses fatores podem estar contribuindo para os crescentes diagnósticos de transtorno de déficit de atenção/hiperatividade (TDAH), transtorno do espectro autista, distúrbios de coordenação, retardos de desenvolvimento, fala ininteligível, dificuldades de aprendizagem, distúrbio de processamento sensorial, ansiedade, depressão e transtornos do sono.[9]

DROGAS

Muitos países estão envolvidos em uma epidemia de dependência de opiáceos, abuso de prescrição de medicamentos e consumo de álcool. A frequência e o nível de dependência têm se mostrado catastróficos em muitas comunidades e estão criando uma ansiedade intolerável para pais e famílias. Mesmo na melhor das hipóteses, as famílias podem ser um redemoinho de lutas por *status* e guerras por território. Pode ser muito difícil para os pais se seu filho se envolver com drogas na escola, na rua ou se tiver problemas com a lei. Segundo o National Institute on Drug Abuse, quando um membro da família consome drogas essa pessoa se torna não confiável, negligente, podendo cometer crimes para comprar drogas, perder o emprego, ficar fora todas as noites, entre outras situações que uma pessoa nunca passaria se as drogas não estivessem presentes.[11] O amor pode ser incondicional, mas ele não é acrítico. Para os pais, há momentos em que saber como amar seus filhos é tão importante quanto amá-los acima de tudo. Outra maneira pela qual ser pai pode ser tão difícil quanto recompensador.

PORNOGRAFIA

A internet começou como um dispositivo para pesquisa científica. Agora é uma das mais prolíficas fontes de pornografia já concebidas. Como um juiz britânico notoriamente disse, a pornografia é muito difícil de definir, mas a reconhecemos quando a vemos. Não é meu papel fazer orientação sobre o *status* moral da pornografia, mas a disseminação e o acesso fácil a ela estão gerando profundas preocupações sobre seus efeitos nas atitudes dos jovens em relação aos outros, sobre sua própria sexualidade, sua intimidade e seus relacionamentos.

TEMPO DENTRO DE CASA

Quando você era uma criança quanto tempo você passava fora de casa, brincando sozinho ou com seus amigos sem supervisão dos adultos? E seus filhos? Quanto tempo eles passam fazendo isso agora? Provavelmente muito menos.

Fui consultor de uma iniciativa internacional, criada pela Unilever, sobre a importância das brincadeiras de crianças intitulada *Porque se sujar faz bem*. Em março de 2016, essa iniciativa lançou uma campanha chamada *Libertem as crianças*, cujo objetivo era encorajar os pais a falar sobre as barreiras que impediam que seus filhos fossem para rua e brincassem no mundo real.

A equipe do projeto realizou uma pesquisa com 12 mil pais em todo o mundo. Eles descobriram que hoje, em média, as crianças brincam fora muito menos do que uma hora por dia. Isso é menos que a metade do tempo diário fora das celas que a lei internacional exige em prisões de segurança máxima. Imaginamos o que esses prisioneiros diriam sobre isso, então rodamos um filme dentro da prisão de segurança máxima de Wabash Valley, em Indiana.[12]

Nele, os prisioneiros falam sobre o quanto eles valorizam as duas horas por dia que passam fora das celas. "E você tem a chance de sair e sentir o sol no seu rosto", disse um deles. "É tudo para mim." Foi perguntado como se sentiriam se esse tempo fosse reduzido para uma hora. "Iria gerar muita raiva", respondeu um deles. Outro afirmou: "Seria uma tortura". O entrevistador, então, lhes diz que as crianças têm em média apenas uma hora ao ar livre por dia. Os internos reagem emotivamente ao que lhes parece muito errado. "Subir em árvores, quebrar uma perna... essas coisas fazem parte da vida", disse um deles, enquanto outro apenas acrescentou: "Criança tem que ser criança". Esses apenados foram tocados profundamente pelo fato da criança comum não conseguir mais brincar fora de casa. Nossos filhos tendem a passar um tempo menor fora de casa do que as pessoas que a sociedade precisa ter atrás das grades. Eu sei, nossos filhos às vezes nos deixam loucos, mas as condições em que vivem não deveriam ser melhores do que as do filme *Um sonho de liberdade*?

Existem várias razões que fazem as crianças não brincarem mais ao ar livre. Uma delas é que existe muito entretenimento *dentro de casa*. Quando eu estava crescendo, brincar na rua era a única opção viável. A televisão não tinha muito a oferecer. Agora, quando você pode ser um caçador de alienígenas, mercenário ou superestrela do futebol americano sem deixar a sala de estar, imagino que seja mais difícil convencer você a chutar uma bola com alguns amigos, especialmente se eles também estão nas casas deles fazendo algo parecido com o que você está fazendo sozinho.

O entretenimento em casa não é a única razão pela qual os jovens passam tanto tempo dentro dela. Escolha algo tão simples quanto andar até a escola. Em 1969, 48% das crianças de 5 a 14 anos andavam ou iam de bicicleta à escola. Em 2009, apenas 13% faziam isso. Em parte, isso ocorreu porque as pessoas passaram a viver mais distantes das escolas de seus filhos do que na década de 60, mas mesmo no grupo daqueles que vivem a menos de 1,6 km da escola os percentuais caíram 50%, de 89 para 35%.[13] A principal razão apontada pelos pais para não deixar as crianças brincarem fora de casa ou irem para a escola sozinhas é o medo pela sua segurança.

É compreensível que os pais sintam-se dessa maneira diante da proliferação de notícias terríveis transmitidas por redes de notícias 24 horas. É claro que existem regiões do mundo em que as crianças estão expostas a todo tipo de traumas. Provavelmente existem locais na sua própria cidade em que crianças sozinhas podem estar em perigo. Como disse no Capítulo 2, a segurança dos nossos filhos é essencial, mas a ideia de que lá fora está cada vez mais perigoso para todas as crianças em toda parte é uma ficção. O crime contra as crianças está caindo significativamente, particularmente assalto, *bullying* e ataques sexuais.[14] Isso é verdadeiro mesmo em bairros de baixa renda em que a incidência de crimes tende a ser mais elevada.

O QUE VOCÊ PODE FAZER?

Após alimentação e segurança, a saúde social e emocional de nossos filhos é de extrema importância. Anteriormente, mencionei que os pais parecem não estar conscientes do nível de estresse dos seus filhos. Há boas razões para isso. Uma delas é que os próprios pais estão muito estressados e ocupados, algumas vezes pelo próprio fato de lidar com seus filhos. Em seguida, existem todas as outras exigências geradas pelo trabalho, relacionamentos e existência. Acima de tudo, a Dra. Lisa Firestone acredita que a falta de consciência dos pais sobre o estado mental de seus filhos frequentemente resulta das melhores intenções. Ela afirma, "como pais na cultura atual, somos estimulados a concentrar nosso cotidiano em nossos filhos. Contudo, à medida que concentramos nossa atenção em caronas coletivas, deveres de casa e datas de apresentações, corremos o risco de esquecermos perigosamente aquilo que é mais importante: como nossas crianças se sentem".[15]

O estresse contínuo pode ter ramificações a longo prazo para nossos filhos, preparando-os para a vida adulta cheios de ansiedade e doenças crônicas. "Se o estresse for constante e sem trégua, o corpo tem pouco tempo para relaxar e se recuperar", diz a consultora educacional Victoria Tennant. E isso cobra um preço físico: "O botão de estresse continua a ser apertado, liberando continuamente hormônios associados ao estresse quando não precisamos deles, colocando o corpo para trabalhar em excesso". Os cientistas chamam esse estado de hiperestimulação: a pressão sanguínea aumenta, as frequências cardíaca e respiratória se aceleram, os vasos sanguíneos se contraem e os músculos se tensionam. "Tudo isso pode resultar em transtornos de estresse como pressão sanguínea elevada, dores de cabeça, visão reduzida, dores de estômago e outros problemas digestivos, dores na face, pescoço e nas costas".[16]

SINAIS

Como você pode perceber se seus filhos estão estressados e o que você pode fazer se eles estiverem?

Melissa Cohen é uma assistente social hospitalar licenciada e instrutora certificada da cidade de Nova York. Ela divide os sinais de estresse em quatro categorias:[17]

- *Físico*: dores de cabeça, náuseas, insônia, cansaço.
- *Emocional*: impaciência, agitação, irritabilidade, pessimismo.
- *Cognitivo*: falta de concentração, perda de memória, crescente preocupação, maior expressão de ansiedade.
- *Comportamental*: mudanças nos hábitos alimentares, aumento do isolamento, roer unhas, incapacidade de concluir as responsabilidades do dia a dia.

Todas as crianças apresentarão alguns desses sinais em vários momentos. Se as suas estiverem apresentando vários deles simultaneamente, pode ser o momento de conversar e de alguma ação adicional. A American Psychological Association fornece conselhos semelhantes:[18]

- *Observe alterações negativas no comportamento*: seu filho parece mais irritável ou instável emocionalmente? Ele está respondendo às suas perguntas com cada vez menos sílabas ou talvez sendo abertamente hostil? Isso pode ser um sinal.
- *Entenda que "estar doente" pode ser provocado por estresse*: o estresse pode muito bem ser a causa real por trás de suas visitas cada vez mais frequentes à enfermaria da escola ou de suas queixas de dor de cabeça.
- *Fique atento ao modo como sua criança ou adolescente interage com os outros*: seu filho pode parecer o mesmo para você em casa, o que pode explicar por que você não percebeu o quanto ele está estressado, mas ele pode estar se comportando de modo muito diferente com os outros. Verificar ocasionalmente seu comportamento com os professores, pais dos amigos e mesmo com os próprios amigos pode fornecer algumas informações.
- *Escute e traduza*: nem todos podem perceber os sinais do estresse em si mesmos e isso é verdadeiro nos jovens. Seu filho, portanto, pode expressar sentimentos de estresse de outras maneiras, como chamar a si mesmo de estúpido ou dizer regularmente que está insatisfeito.

- *Procure apoio:* se você suspeita que seu filho está sofrendo níveis elevados de estresse, pode ser útil buscar ajuda de um profissional da saúde mental.

O que mais você pode fazer para impedir que essas pressões aumentem e para reduzi-las? Existem várias estratégias. A seguir, seguem alguns princípios norteadores para apoiá-las. A propósito, esses princípios são consistentes para as relações parentais em quaisquer circunstâncias.

DEIXE-OS DORMIR

Existem crescentes evidências de que o sono regular e profundo é essencial para a saúde e o bem-estar e que especialmente crianças e adolescentes precisam de uma boa dose dele. As pressões das mídias sociais, deveres de casa e de acordar cedo revelam que muitos jovens não estão dormindo o suficiente ou com qualidade e estão experimentando as consequências físicas e psicológicas da privação do sono.

Diante do fato de que todos os seres vivos precisam dormir, é impressionante que até muito recentemente cientistas e pesquisadores não soubessem por quê. Matthew Walker é professor de Neurociências e Psicologia na University of California, Berkeley, diretor do Laboratório do Sono e Neuroimagem e autor do livro *Por que nós dormimos: a nova ciência do sono e dos sonhos.* Imagine o nascimento do seu primeiro filho, ele afirma. A médica entra na sala e diz: "Parabéns. É um menino saudável. Fizemos todos os testes preliminares e parece que está tudo bem". Então dá um sorriso tranquilizador e se dirige para a porta; mas, antes de sair, vira-se e completa: "Só tem uma coisa. De agora em diante e pelo resto da vida, seu filho irá cair repetida e rotineiramente em um estado de coma aparente. Às vezes pode até parecer que morreu. E, embora seu corpo permaneça imóvel, com frequência sua mente será povoada por alucinações impressionantes, bizarras. Esse estado consumirá um terço de sua vida e não faço a menor ideia de por que ele fará isso ou para que serve. Boa sorte!". Parece surreal, mas até recentemente essa era em grande parte a situação: nem os cientistas nem os médicos conseguiam explicar totalmente ou concordar sobre o motivo pelo qual dormimos.

Agora, sabemos que o sono é mais do que uma recuperação revigorante do estado de cansaço. Ele é essencial de várias formas para o bem-estar emocional e para a saúde física e mental; é vital para a capacidade de aprender, lembrar, tomar decisões e fazer escolhas lógicas. Durante o sono, o cérebro remove as toxinas que se acumularam durante o dia, enquanto as redes neurais estão ocupadas processando as experiências do dia, algumas das quais desaparecem enquanto outras passam de memória de curto prazo para memória de longo prazo. Como Walker destaca, "[...] o sono, de forma benéfica serve à nossa saúde psicológica, calibra nossos circuitos emocionais no cérebro e permite que lidemos com os desafios sociais e psicológicos do dia seguinte de uma maneira serena". Os sonhos não são um caleidoscópio estéril de imagens sem sentido. Eles fornecem um conjunto único de benefícios que incluem "[...] um banho neuroquímico reconfortante que modifica as memórias dolorosas e um espaço de realidade virtual em que o cérebro mistura o conhecimento passado e futuro, inspirando a criatividade".[19]

Os benefícios do sono não estão restritos à cabeça no travesseiro. O sono renova todo o corpo e toda a intrincada rede neural e de sistemas orgânicos no seu interior. O sono "[...] reabastece o arsenal do nosso sistema imunológico, ajudando-nos a lutar contra o câncer, prevenindo infecções e afastando todos os tipos de doenças. O sono renova o estado metabólico do corpo ao ajustar o equilíbrio da insulina e da glicose circulante". Se tudo isso não fosse suficiente para uma noite, o sono controla o apetite e ajuda a controlar o peso do corpo. Ele mantém a vitalidade do microbioma no interior do aparelho digestório, do qual nossa saúde nutricional depende. O sono também está intimamente relacionado "[...] ao bom funcionamento do nosso sistema cardiovascular, baixando nossa pressão sanguínea enquanto mantém nosso coração em boas condições". Diferente da médica perplexa na sala de parto, não precisamos mais nos perguntar para que serve o sono, diz Walker: "Agora somos forçados a nos questionar se existe alguma função que não seja beneficiada por uma boa noite de sono. O resultado de milhares de estudos insiste que não existem".[19]

Desse modo, é muito preocupante que tantas crianças e seus pais durmam muito menos do que suas mentes e corpos precisem. Em 2014, a National Sleep Foundation (NSF) publicou uma importante investigação sobre os padrões de sono dos jovens. Ela observou que um em cada três jovens de 6 a 11 anos dormem menos de 9 horas por noite, muito menos do que precisam para a idade. Existem déficits semelhantes em todas as faixas etárias. As principais razões para esse déficit de sono incluem ficar acordado assistindo à TV, jogando *videogames*, fazendo deveres de casa, estudando para testes e se conectando nas mídias sociais. Quanto tempo os seus filhos devem dormir? A seguir, apresentamos algumas orientações de consenso internacional, como publicadas pela NSF.

Enquanto você estiver verificando o quanto seus filhos precisam dormir, dê uma olhada em quanto você precisa. É possível que você também esteja

Idade	Recomendado	Pode ser adequado	Não recomendado
Recém-nascidos *0-3 meses*	14 a 17 horas	11 a 13 horas 18 a 19 horas	Menos de 11 horas Mais de 19 horas
Lactentes *4-11 meses*	12 a 15 horas	10 a 11 horas 16 a 18 horas	Menos de 10 horas Mais de 18 horas
Bebês *1-2 anos*	11 a 14 horas	9 a 10 horas 15 a 16 horas	Menos de 9 horas Mais de 16 horas
Crianças na pré-escola *3-5 anos*	10 a 13 horas	8 a 9 horas 14 horas	Menos de 8 horas Mais de 14 horas
Crianças em idade escolar *6-13 anos*	9 a 11 horas	7 a 8 horas 12 horas	Menos de 7 horas Mais de 12 horas
Adolescentes *14-17 anos*	8 a 10 horas	7 horas 11 horas	Menos de 7 horas Mais de 11 horas
Adultos jovens *18-25 anos*	7 a 9 horas	6 horas 10 a 11 horas	Menos de 6 horas Mais de 11 horas
Adultos *26-64 anos*	7 a 9 horas	6 horas 10 horas	Menos de 6 horas Mais de 10 horas
Adultos mais velhos *≥ 65 anos*	7 a 8 horas	5 a 6 horas 9 horas	Menos de 5 horas Mais de 9 horas

dormindo menos do que o necessário. A incidência e os problemas da falta de sono se estendem até a vida adulta.

Arianna Huffington é a fundadora do *Huffington Post* e jornalista, autora e ativista social respeitada internacionalmente. Em seu livro *A revolução do sono: transforme a sua vida, uma noite de cada vez,* ela confirma que a crise de sono é global. Em uma pesquisa de 2011, uma em cada três pessoas no Reino Unido afirmou que em média teve menos de 7 horas de sono por noite nos últimos sete meses. Em 2014, esse número disparou para duas em três. Em 2013, mais de um terço dos alemães e dois terços dos japoneses disseram que não dormiram o suficiente durante as noites dos dias de semana: "Na verdade os japoneses têm um termo, *inemuri*, que traduzido grosso modo significa dormir enquanto presente – isto é, estar tão exausto que você dorme no meio de uma reunião. Isso tem sido louvado como um sinal de dedicação e trabalho duro, mas na verdade trata-se de outro sintoma da crise de sono que estamos finalmente combatendo.[20]

Uma das melhores decisões que você pode tomar para a saúde e o bem-estar dos seus filhos é assegurar que eles tenham não apenas a quantidade mas também a qualidade de sono que precisam. Essa decisão também deve ser tomada para você.[21]

FAÇA-OS SE MEXER

É importante fazer as crianças se movimentarem. Seus filhos não são cabeças destacadas que às vezes flutuam pela sua sala de estar. Eles têm corpos por um motivo. Com frequência, é recomendado aos jovens (na verdade todos nós, independentemente da idade) a prática de uma hora de atividade física, entre moderada e vigorosa, todos os dias. Geralmente pratica-se muito menos. Em 2016, a Organização Mundial da Saúde publicou um relatório especial sobre o fim da obesidade infantil. Estima-se que em todo o mundo quatro em cada cinco adolescentes de 7 a 17 anos tenham muito pouca atividade física para sua própria saúde e bem-estar. Parece que as meninas são ligeiramente menos ativas do que os meninos. Em muitos lugares do mundo, os jovens dedicam menos de 20 minutos à atividade física e alguns têm quase nenhuma atividade física fora da escola.[22]

John J. Ratey é professor associado de psiquiatria na Harvard Medical School e uma liderança no crescente movimento para reconectar a mente e o corpo, em especial na educação. Em 2008, ele publicou o livro *Corpo ativo, mente desperta: a nova ciência do exercício e do cérebro* e afirma: "No mundo atual de telas planas impulsionado pela tecnologia, é fácil esquecer que somos seres móveis – animais, na verdade – porque removemos o movimento de nossas vidas".[23] Somos criaturas materializadas e a relação corpo-mente é um pacote de compromissos. Muitas pessoas negligenciam ou esquecem essa relação e parecem assumir que seu corpo é apenas uma maneira de se deslocar e que a forma em que existimos tem pouco a ver com o modo como pensamos e sentimos. Na realidade, essa relação é crítica e inseparável.

Sabemos que o exercício nos faz sentir melhor, mas a maioria de nós não tem ideia por quê. Assumimos que deve ser porque estamos queimando o estresse ou reduzindo a tensão muscular ou liberando endorfinas e deixamos dessa forma. "Entretanto, o motivo real pelo qual nos sentimos tão bem quando sentimos nosso sangue pulsando é que ele maximiza a função cerebral, e na minha opinião, esse benefício da atividade física é bem mais importante – e fascinante – do que o que ele faz pelo corpo. Desenvolver os músculos e condicionar o coração e os pulmões são essencialmente efeitos colaterais. Com frequência digo aos meus pacientes que o objetivo do exercício é desenvolver e condicionar o cérebro." Os neurocientistas estão agora estudando o impacto do exercício no interior das células do cérebro – no nível genético. Mesmo lá, afirma Ratey, "[...] nas raízes da nossa biologia, eles encontraram sinais da influência do corpo na mente. Observou-se que mover os nossos músculos produz proteínas que percorrem o caminho da corrente sanguínea até o cérebro, em que desempenham papéis fundamentais nos mecanismos dos nossos processos mais elevados".[24]

Como vimos anteriormente, o cérebro responde à atividade como os músculos o fazem: ele se desenvolve com o uso e se atrofia com a inatividade. À medida que exercitamos nossas mentes, os neurônios do cérebro se conectam uns aos outros em redes densas. O argumento de Ratey é que o exercício físico, assim como o exercício mental, também faz as redes "crescerem e desenvolverem novos brotos, melhorando desse modo a função cerebral em um nível fundamental".

A atividade física tem efeitos revigorantes sobre o cérebro na melhor das circunstâncias. Ela apresenta valor especial para reduzir o estresse e a depressão. Os níveis elevados de cortisol podem dificultar ou prejudicar muitos aspectos da saúde física. Segundo Ratey, os níveis tóxicos de estresse ou depressão também podem corroer as conexões entre as células nervosas e até contrair certas áreas do cérebro: "Ao contrário, o exercício libera uma cascata de neurotransmissores e fatores de crescimento que podem reverter esse processo, estimulando fisicamente a infraestrutura do cérebro".[25] Por todas essas razões e mais, é essencial reconhecer o desenvolvimento integral dos seus filhos – mente e corpo – e encorajá-los a cultivar as sinergias estimuladoras da vida no seu interior.

DEIXE-OS BRINCAR

Talvez o conselho mais simples que posso oferecer aos pais preocupados em preparar seus filhos para o mundo seja: deixe-os brincar mais. Não quero dizer que eles devam passar mais tempo na escolinha de futebol ou no clube de basquete da escola, por mais importantes que eles sejam. Estou falando em criar jogos com os amigos, transformando uma pilha de gravetos em uma floresta das fadas ou caminhando ao longo de um rio para explorar a vida selvagem. A brincadeira é o trabalho de uma criança e as crianças precisam ter tempo, espaço e autorização para se envolverem em uma grande variedade de brincadeiras a fim de maximizar os benefícios do desenvolvimento que o ato de brincar oferece.

Mencionei no Capítulo 3 que os jovens de todas as espécies amam brincar, mas que as crianças humanas brincam por muito mais tempo que as outras. Nossas crianças foram feitas para se mover, correr, tocar, se sujar, colaborar e, mais importante, brincar juntas. Infelizmente, nos dias atuais elas parecem fazer isso muito menos do que as gerações anteriores fizeram. O modo como elas passam seu tempo está mudando, e elas dedicam muito menos tempo a brincadeiras não estruturadas e a correrem livres fora de casa do que você e seus pais fizeram. Quando as crianças brincam de fato, elas o fazem de modo diferente. As brincadeiras são, cada vez mais, uma experiência que ocorre dentro de casa ou que é urbana em vez de algo que ocorre fora de casa ou na natureza. Com mais exigências do seu tempo por parte de um número crescente de fontes, as crianças de todo o mundo têm menos oportunidades de realizar brincadeiras livres e autodirecionadas ao ar livre do que em qualquer época anterior. Elas também passam menos tempo brincando fora de casa devido ao medo dos pais em relação à sua segurança e por falta de espaços disponíveis. Quando as crianças de fato brincam em espaços abertos, elas são frequentemente controladas em excesso por adultos, o que interfere se elas desfrutam de qualquer benefício por brincar ou mesmo se percebem isso de algum modo como uma brincadeira livre.

A campanha *Porque se sujar faz bem*, da Unilever, surgiu a partir de uma crescente preocupação entre pais e educadores de que as vidas das crianças estão em desequilíbrio e que esse "déficit de brincadeiras" está tendo um impacto profundo no que significa ser jovem. A campanha baseia-se na crença de que as crianças se beneficiam muito da apreciação de brincadeiras não estruturadas, ativas e imaginativas, como as crianças sempre o fizeram. O objetivo é encorajar condições em lares, escolas e comunidades nas quais todas as crianças possam desfrutar de brincadeiras verdadeiras todos os dias.

O que é brincar?

A brincadeira é uma maneira fundamental por meio da qual as crianças aprendem a entender e a vivenciar o mundo à sua volta. A brincadeira não é qualquer atividade específica: ela é um estado de espírito no qual todos os tipos de atividades são realizados. A campanha *Porque se sujar faz bem* utilizou o termo *brincadeira verdadeira* como uma maneira de distinguir as brincadeiras de desenvolvimento essencial de outras formas frequentemente dominantes. As brincadeiras verdadeiras são não supervisionadas e autoiniciadas, mas atividades manuais e multissensoriais que conectam as crianças ao mundo externo em torno delas e o seu mundo interno de ideias e de imaginação. Envolvem uma variedade de sentidos – olfato, tato, audição e estar fisicamente ativo –, incluindo atividades como brincar com areia, pintar, subir em árvores, jogos de perseguição, encenações, malabarismos e brincadeiras de esconder.

Diferenciamos as brincadeiras verdadeiras de duas outras formas de brincadeiras. Uma delas é a brincadeira estruturada, supervisionada e organizada pelos adultos. A outra são os jogos em telas. Ambas têm seus próprios valores, mas elas não oferecem as oportunidades para brincadeiras ativas, físicas, criativas e sociais que podem ter efeitos positivos no desenvolvimento social, emocional, cognitivo e físico das crianças. O International Advisory Board listou seis características das brincadeiras verdadeiras:

- *São intrinsicamente motivadas*: o objetivo das brincadeiras são as brincadeiras em si mesmas. Elas são realizadas pela satisfação da atividade. Os meios são mais importantes do que o fim.
- *São um estado mental*: as brincadeiras verdadeiras são escolhidas livremente. Se as crianças forem forçadas a brincar, elas podem não se sentir em um estado de "brincadeira" e encarar isso como outra obrigação. Como você, as crianças podem encarar a mesma atividade como brincadeira ou trabalho, dependendo se elas recebem a tarefa de um adulto ou não.
- *São prazerosas*: a experiência da brincadeira por si mesma é mais estimulante do que o resultado da atividade.
- *Não são literais*: ao brincar, as crianças tendem a se envolver em histórias de faz de conta que modificam a realidade para acomodar seus interesses e sua imaginação.
- *São ativamente mobilizadoras*: as atividades de brincadeiras verdadeiras motivam totalmente as crianças – física, psicologicamente ou ambas. Se as crianças forem passivas ou indiferentes em relação a uma atividade elas provavelmente não estarão envolvidas em um "estado de brincadeira" real.
- *Não têm regras externas*: as regras e a estrutura da brincadeira são determinadas pela criança. Elas incluem papéis, relacionamentos, entrada e saída do jogo e o que vale como comportamento aceitável no jogo.

Por que é importante brincar?

Evidências de vários estudos sugerem que as brincadeiras imaginativas e autodirecionadas nas quais as crianças criam seus próprios jogos e regras melhoram significativamente seu desenvolvimento de todas as maneiras, o que é essencial para uma infância feliz e para se tornarem adultos independentes.

Existem ligações poderosas entre a brincadeira e o *desenvolvimento físico* de corpos saudáveis. As crianças em desenvolvimento precisam de estímulos que vêm de atividade física vigorosa, boa nutrição e de um ambiente seguro no qual possam explorar suas capacidades. De maneira natural, as crianças desfrutam das recompensas imediatas que decorrem da movimentação física. Os *videogames* facilitam o desenvolvimento de algumas atividades motoras mais refinadas. As crianças não dominam o controle motor avançado e as novas capacidades físicas ao simulá-los na tela. Elas o fazem por meio da prática e por "fazer e repetir".

Brincadeiras ativas têm efeitos poderosos sobre o *desenvolvimento cognitivo* das crianças. Nos primeiros anos, como vimos, o cérebro é imensamente plástico. À medida que a criança cresce, as conexões entre as várias regiões do cérebro tornam-se cada vez mais densas e aglomeradas. Quanto mais vias são desenvolvidas, mais fortes tornam-se os padrões e os comportamentos, e mais provável que eles sejam retidos até a fase adulta. Durante o início da adolescência, a poda neural remove vias que são menos utilizadas. As brincadeiras ajudam as crianças a formar e manter novas conexões neurais vitais no cérebro enquanto reforçam as já existentes. As implicações são que se as crianças não estiverem regularmente envolvidas em uma ampla variedade de diferentes estilos de brincadeiras durante a infância, elas não alcançarão um amplo espectro de capacidades cognitivas e emocionais quando adultas.

Brincadeiras verdadeiras facilitam o *desenvolvimento emocional* das crianças. Por meio das brincadeiras, elas exploram e expressam sentimentos e ideias, aprendem sobre como os outros se sentem e respondem. As brincadeiras também desempenham papéis essenciais no *desenvolvimento social*. Por meio delas, as crianças aprendem sobre a vida – e sobre si mesmas. As habilidades adquiridas ensinam o autocontrole, a dar e receber e a capacidade de lidar com outras pessoas para atingir objetivos comuns. Elas aprendem sobre trabalho em equipe, comunicação e resolução de problemas, todos os quais se encontram no centro de uma brincadeira verdadeira.

Alison Gopnik é professora de psicologia e professora afiliada à University of California, Berkeley. Ela afirma que: "[...] quando as crianças se engajam em brincadeiras de faz de conta, têm amigos imaginários ou exploram mundos alternativos, elas estão aprendendo como são as pessoas, como elas pensam e o tipo de coisas que os outros podem fazer. Isso as ajuda a entender a si mesmas e as outras pessoas. Também temos evidências de que esse tipo de compreensão leva ao ajuste social na escola e à competência social na vida".[26]

Por meio de brincadeiras compartilhadas, as crianças aprendem resiliência e capacidade de gerenciar os estresses e as incertezas da vida à medida que se aproximam da vida adulta. De todas essas maneiras, brincadeiras ativas e adequadas na infância não são apenas importantes – são essenciais também para se tornar uma pessoa feliz e bem-sucedida mais tarde na vida. Por que, então, as crianças não brincam dessa forma como as gerações passadas faziam? Há várias razões.

Qual é o problema?

Embora sejam fortes as evidências de que as brincadeiras tragam imensos benefícios para a vida das crianças, a importância delas – assim como a do sono – ainda não é amplamente entendida ou priorizada nos lares, nas escolas ou nas políticas públicas. Uma evidência disso é uma queda acentuada na quantidade de tempo destinada às brincadeiras nas escolas e a ausência de espaços seguros destinados a elas.

Uma razão é que os próprios jovens com frequência preferem ficar dentro de casa, seduzidos pelas atrações das telas e dos *videogames*. Embora esses tipos de brincadeiras apresentem benefícios significativos, seu predomínio absoluto é preocupante. Outra razão é que as crianças têm frequentemente agendas ocupadas e sobrecarregadas. Muitas enfrentam pressões intensas na escola e em casa e suas vidas são cada vez mais gerenciadas e estruturadas. Ao estruturar o tempo livre dos seus filhos ou permitir que eles participem de brincadeiras predominantemente educacionais e de jogos na tela baseados em habilidades, alguns pais acreditam que estão fazendo o melhor para prepará-los para um futuro incerto. Sua vontade de ajudá-los a competir na educação e no local de trabalho frequentemente ocorre às custas de brincadeiras verdadeiras.

Alguns pais pensam que as brincadeiras são triviais e improdutivas. Outros concordam que as brincadeiras são importantes, mas elas simplesmente não cabem na lista de atividades. Para ilustrar como as brincadeiras perdem para outras atividades, o Conselho Deliberativo da campanha *Porque se sujar faz bem* criou um guia visual simples. Ele sugere que as brincadeiras reais não devem ser uma atividade ocasional, mas algo que pode e deve ocorrer em qualquer lugar, a qualquer momento. Brincadeiras verdadeiras devem tornar-se um estado de espírito em vez de algo a ser descartado da lista diária de tarefas a ser cumprida pelos pais.

De algumas maneiras, as brincadeiras são como o sono. Cada uma delas é essencial para o bem-estar e o desenvolvimento geral de seus filhos. A propósito, o tempo passado brincando fora de casa ajuda as crianças a dormir por mais tempo e melhor. Ele auxilia a dormir mais cedo e mais facilmente e diminui a probabilidade de acordar cedo demais. Assim elas também acabam dormindo mais.

FAÇA-OS SAIR DE CASA

Os jovens precisam passar seu tempo no mundo. As telas podem (e talvez até devam) ser uma parte da vida das crianças, mas elas precisam de muito mais. Estamos chegando rapidamente ao ponto em que o mundo fora dos computadores está se tornando uma construção ilusória: algo para se observar em vez de algo para interagir. Mesmo assim, crianças e professores têm um apetite genuíno para sair da sala de aula para o mundo mais amplo em volta delas. Um exemplo é o enorme sucesso do *Outdoor classroom day* (Dia de aula fora da escola).

No *Outdoor classroom day*, muitas escolas levam seus alunos para fora da sala de aula para brincar e aprender. Os professores relatam que o comportamento das crianças melhora e aqueles que se sentem inibidos pelo currículo se desenvolvem no ambiente externo.

Em 2017, mais de um milhão de crianças em 81 países participaram dessa atividade. Além de ser uma celebração mundial, o *Outdoor classroom day* é um catalisador na inspiração por mais tempo fora da sala de aula *todos os dias*, tanto na escola como em casa. Devido a isso, essa campanha foi reconhecida como uma atividade-chave, recebendo o prêmio de Melhor Projeto de Educação Global na premiação *Global Good 2017*. Aprender além da sala de aula é em si mesmo uma atividade valiosa, especialmente quando os jovens se conectam ao mundo natural. Infelizmente, nesses dias, muito poucos deles o fazem.

Richard Louv, é autor do livro *A última criança na natureza: resgatando nossas crianças do déficit da natureza*, e afirma que: "Hoje em dia, uma criança provavelmente [...] pode lhe falar sobre a chuva da Floresta Amazônica – mas não sabe sobre a última vez que explorou as matas sozinha, ou se deitou em um campo escutando o vento e observando as nuvens se mexerem". Um número cada vez maior de conhecimentos confirma o que espero que todos saibam de algum modo por meio do senso comum: nossa

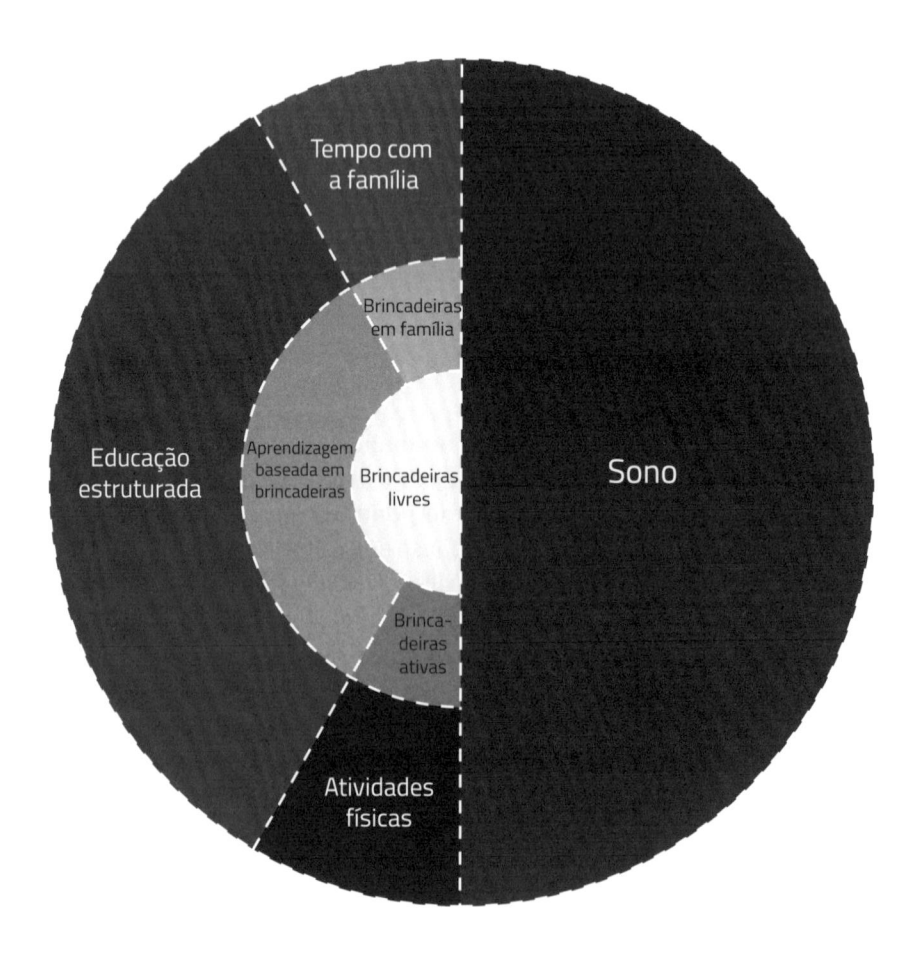

saúde mental, física e espiritual é afetada positivamente por meio da nossa associação à natureza. Como Louv observa, "[...] a exposição consciente dos jovens à natureza pode ser uma forma poderosa de terapia para transtornos de déficit de atenção e outras enfermidades. Assim como as crianças precisam de boa nutrição e sono adequado, elas podem muito bem precisar de contato com a natureza".[27]

Diante do modo como alguns pais programam as atividades dos seus filhos, eles podem considerar que vagar pelas florestas seja uma experiência trivial. Afinal de contas, você não vai conseguir aprender chinês ou passar no vestibular entrando em comunhão com a natureza. Entretanto, mesmo que essa afirmação possa não ser verdade, um estudo recente mostrou uma melhora da função cognitiva entre os participantes que podiam caminhar por um parque tranquilo durante uma pausa.[28]

Algumas pessoas inovadoras estão utilizando a própria tecnologia que mantém as pessoas grudadas às telas para levá-las a se mexer. A empresa Hybrid Play criou um aplicativo que é preso aos equipamentos de *playground* e incorpora os movimentos das crianças naquele equipamento à ação em um *videogame*. Um aplicativo da empresa Biba permite que as crianças brinquem com um companheiro robô enquanto correm pelo parque. "Após toda uma carreira colocando as pessoas sentadas por centenas de horas jogando jogos", afirmou Greg Zeschuk, que dirige a Biba, "estou tentando compensar o mundo fazendo jogos que façam as pessoas saírem de casa".[29]

A *realidade aumentada* está ajudando a transformar o mundo todo em uma interface de computador. Isso não é tão terrível quanto parece. Lou teve uma experiência em primeira mão com isso quando ele estava fora de sala de aula olhando para as estrelas com sua filha de 17 anos, que deseja ser uma astrofísica. Abigail apontou seu celular para o céu noturno e utilizou um aplicativo de realidade aumentada chamado *Sky Guide* para identificar planetas, estrelas, constelações e até satélites em órbita. Eles estavam na natureza, mas o aplicativo permitia que eles tivessem uma experiência mais rica do que teriam sem ele.

DEIXE-OS CAIR

As crianças precisam aprender como o mundo funciona e encontrar seu caminho nele. Existem poucas maneiras de fazer isso a partir de suas casas. Vocês podem achar que seus filhos não estão seguros fazendo essas coisas. É verdade que eles podem se machucar enquanto estão do lado de fora brincando sozinhos e não estou sugerindo que você os mande brincar em um cruzamento movimentado ou à beira de um precipício. Contudo, eles poderiam se machucar subindo as escadas enquanto olham para seus *smartphones*. E os benefícios de assumir esse "risco" são menores do que aqueles obtidos ao irem para o lado de fora.

Gever Tulley é o fundador da Tinkering School, em que as crianças desmontam eletrodomésticos e utilizam ferramentas elétricas, entre outras tarefas arriscadas. Em seu livro *50 dangerous things (you should let your children do)*, ele defende a importância de expor as crianças a um risco calculado. Entre as 50 coisas estão pregar pregos, revirar o lixo e esmagar moedas nos trilhos de uma ferrovia. Se apenas o pensamento de deixar seus filhos fazerem algumas dessas atividades faz você recuar, Tulley tem uma resposta.

É claro que devemos proteger as crianças do perigo, ele afirma, mas quando a proteção se transforma em superproteção, "[...] fracassamos como sociedade porque as crianças não aprendem a julgar o risco por si mesmas. Assim, devemos ajudá-las a entender a diferença entre o que não é conhecido (não familiar) e o que é de fato verdadeiramente perigoso". Como construímos a competência com as crianças? Fazemos isso "[...] oferecendo oportunidades às crianças para que diferenciem o que é verdadeiramente perigoso daquilo que meramente contém um componente arriscado. As apresentamos ao risco por meio de uma exposição calculada e supervisionada, as ensinamos a explorá-lo com segurança e a colocá-las em um caminho capaz de explorá-lo por conta própria".[30]

A realidade virtual é impressionante e nos próximos anos será cada vez mais. Entretanto, ela não substitui e não deve substituir os benefícios de estar fora de sala de aula no mundo natural, explorando e vivenciando novas experiências, mesmo se elas forem às vezes um pouco perigosas.

DEIXE-OS VOAR

A segurança é importante, assim como também permitir que seu filho se torne resiliente e autossuficiente. Se os jovens forem expostos a certos níveis de risco administráveis eles aprenderão a lidar com a adversidade; aprenderão a levantar depois de ralar seus joelhos. Se permitirmos que eles vejam o mundo como um local de oportunidade será mais fácil que adquiram a criatividade e a engenhosidade que precisam para que se desenvolvam.

Angela Duckworth é professora de psicologia na University of Pennsylvania e realizou um estudo especial sobre a necessidade de as crianças desenvolverem a perseverança e o autocontrole, ou "coragem". Ela descreve coragem como paixão e perseverança para objetivos em longo prazo: "Coragem é ter força. Coragem é se comprometer com seu futuro a cada dia, não apenas por uma semana, não apenas durante um mês, mas durante anos e trabalhar muito duro para tornar o futuro uma realidade. Coragem é viver a vida como se ela fosse uma maratona, não uma corrida de curta de distância". Sua pesquisa sugere que o sucesso e a realização em qualquer campo frequentemente dependem mais da coragem do que do talento. A coragem é, em grande parte, independente do talento. As pessoas com grande talento frequentemente não a têm e fracassam em obter o máximo de suas habilidades naturais; aquelas pessoas com menos habilidade podem alcançar mais em função de maior determinação e perseverança para alcançar seus níveis mais elevados. Compromisso e persistência são fatores vitais na vida, mas precisam ser aperfeiçoados por meio da experiência: das decepções com o fracasso bem como por meio das recompensas com o sucesso.[31]

MUDARMOS PARA PERMANECERMOS IGUAIS

Kurt Hahn nasceu em Berlim no final do século XIX. No início do século XX ele tornou-se um educador de influência global cujo trabalho foi inspirado por uma convicção de que os jovens da época (nossos bisavós, a propósito) estavam trilhando um caminho trágico. Ele identificou o que considerou como os "Seis declínios da juventude moderna", todos resultados de inovações tecnológicas da época e dos estilos de vida resultantes:[32]

- Declínio da boa forma em função dos métodos de locomoção modernos.
- Declínio da iniciativa e do empreendedorismo devido à ampla disseminação da doença "espectadorite".
- Declínio da memória e da imaginação devido à agitação confusa da vida moderna.
- Declínio das habilidades e da elaboração devido ao enfraquecimento da tradição do artesanato.
- Declínio da autodisciplina devido à disponibilidade sempre presente de estimulantes e tranquilizantes.
- Declínio da compaixão devido à pressa inadequada com a qual a vida moderna é conduzida, ou o que William Temple chamou de morte espiritual.

Essa é uma perspectiva sombria e algumas das previsões de Hahn sobre nosso declínio podem ter sido prematuras, uma vez que conseguimos sobreviver (e em muitos casos fazer muito mais que isso) muitas décadas depois que ele as enunciou. Ao mesmo tempo, ele estava tocando em temas que ainda se fazem presentes atualmente. Embora Hahn tenha realmente sugerido que a juventude estava em declínio, ele acreditava que havia um caminho para escapar disso. Ele sugeriu "Quatro antídotos para os declínios da juventude moderna":[33]

- *Treinamento para a boa forma*: competir consigo mesmo para a boa forma a fim de desenvolver uma mente disciplinada e determinada por meio do desafio do corpo.
- *Expedições*: por via marítima ou terrestre, envolvendo-se em tarefas de resistência longas e desafiadoras.

- *Projetos práticos:* envolvendo habilidades e habilidades manuais.
- *Serviço de resgate:* salva-vidas, bombeiros, primeiros socorros.

Hahn prosseguiu fundando uma organização internacional de escolas que ele chamou *Round Square* e o movimento mais amplo United World College, ele foi um catalisador na criação do Duke of Edinburgh's Award. Também se envolveu na fundação do *Outward Bound*, um programa internacional que ensina aos jovens o trabalho de equipe, a tenacidade e a autoconfiança por meio de uma série de desafios físicos. Hahn acreditava que o objetivo da educação era "[...] levar as pessoas a vivenciarem experiências com valor formativo, assegurando a sobrevivência dessas qualidades: curiosidade empreendedora, espírito incansável, tenacidade na perseguição dos objetivos, disposição para abnegação sensível e, acima de tudo, compaixão".[34] Em outras palavras, ele acreditava que o modo de manter o desenvolvimento das gerações mais jovens era envolvê-las em muitas das atividades que discutimos.

A PASSAGEM DO TEMPO

Menciono o trabalho de Hahn (e citaria também muitos outros) para enfatizar que embora muitos dos desafios que você e seus filhos enfrentam tenham uma característica contemporânea, as soluções são tão antigas quanto o tempo. Em última análise, nosso papel como pais é criar um ambiente no qual nossos filhos sejam tão fortes, inventivos e plenos quanto puderem ser. As crianças são capazes de realizar muitas coisas, mas apenas se as ajudarmos a se tornarem independentes de nós. Você precisa ser claro a respeito dos seus papéis, entender quem são seus filhos como indivíduos, ajudá-los a encontrar sua própria "genialidade" e a aprimorar corpos e espíritos. Para fazer tudo isso, você também precisa desempenhar um papel ativo no modo como eles são educados.

5

Entenda para que serve a escola

A s crianças adoram aprender, mas nem sempre gostam de serem ensinadas e algumas têm muitos problemas na escola. Então que tipo de educação seus filhos devem ter e como você pode saber se a escola deles está oferecendo essa educação? O melhor ponto de partida não é uma lista de matérias a serem estudadas e de testes a serem feitos. Pergunte primeiro o que seu filho quer aprender, conhecer e ser capaz de fazer e em seguida procure o que ele precisa aprender e como deve aprender.

VIVENDO EM DOIS MUNDOS

A relação entre a natureza e a educação mostra que seus filhos não vivem em apenas um mundo, mas em dois. Você também vive em dois mundos: o mundo à sua volta e o seu mundo interior. O mundo à sua volta existe independentemente de você existir ou não: ele estava lá antes de você nascer e estará lá depois de você ter desaparecido. Ele é o mundo físico da natureza e o ambiente material e é o mundo social das outras pessoas, com sua história e cultura. A educação deve ajudar os jovens a entender o mundo: como ele funciona e como eles podem encontrar o seu caminho. O mundo dentro de você existe apenas porque você existe. Ele tornou-se realidade quando você passou a existir e chegará ao fim quando você desaparecer (dependendo da sua crença). Trata-se do mundo da sua própria consciência: sentimentos, ideias, imaginações pessoais, desejos e ansiedades. A educação também deve ajudar seus filhos a entenderem o mundo interior deles: como se sentem, pensam e encaram a si mesmos, os talentos, os interesses e as características que os tornam quem eles são.

A educação deve prestar atenção igualmente a ambos os mundos, tanto sobre o que seu filho aprende quanto ao modo como aprende. O modo como pensamos o mundo à nossa volta é profundamente afetado por sentimentos e atitudes; o modo como nos sentimos é moldado por conhecimento e experiências que temos sobre o mundo à nossa volta. Para fazer seus filhos participarem de ambos os mundos, a educação precisa oferecer um currículo rico e uma ampla variedade de experiências e aprendizagens por meio das quais eles podem explorá-lo. Então para que serve a educação? No meu ponto de vista:

> Serve para permitir que os estudantes conheçam o mundo à sua volta e os talentos em seu interior de modo que eles possam tornar-se indivíduos plenos e cidadãos ativos e solidários.

Dentro desses amplos objetivos educacionais existem quatro objetivos principais que deveriam ser igualmente importantes para você como pai.

DESENVOLVIMENTO ECONÔMICO

Imagino que uma das razões para você educar seus filhos é a de que eles eventualmente encontrem um bom emprego e consigam ter o próprio sustento. Tenho certeza que esse não é o único motivo, mas trata-se de um bom motivo. Que tipo de emprego você espera que seus filhos encontrem? Independentemente dos seus interesses particulares, você pode esperar, como muitos pais esperam, que eles sigam profissões "seguras" e bem-remuneradas como direito, economia ou medicina. De modo alternativo, você pode não se importar com o trabalho que eles façam desde que eles estejam felizes ao fazê-lo. Ou você pode cruzar seus dedos e torcer para que ambos aconteçam. Se você acredita que uma educação acadêmica tradicional seja a melhor maneira de prepará-los para suas vidas futuras no trabalho, você pode estar muito enganado. O mundo do trabalho está mudando rapidamente e essas mudanças devem acelerar como um Tesla nos próximos anos, o mesmo ocorrendo com os desafios que seus filhos enfrentarão.

Até pouco tempo, se você fosse bem-sucedido na escola, entrasse na universidade e obtivesse um título você garantiria um emprego seguro por toda a vida. Isso não é mais verdade. Uma razão é que o mercado de trabalho mudou substancialmente. Nos últimos 30 anos, novas tecnologias, globalização e a deslocalização dos processos produtivos transformaram o mundo do trabalho. Na década de 70, muitos formandos do ensino médio foram direto para trabalhos braçais ou foram operários na indústria. Cerca de um em cada quatro trabalhadores dos Estados Unidos trabalhava na indústria. Agora é um trabalhador em dez. O declínio dos empregos na indústria começou na década de 80 e desde então cerca de 7 milhões de empregos desse tipo – aproximadamente um terço – desapareceram, uma queda de 19 para 12 milhões de empregos. Em consequência, muitas comunidades foram devastadas e não importa o que os políticos falem, a maioria desses empregos perdidos nunca mais voltará.[1]

À medida que os empregos na indústria desapareceram, outros aumentaram nas "economias do conhecimento" – educação, *marketing*, *design*, tecnologia, propaganda e mídia – e nos setores de serviços, incluindo hospedagem, viagem, vendas e cuidados médicos. Atualmente, poucos empregados usam macacões e muitos mais vão trabalhar vestindo ternos (ok, *jeans*). Em resposta, os governos estimularam cada vez mais jovens a entrarem na universidade e obterem títulos, e eles assim o fizeram. Na década de 50, nos Estados Unidos, cerca de um a cada sete formandos do ensino médio ia para a universidade. Agora é algo mais próximo de dois em três. Essa estratégia nem sempre funcionou como planejado para você, para eles ou para o país.

Existe mais de 1,2 bilhão de jovens no mundo entre 15 e 24 anos e eles representam cerca de um sexto da população mundial.[2] Pouco mais de 70 milhões deles (um em oito, ou 13%) estão desempregados. Isto é, quase o dobro do desemprego entre os adultos. Um número surpreendente deles tem curso superior. Muitos dos que encontraram trabalho o fizeram em empregos para os quais sua titulação é completamente desnecessária, estão subempregados. Por que isso ocorre? Uma razão é que agora existem muitas pessoas com curso superior procurando emprego. O valor do diploma caiu à medida que cada vez mais pessoas passaram a tê-lo. Dito de maneira direta, a moeda inflacionou.

A situação é pior para jovens sem qualificação. Mas os diplomas universitários não são os únicos diplomas que têm valor. Uma das trágicas ironias do desemprego entre os jovens é que existem milhões de vagas não preenchidas, em parte porque muitas das pessoas não têm as qualificações necessárias para ocupá-las. A ênfase no trabalho acadêmico e nas pressões dos testes levou a um declínio massivo dos programas profissionalizantes nas escolas. Na década de 80, muitas escolas ofereciam uma ampla variedade de "oficinas" e programas práticos. Agora, elas raramente o fazem. Esses programas passaram a ser considerados de segunda classe na corrida por aumentar os padrões acadêmicos. Houve uma época em que os alunos de ensino médio rotineiramente frequentavam oficinas, cursos de economia doméstica, carpintaria e outros de natureza mais prática. Para muitos deles essas eram as aulas em que se sentiam vivos, enquanto para outros eram as aulas de química no laboratório ou no estúdio de arte.

"Esse desvio contra a educação profissionalizante é disfuncional", afirma Mark Phillips, professor emérito na San Francisco State University. "Isso é destrutivo para os nossos filhos. Eles devem ter a oportunidade de serem treinados nas habilidades a que forem direcionados por seus talentos e preferências naturais, em vez de condená-los a empregos que acharão sem sentido. Impedir que um jovem com afinidade pela profissão de cabeleireiro ou algum outro ofício desenvolva as habilidades necessárias para exercer essa vocação é algo destrutivo".[3]

Como será esse futuro? É difícil dizer, mas é provável que a robótica e a inteligência artificial estejam à beira de disparar outro retrocesso no mercado de trabalho. Os empregos na indústria certamente continuarão a desaparecer. Milhões de empregos no setor de serviços podem evaporar também, uma vez que vários papéis que acreditávamos que apenas seres humanos seriam capazes de desempenhar estão sendo substituídos por máquinas "inteligentes", que os realizarão de modo mais eficiente e barato, e sem reclamar. Como antes, novos tipos de empregos podem surgir em locais inesperados. Não sabemos que empregos serão esses, mas o campo estará aberto, pelo menos por algum tempo, para que os seres humanos façam o que fazem de melhor. De qualquer modo, existe um terremoto contínuo no mercado de trabalho, e não estamos ajudando nossos filhos de modo algum se impedimos que eles tenham acesso aos talentos e às competências que eles precisarão para ganhar seu sustento nesse novo cenário em rápida mutação. Voltaremos a falar do que você pode fazer sobre isso como pai nos próximos capítulos.

DESENVOLVIMENTO SOCIAL

Um segundo objetivo da educação é o desenvolvimento social. Como pai você tem um papel importante no desenvolvimento social e emocional dos seus filhos, mas há coisas que você não pode fazer sozinho. A escola precisa ser um local em que os relacionamentos são importantes na cultura diária da convivência e na aprendizagem coletiva. Os objetivos sociais da educação são importantes por várias razões. Uma delas é que a aprendizagem é inerentemente social. Como as crianças aprendem a falar é apenas um exemplo, elas aprendem escutando as pessoas à sua volta. Em geral, boa parte do que aprendemos é ensinado por outras pessoas ou aprendemos junto com elas. Por meio do trabalho em grupo, os alunos podem aprender a cooperar com os outros na resolução de problemas e para encontrar objetivos em comum, para contar com os pontos fortes dos outros e compensar suas fraquezas, e para compartilhar e desenvolver ideias. Podem aprender a negociar, a resolver conflitos e a apoiar soluções de consenso. As melhores escolas sabem disso e encorajam ativamente a aprendizagem social por meio da realização de atividades em grupo, projetos colaborativos e programas comunitários. Infelizmente, nem todas as escolas o fazem. Em muitas salas de aula, as crianças ainda aprendem sozinhas, elas trabalham *em* grupos, mas não *como* grupos. Elas sentam em suas mesas com os braços em torno do seu trabalho de modo que os colegas não possam copiá-lo e elas não sejam acusadas de colar. A tendência de tratar a aprendizagem como uma atividade solitária é reforçada pela cultura competitiva dos testes constantes.

Existe uma segunda razão para enfatizar as funções sociais da educação. Como vimos, para alguns jovens, o efeito das mídias sociais é evitar colocá-los em relacionamentos desconfortáveis face a face. Ao encorajá-los a aprenderem, a brincarem e a trabalharem juntos as escolas podem tornar esses problemas mais fáceis. Não se trata apenas de ter um bom desempenho na escola. Existe um forte argumento econômico para a aprendizagem social, mas os benefícios são ainda mais amplos. Existem atualmente 7,5 bilhões de pessoas na Terra, e poderemos chegar a 9 bilhões no final do século. Fora das escolas, vivemos em comunidades muito complexas, com bem mais da metade das pessoas vivendo em cidades em expansão. Algumas são megacidades com mais de 20 milhões de pessoas. A capacidade de trabalhar com os outros é o que mantém nossas comunidades unidas. É essencial para atender às necessidades da vida diária e vital para lidar com os maiores desafios que enfrentamos coletivamente.

DESENVOLVIMENTO CULTURAL

Ensinar aos jovens sobre o mundo à sua volta significa aprender sobre suas próprias culturas e sobre as culturas dos outros. Essa é uma razão pela qual as humanidades – história, geografia, sociologia e ensino religioso – e as artes têm um lugar importante na educação. O termo "cultura" é com frequência utilizado indicando as artes em particular e em especial as "grandes artes": ópera, balé, dança contemporânea, literatura, teatro e cinema. Sou um defensor apaixonado das artes na educação. Entretanto, utilizo aqui o termo "cultura" no sentido mais amplo do modo de vida geral de uma comunidade: os valores, as crenças e as formas de comportamento que a tornam o que ela é.

Embora a aprendizagem seja natural, boa parte do que as crianças aprendem é cultural. Assim como aprendem a falar a partir das pessoas à sua volta, elas também absorvem a cultura e o modo de vida geral das comunidades da qual fazem parte. Uma das funções da educação é enriquecer a compreensão da sua própria cultura – sobre as pessoas, eventos e circunstâncias que a moldaram – e porque aqueles que fazem parte dela pensam e acreditam do jeito que o fazem.

Uma segunda função é fazer apreciarem a diversidade cultural: entender como as culturas variam entre as comunidades e como elas afetam umas às outras. Em *Escolas criativas*, transcrevi um comentário maravilhoso que encontrei na internet sobre o que significa ser britânico nos dias de hoje: "Ser britânico significa voltar para casa dirigindo um carro alemão, parar para comprar um *curry* indiano ou uma *pizza* italiana, em seguida passar a noite sentado em uma mobília sueca, bebendo cerveja belga e assistindo a programas americanos em uma televisão japonesa. E a coisa mais britânica de todas? Suspeitar de qualquer coisa que seja estrangeira".

Poucas pessoas vivem atualmente em um grupo cultural isolado. Mais do que nunca, os jovens vivem em uma teia complexa de culturas. Vivo em Los Angeles, e como a maioria das grandes cidades, ela é uma colcha de retalhos de milhares de bairros, abrigando milhões de pessoas de centenas de origens étnicas e sociais. O Los Angeles Unified School District (LAUSD, Distrito Escolar Unificado de Los Angeles) é o segundo maior dos Estados Unidos, com mais de 700 mil alunos. Coletivamente, eles falam 92 línguas e, para mais de dois terços deles, o inglês é sua segunda língua. Em casa, eles podem fazer parte de uma comunidade cultural específica. Na escola, eles são parte de um mosaico complexo de culturas. É assim para todos nós. Ser britânico – ou francês, alemão, americano, nigeriano, polinésio ou qualquer outra origem – ilustra o quanto nossas identidades culturais estão se tornando entrelaçadas.

Alguns dos maiores desafios que enfrentamos são culturais. A diversidade de culturas é uma representação maravilhosa da abundância da criatividade humana. Contudo, as diferenças culturais podem e de fato geram hostilidade. A história humana é com frequência uma crônica fantástica de culturas que entram em confronto e procuram conquistar umas as outras, às vezes pela pilhagem, às vezes por terra e às vezes sem motivo aparente. Alguns dos conflitos mais catastróficos são motivados por crenças diferentes – entre cristãos e muçulmanos, sunitas e xiitas, católicos e protestantes, hutus e tutsis e assim por diante. À medida que o mundo se torna cada vez mais povoado e conectado, a convivência com nossas diferenças pode ser importante para a continuidade da existência da nossa espécie como um todo.

DESENVOLVIMENTO PESSOAL

Nenhum dos outros objetivos da educação pode ser alcançado se esquecermos que ela envolve corações e mentes, e não apenas pontos de dados e tabelas de classificação. Pense nos seus filhos, aqueles indivíduos únicos com quem você se importa, valoriza e que ninguém conhece como você. Para que eles sejam beneficiados como merecem, a educação deve despertar sua curiosidade e vivificá-los de dentro para fora.

Anteriormente, falei que embora as crianças gostem de aprender, nem sempre elas gostam de ser ensinadas, e algumas têm muitos problemas com a escola, onde com frequência ficam agitadas e entediadas. Isso é mais provável se o trabalho que elas fazem parece sem sentido. Não estou sugerindo que elas devam estudar apenas o que gostam e que não devemos tentar convencê-las a se interessar por assuntos pelos quais não demonstram afinidade. Com frequência é dito que a educação deve começar por onde a criança se encontra, sem deixá-la nesse ponto. Isso é verdade. A educação envolve a expansão dos horizontes das crianças, desenvolvendo suas habilidades e aprofundando sua compreensão.

Grandes escolas trabalham duro para criar condições nas quais os alunos tenham vontade aprender. Elas sabem que um currículo rico e um ensino criativo podem fascinar o aluno mais indiferente sobre os tópicos que ele poderia não ter qualquer interesse. Elas também sabem que qualquer que seja o tópico, a educação deve estar sintonizada com os pontos fortes e fracos do seu filho como aluno. Em outras palavras, a educação deve ser personalizada.

A educação deve ajudar seus filhos a lidar com seu mundo interno de pensamentos e sentimentos. Processar os sentimentos e as percepções sobre o mundo à nossa volta é parte do que significa estar vivo. Isso ocorre constantemente, estejamos acordados ou dormindo, quer pensemos ou não. Isso é verdade nas melhores circunstâncias. Existem momentos em que a relação entre os mundos interno e externo pode ser tortuosa. A puberdade e a adolescência podem ser muito difíceis de lidar. Essas questões pessoais podem ser exacerbadas ou facilitadas dependendo do modo como nossos filhos são educados.

Existe uma terceira maneira de a educação ser personalizada. Embora a aprendizagem seja social, todos os alunos são indivíduos. Parte do seu papel como pai é cobrar um tipo de educação que permita que seu filho aprenda sobre o mundo único dentro dele e que ele encontre seu próprio caminho no mundo à sua volta. Não existe mais ninguém no mundo exatamente como seu filho. Muitas pessoas vivem suas vidas sem conhecer seus verdadeiros talentos ou sem saber se têm algum talento. Essa é a razão pela qual tantos adultos não gostam do trabalho que fazem ou das vidas que levam. Outros gostam, têm vidas ou carreiras que parecem feitas para eles e as preenchem com um objetivo e significado. Eles estão em seu elemento-chave.

Antes de prosseguirmos, deixe-me dar um exemplo de como esses vários objetivos da educação podem caminhar juntos com os indivíduos, especialmente quando os programas que eles seguem são planejados para levar em conta suas vidas.

ARTWORXLA – A HISTÓRIA DE JONATHAN

As artes são frequentemente inferiorizadas na lista de prioridades nas escolas, em grande parte devido às pressões dos testes. A oferta de artes é em especial baixa em áreas pobres, muito embora tenha sido demonstrado várias vezes que programas artísticos de alta qualidade podem ser um divisor de águas para jovens que vivem na pobreza.

ArtworxLA é uma das organizações mais eficientes no combate à crise da "evasão" no ensino médio nos Estados Unidos. Localizada no centro de Los Angeles, ela utiliza programas de arte sequenciais a longo prazo para reconquistar o interesse dos jovens que haviam abandonado as escolas convencionais. Ela oferece uma "escada" de aprendizagem artística progressivamente aprofundada que inclui oficinas em sala de aula e mostras de alunos, atividades extracurriculares, bolsas para a faculdade e programas artísticos não lucrativos, estágios e observações no contexto do trabalho em companhias criativas e tutoria individual. Essas experiências intensivas no mundo das artes oferecem aos jovens, com alto risco de abandono escolar sem diploma, razões para permanecer no sistema de ensino. Professores artistas profissionais os ajudam a descobrir seus próprios talentos artísticos criativos, a redescobrir seu interesse em aprender e a explorar as oportunidades práticas para educação adicional e carreiras. Um exemplo do impacto de ArtworxLA é Jonathan.

Em 2012, Jonathan, que já lutava para progredir no 8º ano, foi expulso da escola devido a uma briga séria e por questões ligadas ao seu modo de lidar com a raiva. Ele também sofria de insônia. Em suas próprias palavras: "Eu vim de um contexto muito problemático. Era aquele tipo de garoto em que ninguém prestava a atenção. Era aquele tipo de garoto que era sempre, você sabe, hoje provavelmente ele vai embora e possivelmente vai matar alguém no futuro. Aquele garoto que todo mundo dizia, 'Você não vai ser nada na vida'... Era esse tipo de pessoa ansiosa por alguém que me ajudasse".

Para ter uma segunda chance, Jonathan foi recrutado na Hollywood Media Arts Academy (HMAA), que foi criada em conjunto pela ArtworxLA e pela Los Angeles County Office of Education. A HMAA foi a primeira instituição do seu tipo na região a oferecer educação priorizando o ensino de artes e apoio com "um núcleo de matérias acadêmicas" para alunos alternativos de ensino médio, além de estar entre os 25 *sites* escolares que colaboram no programa de oficinas semanal do ArtworxLA. Jonathan concluiu projetos artísticos na HMAA em uma variedade de programas baseados em mídias, incluindo sessões em organizações culturais de destaque na cidade.[4] Ele foi incentivado por seu professor a desenhar, mesmo quando não queria, e isso fez uma enorme diferença. "Comecei a ficar estimulado em ir para a escola, na verdade perguntando a mim mesmo de manhã: o que será que vou fazer hoje?". Jonathan entrou na HMAA sem qualquer esperança de se formar. No primeiro ano, teve uma frequência quase perfeita, sem incidentes. Descobriu que o desenho era uma maneira eficaz de lidar com a raiva e o estresse. Começou a carregar com ele onde quer que fosse um caderno de desenhos preto volumoso, com cada uma das páginas repleta de desenhos elaborados – um palhaço assustado, um desenho em nanquim de uma jovem mulher, um desenho em letras de imprensa formando a palavras *esperança*. "Me ajudou bastante", ele disse. "Você precisa ter paciência para desenhar. É como tudo na vida, você precisa ter paciência."

Jonathan com frequência atravessava a cidade de ônibus até chegar a um parque com uma pista de corrida e um lindo ponto de observação para desenhar a área e as pessoas. "As pessoas são muito legais lá. Na verdade, elas são amigáveis. Não é como no meu bairro. No parque todo mundo está sempre cumprimentando uns aos outros e fazendo perguntas sobre o que eu estou fazendo... elas tentam conversar. Dá para ver que elas estão tentando se conectar."

Com o apoio dos funcionários da HMAA, e seguindo a programação em etapas da ArtworxLA, Jonathan dedicou-se profundamente às artes visuais e à produção musical.[5] Também conseguiu um emprego por meio da ArtworxLA, trabalhando em uma loja de impressão em *silk screen*. Em 2016, colaborou com alunos de todo o país no Otis College Summer of Art, um programa de verão rigoroso de quatro semanas e trabalhou com técnicas de ilustração enquanto explorava novas áreas de produção de artística e *design* de brinquedos.

Jonathan afirma que a ArtworxLA simplesmente salvou sua vida. Ele está se transformado de um adolescente fechado e revoltado em um formando do ensino médio, que faz estágio em uma companhia de produção comercial para a TV e que está se candidatando à universidade. Acima de tudo, ele encontrou uma enorme realização em fazer arte. "Antes da ArtworxLA, eu era sempre negativo, sempre deprimido na vida. Agora, quero desafiar a mim mesmo, quero tentar. Sinto que estou onde preciso estar." Os benefícios para Jonathan foram econômicos, sociais, culturais e pessoais. Não apenas um ou outro, mas todos eles, porque concebida de forma adequada, uma educação equilibrada e dinâmica é capaz de produzir todos por meio de cada um deles.

Alguns defendem que as escolas devem ser mantidas totalmente afastadas de questões sociais e pessoais e se concentrar apenas no ensino de habilidades coletivas e conhecimento cultural, deixando o resto para os pais, as igrejas, os assistentes sociais, os conselheiros e a polícia. Por todas as razões que apresentei, essa abordagem não é possível mesmo se ela fosse desejável.

APRENDENDO A VIVER

Disse anteriormente que se você acredita que uma educação acadêmica tradicional é a melhor para seu filho, você provavelmente está errado. A palavra *acadêmica* é forte em educação. Escolas de ensino médio com frequência enfatizam as disciplinas acadêmicas mais importantes acima dos demais programas. Os políticos fazem discursos sobre a necessidade de elevar os padrões acadêmicos. Os estudantes são classificados principalmente com base na capacidade acadêmica, e as políticas de admissão de muitas faculdades levam em conta apenas as notas nas disciplinas acadêmicas mais importantes no cálculo da média de pontos dos alunos. Quais são essas disciplinas consideradas mais importantes? Em geral são matemática, línguas, ciências e ciências sociais.[6] Artes, educação física, ensino profissionalizante e outros programas práticos são em geral muito desprestigiados na lista de prioridades.

Nos Estados Unidos, as faculdades podem exigir créditos adicionais nas artes e em uma língua estrangeira, mas não estão incluídos no cálculo de pontos. Alguns alunos do ensino médio acreditam que eles podem melhorar sua média fazendo matérias eletivas, como a disciplina de educação física. Entretanto não é bem assim, afirma um serviço de aconselhamento de pais e alunos conhecido: "Embora uma boa nota em uma disciplina não acadêmica possa lhe dar confiança, ter um bom desempenho em uma disciplina eletiva provavelmente não vai lhe ajudar a entrar na faculdade. Se inscreva em disciplinas divertidas para quebrar a rotina, mas não conte com elas para construir o seu acesso à faculdade".[7] De uma maneira ou de outra, as disciplinas consideradas importantes estão no topo da cadeia alimentar em toda a política educacional. O que há de errado nisso? O que é, de qualquer forma, uma educação acadêmica?

O trabalho acadêmico baseia-se em dois tipos de capacidades que estão estreitamente conectadas. Uma é o entendimento teórico e as ideias abstratas; a outra é o gerenciamento e a memorização de certos tipos de informação. Em grande parte, isso é o que os filósofos chamam de conhecimento propositivo, ou conhecimento dos fatos. Por exemplo, saber que existem 50 estados nos Estados Unidos, ou que a capital da França é Paris. O conhecimento propositivo é chamado algumas vezes de "saber *aquilo*".

Ambos os aspectos da capacidade acadêmica – pensamento abstrato e conhecimento propositivo – dependem de facilidade no uso de palavras e números, sendo essa a razão pela qual os alunos passam tanto tempo escrevendo e calculando (porque a cultura de testes com *lápis e papel* existe). Essas capacidades são muito importantes, e a educação certamente deve desenvolvê-las em seus filhos. Trata-se de habilidades em si mesmas inestimáveis e a base para a aprendizagem em muitas outras disciplinas. São necessárias, mas não são suficientes para a educação que seu filho precisa. Como argumentei no Capítulo 3, existem muito mais aspectos envolvidos na inteligência do seu filho do que a capacidade acadêmica e, diante dos quatro objetivos que delimitamos, a educação deve consistir em algo mais do que o trabalho acadêmico.

Saber *aquilo* é parte dos fundamentos da educação. Adquirir conhecimento factual sobre o mundo natural e sobre as culturas do mundo humano está no centro dos quatro objetivos da educação. O mesmo vale para a aprendizagem sobre teorias e ideias que moldam o nosso entendimento sobre elas. Contudo, existem mais questões envolvidas no conhecimento do que fatos e mais com o pensamento do que teorias. Existe, por exemplo, o saber *como*, que tem a ver com a aplicação de ideias e a realização de atividades. Viver no mundo exige mais do que uma facilidade para lidar com palavras e números, envolve também o trabalho com pessoas e materiais e ter que lidar com as circunstâncias práticas. De cultivar alimentos, a construir carros, a fazer música; nossos modos de vida são criados a partir de pessoas que colocam ideias em prática e fazem as coisas acontecer. Para que a educação tenha um valor real para seu filho, ela precisa ser prática bem como acadêmica: precisa conectar o saber *aquilo* com o saber *como*.

SER COMPETENTE

Existe outro tipo de conhecimento. Ele envolve entender como as coisas são percebidas por nós como indivíduos e se os outros se sentem da mesma maneira ou de modo diferente. Esse tipo de conhecimento é às vezes chamado de *saber isso*. Envolve conhecer a nós mesmos e os nossos relacionamentos com os outros. Saber *isso* é a matéria-prima diária das conversas e de nossos pensamentos privados. E é o coração das artes: a corrente de experiências que flui por meio da pintura, da escultura, da animação, da música, dos filmes, da poesia, da dança, do teatro e dos romances. Todos os três tipos de compreensão – saber *que*, saber *como* e saber *isso* – são fundamentais para uma educação equilibrada.

Competência é a capacidade de executar bem uma tarefa. No livro *Escolas criativas* sugeri que existem oito competências, as quais estão relacionadas aos quatro objetivos da educação e desenvolvem os três tipos de conhecimento. Essas competências não são adquiridas em série e em diferentes etapas da vida escolar dos alunos, mas devem se desenvolver do início da educação e serem praticadas ao longo dela com confiança e sofisticação crescentes.

Curiosidade

As crianças são imensamente curiosas. A primeira prioridade da educação deve ser manter viva essa curiosidade. Quando as crianças desejam aprender elas desfrutam da educação, enfrentam seus desafios e valorizam suas recompensas. Falamos anteriormente sobre a plasticidade do cérebro em desenvolvimento do seu filho. Quanto mais curiosas forem as crianças à medida que se desenvolvem, mais elas aprenderão e mais sutis se tornarão suas capacidades e sensibilidades. Como pais e professores mantêm as crianças curiosas? Estimulando-as com perguntas, oferecendo-lhes tarefas que as desafiem, envolvendo-as em projetos que as estimulem. Cultivar a curiosidade é vital desde os primeiros dias da infância, mas educação não envolve apenas a infância e a adolescência. A aprendizagem deve ser uma tarefa de conhecimento para toda a vida. Despertar a curiosidade dos seus filhos nos seus anos de formação mais importantes é um presente que os manterá em uma vida inteira de aprendizagem.

Criatividade

Na maioria dos aspectos, os seres humanos são iguais ao resto da vida na Terra, mas em outros são únicos. Um deles é que temos poderes de imaginação e criatividade imensos. Imaginação é a capacidade de pensar em coisas que não estão presentes para os nossos sentidos. A imaginação está relacionada à criatividade, mas não é o mesmo. Você poderia ficar deitado na cama o dia tendo várias ideias e não fazer nada. Ser criativo envolve colocar algo em prática. Defino criatividade como o processo de ter ideias originais que têm valor.[8] É colocar nossa imaginação para trabalhar, podendo florescer em qualquer campo da atividade humana. À medida que os desafios enfrentados pelos jovens se tornam mais complexos, é essencial que a educação desenvolva suas potencialidades de pensamento e ação.

Crítica

O pensamento crítico envolve a análise de ideias e informações utilizando a razão e as evidências, envolve considerar vários pontos de vista e os valores que os fundamentam, fazendo comparações relevantes.[9] O pensamento crítico está tornando-se ainda mais importante à medida que a internet inunda os jovens com informações e opiniões de todas as direções. Quanto mais saturados eles se tornam, mais precisam pensar criticamente sobre o que veem e ouvem e avaliar em busca de preconceitos, verdade ou absurdos. O pensamento crítico deve estar no centro de cada disciplina na educação e deve ser um hábito a ser cultivado também fora dela.

Comunicação

Somos seres sociais e aprender a comunicar ideias clara e coerentemente é essencial em nossos relacionamentos. Fluência na leitura, escrita e matemática são imperativos aceitos na educação e assim deve ser; é igualmente importante cultivar um discurso claro e confiante. A comunicação não envolve apenas palavras e números. Alguns pensamentos não podem ser adequadamente expressos dessa maneira. Pensamos em sons e imagens, também em movimentos e gestos, o que dá origem às nossas capacidades para a música, as artes visuais, a dança e o teatro, em todas as suas variações. A capacidade de comunicar pensamentos e sentimentos de todas essas maneiras é fundamental para o bem-estar pessoal, a confiança e a conexão social.

Colaboração

Colaboração é trabalhar junto na direção de resultados comuns. Boa parte dos esforços para elevar os parâmetros nas escolas baseia-se na competição. É claro que existe espaço para a competição. Ser motivado pelo desafio dos outros sempre foi um estímulo para um desempenho melhor. Não sou contra a competição, mas a colaboração é igualmente importante para a melhora do desempenho, para a cidadania ativa e para a saúde e a força das nossas comunidades. A colaboração não surge dizendo às pessoas que elas devem fazê-la; ela surge com a prática.

Compaixão

A compaixão é a prática da empatia. Ela tem início quando reconhecemos o que os outros estão sentindo e como nos sentiríamos nas mesmas circunstâncias. Muitos dos problemas que os jovens enfrentam têm sua origem na falta de compaixão. *Bullying*, violência, abuso emocional, exclusão social e preconceitos baseados em etnias, culturas ou sexualidade são todos movidos pela falta de empatia. Cultivar a compaixão é um imperativo moral e prático. Trata-se também de um imperativo espiritual. A prática da compaixão é a melhor expressão da nossa humanidade comum e uma fonte profunda de felicidade em nós mesmos e nos outros.

Serenidade

Muitos jovens sofrem de ansiedade e depressão na escola. As escolas podem mitigar esses efeitos mudando suas culturas de todas as maneiras que já discutimos. Elas também podem fornecer aos alunos o tempo e as técnicas necessárias para explorar seus mundos internos por meio da prática diária da atenção e da meditação. O objetivo é ajudar os jovens a conhecerem mais sobre si mesmos e suas motivações e serem mais capazes de lidar com seus sentimentos internos.

Cidadania

As sociedades democráticas dependem de as pessoas serem cidadãos ativos, conscientes de seus direitos e suas responsabilidades, informadas sobre o modo como os sistemas sociais e políticos funcionam, preocupadas com o bem-estar dos outros, articuladas em opiniões e argumentos e responsáveis por suas próprias ações. As escolas têm papéis vitais no cultivo desse sentido de cidadania. Eles não irão realizá-los plenamente oferecendo cursos acadêmicos sobre civismo, mas serão o tipo de lugar no qual se põe em prática esses princípios do modo que eles funcionam no cotidiano. É essencial que as escolas não apenas falem sobre cidadania, mas que a exemplifiquem no modo como elas funcionam.

Os jovens que se sentem confiantes nessas oito áreas estarão preparados para se envolverem nos desafios econômicos, culturais, sociais e pessoais que, inevitavelmente, enfrentarão em suas vidas. Como pai, você pode utilizar os quatro objetivos e as oito competências como um modelo para julgar se a escola do seu filho está fornecendo o tipo de educação que eles realmente precisam e pressionar por mudanças quando necessário.

O SIGNIFICADO DA FELICIDADE

Antes de continuarmos, vamos fazer uma pausa em um dos resultados da educação que muitos pais colocam no topo da lista para seus filhos: felicidade. Eu disse no Capítulo 1 que meu objetivo é ajudar você e seus filhos a receberem a educação que precisam para viver vidas felizes e produtivas. Em muitos levantamentos sobre as expectativas dos pais sobre seus filhos a felicidade encontra-se próxima do topo. O que é a felicidade e o que você pode fazer para que seus filhos a tenham? Alguns anos atrás, Lou e eu publicamos um livro chamado *Finding your element*, que buscava, entre outros assuntos, discutir essa questão. A seguir, é apresentado um pequeno resumo das partes mais relevantes.[10]

Algumas vezes, pensam que felicidade é sinônimo de estar permanentemente em um estado de euforia. Não é verdade. Martin Seligman é um dos fundadores do movimento da psicologia positiva e afirma que a felicidade pode ser analisada em três componentes: emoções positivas, envolvimento e sentido. As emoções positivas são o que sentimos. O envolvimento está relacionado ao fluxo: "estar unido à música, sentir o tempo parar e a perda de autoconsciência durante uma atividade que absorve a nossa atenção".[11] O terceiro componente da felicidade é o sentido ou "pertencer ou servir a algo que você considera maior do que você".[11] Se você sente que o que está fazendo é importante para você e às pessoas ao seu redor, você tem mais chance de gostar do que faz. A felicidade, então, é um estado de satisfação, bem como de prazer. É possível ser feliz em uma parte da sua vida e não em outras. Por essa e por outras razões, Seligman concluiu que a felicidade deve ser vista como parte de um conceito mais amplo de bem-estar. A organização Gallup realizou uma pesquisa sobre bem-estar em 150 países, do Afeganistão ao Zimbábue. A pesquisa forneceu um vislumbre sobre as atitudes voltadas para o bem-estar em uma ampla faixa da população mundial.[12] Conclui que a sensação de bem-estar é melhor percebida em relação a cinco grandes áreas da vida.

- *Bem-estar sobre a profissão:* ocupar o seu tempo ou simplesmente gostar do que você faz no dia a dia.
- *Bem-estar social:* ter relacionamentos fortes e amor na sua vida.
- *Bem-estar financeiro:* ser capaz de gerenciar sua vida econômica.
- *Bem-estar físico:* ter boa saúde e energia para ter um dia a dia saudável.
- *Bem-estar da comunidade:* sentir-se envolvido com o local em que você vive.

Tom Rath conclui: "Se estivermos em situação difícil em qualquer um desses domínios, como ocorre com a maior parte das pessoas, isso prejudicará o nosso bem-estar e refletirá no nosso cotidiano... Não estamos obtendo o máximo de nossas vidas a menos que estejamos vivendo efetivamente em todas as cinco".[12] Em um nível fundamental, afirma Rath, todos precisamos de algo para fazer e almejar quando acordamos. Aquilo em que você investe o seu tempo todos os dias molda a sua identidade, seja você aluno, pai, voluntário, aposentando ou tenha um emprego mais convencional. Passamos a maior parte de nossas horas despertas durante a semana fazendo algo que consideramos como uma carreira, ocupação, vocação ou trabalho.

Quando as pessoas se encontram pela primeira vez elas perguntam umas às outras: "O que você faz?". Se a sua resposta a essa pergunta é algo que você considera satisfatório e relevante, você provavelmente está sendo bem-sucedido no bem-estar sobre a profissão. "Se o seu bem-estar em relação à carreira estiver baixo, é fácil perceber como ele pode provocar deterioração em outras áreas com o passar do tempo."[12] Para muitas pessoas, o bem-estar na carreira está intimamente associado aos relacionamentos com os outros e no envolvimento com a comunidade mais ampla. Embora a felicidade seja um estado interno, ela com frequência é estimulada olhando além de si mesmo e se envolvendo com as necessidades dos outros.

Sonja Lyubomirsky é professora de psicologia na University of California, em Riverside. Em seu livro *best-seller*, *The how of happiness*, defende que três fatores principais afetam sua felicidade pessoal: suas *circunstâncias*, sua *disposição* biológica e seu *comportamento*. De todos os três, suas *circunstâncias* – saúde, renda, *status* e assim por diante – contribuem com apenas 10%. Um estudo famoso demonstrou que: "[...] os norte-americanos mais ricos, ganhando mais de 10 milhões de dólares por ano, relataram níveis de felicidade pessoal ligeiramente superiores aos dos funcionários de escritório e operários que eles empregam".[13] Pessoas que vivem na pobreza frequentemente relatam níveis de felicidade que são pouco diferentes ou idênticos aos de pessoas que vivem em bairros mais abastados. A felicidade e o bem-estar baseiam-se em muito mais fatores do que apenas circunstâncias materiais. Um dos fatores mais importante é a nossa herança biológica individual, nossa *disposição*.

Em algum grau, a capacidade de sermos felizes tem a ver tanto com a natureza quanto com as condições materiais. Cada um de nós tem uma margem em torno da qual flutuamos, mas à qual tendemos a retornar. Estudos sobre gêmeos idênticos e fraternos sugerem que todos nós nascemos com um nível de felicidade específico que tem origem em nossos pais biológicos: "Essa é uma base ou um potencial para a felicidade para a qual estamos destinados a retornar mesmo após importantes adversidades ou triunfos".[13] Algumas pessoas são naturalmente dinâmicas e alegres enquanto outras parecem viver naturalmente longos períodos de sofrimento. Com frequência, sua perspectiva tem pouco a ver com os eventos que elas estão de fato enfrentando. O quanto sua disposição influencia seus níveis de felicidade pessoal e bem-estar? Pode chegar até a 50% da felicidade que você experimenta em um determinado momento.

Se sua biologia representa uma parte tão importante da sua felicidade e suas circunstâncias têm um papel relativamente pequeno nesse processo, o que você pode fazer para ser mais feliz? A boa notícia é: várias coisas. Você tem mais poder do que imagina para aumentar seus próprios níveis de felicidade e bem-estar. Segundo Lyubomirsky e colaboradores, 40% do que afeta seus níveis reais de felicidade é seu próprio *comportamento*, o que você escolhe fazer e como você escolhe pensar e sentir. A chave para a felicidade encontra-se não em mudar sua constituição genética, o que você não pode fazer, ou suas circunstâncias, o que pode ser possível ou impossível, mas em suas "atividades intencionais diárias".

O monge budista francês Matthieu Ricard é um escritor bem-sucedido e o objeto de um estudo sobre a felicidade realizado na University of Wisconsin-

-Madison. Foi chamado nos círculos da mídia de "o homem mais feliz do mundo". Em *Felicidade: um guia para desenvolver a habilidade mais importante da vida*, ele afirma que: "[...] entendeu que embora algumas pessoas sejam naturalmente mais felizes do que outras, sua felicidade ainda é vulnerável e incompleta e que alcançar uma felicidade durável como um modo de ser é uma habilidade. Ela exige um esforço contínuo no treinamento da mente e o desenvolvimento de um conjunto de qualidades humanas, como paz interior, atenção e amor altruísta".[14]

O que tudo isso tem a ver com o bem-estar dos seus filhos, seu papel como pai e o papel da escola? As respostas estão implícitas no que discutimos até agora. Para seus os filhos, bem como para você:

- O bem-estar é mais do que uma sensação de prazer fugaz. Ele resulta em parte em ajudá-los a descobrir seus talentos, interesses e propósitos: seu elemento-chave.
- O bem-estar resulta em ajudá-los a olhar tanto para fora como para dentro: da atenção ao serviço aos outros mais do que a autoabsorção.
- O bem-estar depende tanto do esforço quanto das circunstâncias. Depende de intenção, experiência e resiliência.

O bem-estar não é um estado material; é um estado espiritual. Não me refiro a um sentido religioso, mas a um estado de espírito elevado ou baixo: de sentir-se realizado tendo um sentimento de propósito e sentido em sua vida. As oito competências que destaquei não são um fim em si mesmas ou itens a serem checados. Elas são meios para que seus filhos se tornem indivíduos realizados e cidadãos motivados em um mundo com poucas certezas, mas algumas verdades constantes. No final, nem você nem a escola podem fazer seus filhos aprenderem. O que você pode é criar condições nas quais eles desejarão aprender, com uma ideia clara do que, como e por que devem aprender. Com base nisso, você pode ver se a educação que estão recebendo é adequada para esse propósito e considerar como você pode aperfeiçoá-la se ela for adequada ou melhorá-la se ela não for.

6

Escolha a escola certa

A escola é uma comunidade de aprendizes. O que faz uma boa escola? Ela deve criar as melhores condições para que seus filhos aprendam e se desenvolvam de todas as maneiras que discutimos: cognitiva, afetiva, social e espiritualmente. Ela deve desenvolvê-los da melhor maneira como indivíduos e ajudá-los a desenvolver as competências que precisam para encontrarem seu caminho no mundo. Que tipo de comunidade ela deve ser?

OS COMPONENTES DA EXCELÊNCIA

Qualquer que seja a escola, como deve ser a melhor educação e como você saberá reconhecê-la? Existem vários componentes que têm um papel na qualidade e no valor da educação:

- *Currículo:* o conteúdo que os alunos devem aprender.
- *Ensino:* ensiná-los a fazer isso.
- *Avaliação:* conhecer o seu desempenho.
- *Calendário:* organização do tempo e das fontes de aprendizagem.
- *Ambiente:* ambiente físico em que ocorre a aprendizagem.
- *Cultura:* os valores e o comportamento que a escola promove.

A qualidade da educação se encontra no modo como esses componentes se combinam. Um grande currículo não é suficiente se o sistema de avaliação valoriza apenas parte dele. Um ambiente maravilhoso não é suficiente se a qualidade do ensino for ruim. O que torna uma escola boa é ter um equilíbrio e uma dinâmica corretos. O quanto o currículo é rico? O quanto os professores personificam a abordagem de cada criança? Quanta liberdade e criatividade a escola permite aos seus professores? Como a escola se relaciona com os pais e com a comunidade como um todo? A seguir, abordaremos cada um desses componentes separadamente.

CURRÍCULO

A escola tem um currículo amplo, equilibrado e dinâmico?

O currículo é o conteúdo da educação: o que os alunos devem conhecer, entender e serem capazes de fazer. Existe o currículo *formal*, que é o que os estudantes devem estudar e o currículo *informal*, que é o que eles podem escolher estudar, incluindo programas opcionais e atividades extraclasse. Também existe o currículo *integral*, que engloba os currículos descritos – o conjunto completo de experiências que a escola oferece.

Às vezes, existe aquilo que a escola chama de currículo *oculto*, que é outra maneira de falar sobre a cultura da escola, e isso é tão importante quanto o que está escrito no prospecto da instituição – se houver um. Os alunos aprendem na escola mais do que está no programa, e o mesmo ocorre com seus pais. Eles absorvem o que a escola considera importante e o que não considera. O fazem por meio do currículo e do que não está incluído nele, por meio do que é compulsório e do que é opcional. Absorvem mediante o modo como seu trabalho é avaliado. Os alunos recebem comentários úteis e *feedback* ou apenas uma nota? Adotam os valores da escola e o que é considerado como comportamento aceitável.

Você deve olhar para o equilíbrio de todo o currículo e para quais partes são compulsórias, opcionais e por quê. Um currículo equilibrado deve incluir a oferta igualitária entre os componentes descritos a seguir.

Linguagens

A linguagem é um dos fundamentos da inteligência humana. Ninguém ensina seus filhos a falarem. Você os encoraja e orienta, mas não os instrui formalmente sobre como fazê-lo. Eles absorvem o discurso das pessoas com as quais crescem. A leitura e a escrita são diferentes. Em circunstâncias normais, todo mundo aprende a falar; mas nem todos aprendem a ler e a escrever. Isso envolve aprender um conjunto de códigos totalmente diferente.

Na maioria das línguas, a leitura e a escrita envolvem a associação de sons vocais com marcas visuais (letras) e grupos de letras (palavras) com significados específicos. Abrangem a compreensão das convenções pelas quais os padrões de palavras (sentenças) fazem sentido ou não. Existem boas habilidades físicas para aprender a escrever; existem também complexas habilidades intelectuais para aprender a codificar seus próprios pensamentos na escrita e para decodificar o que outras pessoas escrevem por meio da leitura. O ensino de linguagens envolve a aprendizagem de todas essas habilidades. Deve incluir o desenvolvimento do amor pela literatura em todas as suas formas e envolver o desenvolvimento de habilidades em relação ao que é chamado de *oralidade* – ser capaz de falar claramente e de maneira confiante e escutar com paciência e atenção aos outros. Embora a maioria das pessoas seja capaz de falar, elas nem sempre o fazem bem ou de maneira concisa. Uma das funções do ensino de linguagens é ajudá-las a fazer isso de maneira eficiente para diversos propósitos e em diferentes cenários.

Matemática

Uma boa maneira de começar uma discussão em uma conferência de matemáticos é pedir uma definição da matemática. Para o leigo pode parecer óbvio; para um especialista com um entendimento mais aprofundado sobre suas muitas complexidades e formas, nem tanto. Para os nossos propósitos, e nos arriscando a receber a ira dos matemáticos, matemática é a capacidade de entender e trabalhar com números. Seus fundamentos na educação se encontram na aritmética, incluindo adição, subtração, multiplicação e divisão, podendo incluir a aplicação prática dos conceitos matemáticos e ferramentas como geometria, álgebra, trigonometria e cálculo. Como o domínio da linguagem, a matemática é uma via para a aprendizagem de muitas outras disciplinas e envolve o domínio de habilidades essenciais para a independência social e econômica. A capacidade de aplicar a matemática em algum nível é essencial em muitas áreas, incluindo ciências da computação e programação, economia e quase todos os negócios e ofícios. Independentemente do que os nossos dispositivos inteligentes são capazes de fazer, é muito difícil sobreviver atualmente sem uma sólida base no domínio dos números. Mais do que isso, a matemática é uma disciplina em si mesma bela, repleta de ideias interessantes e de algumas das maiores realizações do pensamento e da cultura humanas. Um grupo de matemáticos certamente concordaria com isso.

Ciências

Vivemos em dois mundos: o mundo à nossa volta e o mundo no nosso interior. A ciência é o estudo sistemático do mundo à nossa volta por meio de análise, observação e experimentação. Os cientistas têm como objetivo produzir teorias e explicações que podem ser verificadas por evidências. As ciências naturais – física, biologia e química – observam a natureza e a dinâmica do mundo físico e procuram desvendar as leis que os governam. Agindo dessa forma, os cientistas naturais buscam produzir conhecimento que possa ser validado por qualquer um que repita suas observações. As ciências humanas – incluindo psicologia, sociologia e antropologia – procuram investigar a vida humana utilizando algumas das mesmas técnicas, embora a natureza complexa do comportamento humano inevitavelmente cobre seu preço sobre o *status* "objetivo" das suas descobertas. Todos os tipos de cientistas dependem da análise lógica, mas a lógica é apenas um dos seus recursos. Em qualquer campo, as descobertas científicas às vezes resultam de lances inesperados de intuição e imaginação. A educação científica é importante para todos os jovens, pois ela proporciona uma base essencial para reunir evidências e habilidades da análise lógica, acesso ao amplo repertório de conhecimento científico sobre o mundo à nossa volta e uma compreensão sobre o modo como a ciência modelou o mundo e sobre as ideias e realizações criativas que guiaram essas mudanças.

Artes

As artes lidam sobre as *qualidades* da experiência humana. Por meio da música, da dança, das artes visuais, do teatro, da literatura e demais atividades, damos forma aos nossos sentimentos e às nossas percepções dos mundos interno e externo. No coração das artes se encontram os produtos elaborados. Os músicos fazem música, pintores produzem imagens, dançarinos elaboram danças e escritores produzem livros, peças, novelas e poemas que capturam as qualidades de suas próprias percepções e experiências. As artes podem nos inspirar em vários níveis: por meio de sua beleza e forma próprias, pelas ideias e sensibilidades que personificam e pelos valores culturais e tradições que representam. O pulso da cultura bate mais forte nas artes visuais, verbais e teatrais. A educação artística deve incluir a aprendizagem da prática artística, sua compreensão e apreciação. Defendi no Capítulo 2 que a inteligência é multifacetada. Música, dança, teatro, artes visuais e artes verbais, em todas as suas expressões, ilustram essa diversidade extraordinária e proporcionam maneiras práticas de cultivá-las em seus filhos. Por meio das artes, os jovens podem formular ideias e sentimentos de uma ampla variedade de modos e meios, explorar seus próprios valores e identidades culturais e se envolver com os valores e as tradições de outras culturas.

Humanidades

As humanidades estão comprometidas com o estudo da vida e da cultura humanas. Elas incluem história, línguas, educação religiosa, geografia, estudos sociais e filosofia e desempenham um papel essencial no aprofundamento da compreensão dos jovens sobre o mundo à sua volta: sua diversidade e sua complexidade. Ampliam a compreensão dos jovens sobre o que eles compartilham com outros seres humanos, incluindo aqueles de outras épocas e culturas, ajudando-os a desenvolver a consciência crítica sobre as sociedades e suas épocas. As humanidades se sobrepõem de várias maneiras com as ciências e as artes. Assim como as artes, elas estão envolvidas com a compreensão da experiência da natureza humana. Como as ciências, em geral utilizam ferramentas de investigação e análise acadêmica. Também incluem o que às vezes é chamado de artes liberais. Nos tempos antigos, as artes liberais (do latim *liber*, livre) eram as disciplinas que cultivavam as qualidades de julgamento e compreensão, necessárias para a vitalidade de sociedades livres e democráticas. O estudo das humanidades e das artes liberais cultiva as qualidades e o entendimento para mantermos modos de vida complexos e civilizados.

Educação física

O bem-estar cognitivo, emocional, social e físico dos seus filhos estão intimamente relacionados. A educação física contribui de forma direta para a vitalidade física e para o desenvolvimento geral à medida que eles crescem e aprendem. Também pode melhorar a aprendizagem em todas as áreas da educação ao acelerar a concentração e a agilidade mental dos jovens. A educação física e os esportes estão intrinsecamente ligados às tradições culturais e às práticas de nossas comunidades. Jogos e esportes podem evocar sentimentos poderosos de entusiasmo tanto em relação aos próprios jogos quanto aos sentimentos de pertencimento que eles são capazes de gerar. A variedade de atividades físicas e de jogos possibilita aos jovens diversas oportunidades dessa prática. Dança e ginástica, por exemplo, são formas poderosas de criatividade e apreciação estética; jogos em equipe desenvolvem habilidades individuais, senso de colaboração e maneiras de compartilhar o sucesso e o fracasso em ambientes seguros e controlados. De muitas maneiras, a educação física tem uma função essencial em uma abordagem equilibrada da educação de todos os nossos filhos.

Habilidades para a vida

A vida não é um exercício acadêmico. A educação deve lidar com algumas das várias tarefas e alguns desafios que as crianças enfrentarão à medida que crescerem. Algumas escolas oferecem programas práticos de controle das finanças, saúde e nutrição, culinária e gerenciamento da casa. Os melhores programas não são ensinados como cursos teóricos, mas por intermédio de experiências práticas, começando no ensino fundamental, quando as crianças aprendem por meio de jogos e brincadeiras – por exemplo, ao brincar de loja, é possível ensiná-las sobre manutenção e gerenciamento de um negócio.[1]

Embora possamos falar separadamente sobre essas diferentes áreas da educação, o poder da aprendizagem encontra-se no modo como elas podem ser trabalhadas juntas. Isso tem tudo a ver com o modo como elas são ensinadas. Nesse sentido, não há nada mais importante para a educação dos seus filhos do que seus professores.

UMA ABORDAGEM DINÂMICA PARA A APRENDIZAGEM

Os professores adaptam suas abordagens aos diferentes alunos e materiais?

A maioria dos professores se importa profundamente com sua profissão e com os alunos a quem ensinam. Isso não significa que qualquer professor será adequado para seu filho. O professor certo é capaz de inspirar seu filho a aprender e a alcançar mais do que você achava possível; o professor errado pode fazer a aprendizagem parecer uma tortura. Os métodos de ensino e a aprendizagem devem ser adequados aos vários tipos e às várias fases de desenvolvimento. Recém-nascidos e lactentes têm enormes capacidades latentes. O grau em que elas são estimuladas nos primeiros anos de vida tem uma influência crucial no desenvolvimento do cérebro. Crianças criadas em lares bilíngues ou multilíngues, por exemplo, normalmente se tornam competentes em todos os idiomas que utilizam. O mesmo se aplica a outras áreas do desenvolvimento, incluindo a música. Adolescentes e adultos frequentemente consideram mais difícil aprender um instrumento ou uma segunda língua.

Os professores devem oferecer apoio e *feedback* individualizados aos seus filhos para que desenvolvam seus pontos fortes e ajudá-los nas questões em que eles precisam se esforçar mais. Você deve buscar por um equilíbrio entre as áreas.

TEORIA E PRÁTICA

Existe um equilíbrio adequado entre estudos teóricos e trabalhos práticos?

Uma das imagens perenes das escolas é que as salas de aula têm que ter a seguinte aparência: a mesa do professor na frente, voltada para fileiras arrumadas de mesas e cadeiras e alunos olhando direto para a frente. Antigamente era assim, e em algumas escolas ainda é, com os alunos passando a maior parte do tempo sentados com apenas intervalos curtos para algum tipo de exercício físico ou para trocar de sala. No entanto, existem importantes razões médicas para não agir dessa forma, como já abordamos, além de razões educacionais igualmente poderosas.

No Capítulo 5, defendi que a capacidade acadêmica é muito importante, mas existe muito mais inteligência envolvida nisso do que apenas a capacidade acadêmica, e a educação deve reconhecer isso. Fiz uma distinção entre saber *aquilo*, saber *como* e saber *isso*. Cultivar essas diferentes formas de compreensão envolve diferentes tipos de atividade e diferenciadas abordagens para o ensino.

A plasticidade cerebral é maravilhosa, especialmente nos anos iniciais. Algumas experiências têm um impacto tão profundo que formam de maneira instantânea memórias de longa duração. Menos vívidas, as experiências do dia a dia podem persistir por um tempo em nossa memória de curto prazo, a menos que mergulhemos nelas, ou que elas se repitam, lembramos delas vagamente, se é que o fazemos. Ocorre o mesmo ao aprender novas ideias, novos fatos ou novas habilidades. Para associá-los à memória de longo prazo, de modo que possamos utilizá-los, precisamos praticar para que eles se tornem parte da estrutura de nossas mentes.

Reter conhecimento propositivo (saber *aquilo*) exige concentração e esforço. Ninguém pode fazer isso por você. Às vezes, escuto críticas sobre a aprendizagem mecânica em educação, como se ela fosse necessariamente ruim. Não é. Se os seus filhos estiverem aprendendo uma nova língua, as leis da química, detalhes de eventos históricos específicos, ou os princípios da aritmética, de modo que eles consigam utilizá-los prontamente, eles terão de associá-los às suas memórias de longo prazo. Quando o fizerem, seus cérebros serão sutilmente alterados pelo esforço. Os professores devem ajudá-los a desfrutar do processo e fazê-los sentir que ele vale a pena. Eles podem ser incentivados por atividades práticas e por trabalhos em grupo, mas o esforço de memorização é inevitavelmente pessoal. Pode ser necessária muita concentração, repetição e reflexão. Essa é a única maneira de alguns conteúdos serem aprendidos. O problema com a imagem perene da sala de aula é o pressuposto de que essa é a melhor maneira de aprender qualquer coisa. Não é.

Saber *como* fazer algo só pode ser aprendido fazendo. Aprender a tocar um instrumento, a desenhar, a criar objetos a partir de materiais físicos, a dominar um esporte ou a executar um trabalho manual, tudo depende de uma sinergia de habilidades cognitivas e físicas. Em todas as atividades que envolvem uma experiência prática, bem como conhecimento teórico – de balé e cirurgia a engenharia –, os bons praticantes eventualmente adquirem uma *memória muscular*, que resulta da repetição e do refinamento de técnicas práticas. A educação também deve envolver seus filhos em uma ampla variedade de atividades práticas: trabalhar com materiais e com outras pessoas na aplicação de ideias, exatamente da maneira que a própria vida constantemente exige.

Saber *isso* envolve entender as qualidades das nossas experiências. Aprender a entender seus próprios sentimentos, a interpretar suas experiências e a ser positivo em seus relacionamentos é essencial para a felicidade e o bem-estar dos seus filhos. Eles não aprendem tudo isso por meio do estudo abstrato das emoções, mas por meio da experiência e da prática das disciplinas que têm sentimentos, valores e relacionamentos como pontos centrais. Nas escolas, elas incluem as artes visuais, o teatro, as artes verbais e as técnicas reflexivas de meditação e atenção.

Os quatro objetivos da educação e as oito competências que destaquei anteriormente podem ser preenchidas apenas por meio de um currículo amplo e por abordagens de ensino e de aprendizagem que os incluam, mas que vão muito além das convenções da sala de aula acadêmica tradicional.

MOVIMENTE-SE

Os alunos realizam atividades físicas suficientes?

Defendi anteriormente a igual importância das artes em relação a outras áreas da aprendizagem. A maioria das escolas oferece algum espaço para as artes: em geral artes visuais, música e literatura. O teatro e a dança com frequência recebem menor atenção. Existem boas evidências de que em geral um menor espaço para as artes é oferecido nas escolas em áreas de baixa renda e em *charters schools*, que, de modo usual, têm um currículo com foco especializado ou uma população selecionada de alunos.[2] Como visto anteriormente, muitas escolas também reduziram a oferta de educação física para terem mais espaço para os programas de matemática, leitura e ciências. O pressuposto é que a única maneira de elevar o padrão nessas áreas é se concentrar nelas à custa de outras. Isso é um erro por inúmeras razões.

Matemática e dança

Em 2006, ministrei uma palestra na conferência TED intitulada: "Será que as escolas matam a criatividade?".[3] Naquela ocasião, disse que as escolas tendem a educar as pessoas do pescoço para cima e que esse desequilíbrio tem consequências ruins para o desenvolvimento geral. A dança é um caso simbólico. Na maioria dos sistemas escolares, ela está em segundo plano, se é que está presente. Muitas pessoas a consideram uma atividade secundária: na melhor das hipóteses facultativa, mas certamente não necessária como matemática, ciências ou tecnologia. Há alguns anos, fui entrevistado pela BBC e, em um momento, o entrevistador disse: "na palestra que você deu no TED você falou que a dança é tão importante quanto a matemática. Você não pode estar falando sério". Eu respondi: "Estou falando sério. É claro que a dança é tão importante quanto a matemática". Sei que muitas pessoas não concordam com essa ideia, então irei elaborá-la melhor.

Há muitos anos contribuo para a London School of Contemporary Dance. Em 2016, fui convidado para proferir a palestra anual em homenagem a um de seus principais fundadores e diretores, Robert Cohan. O convite foi feito logo após minha entrevista à BBC e decidi chamar a minha palestra de: "Por que a dança é tão importante quanto a matemática na educação?". Antes da palestra começar, enviei seu título pelo Twitter. Recebi muitas respostas positivas e algumas incrédulas. Um dos *tweets* dizia: "Essa não vai ser uma das palestras mais curtas de todos os tempos?". Outro dizia, simplesmente: "Ken, a dança não é tão importante quanto a matemática". Ok, eu achava que fosse. Alguns foram irônicos: "Felizmente a capacidade de ler calendários não é tão importante quanto dançar direito uma rumba". Outra pessoa mandou o seguinte *tweet*: "E daí? Telefones são mais importantes que bananas. Formigas não são tão importantes quanto os produtos de limpeza. Clipes de papel são mais importantes do que cotovelos". Pelo menos essa foi uma resposta criativa. Claramente ele pensou que eu estava comparando coisas que são incomparáveis e sendo ridículo ao fazê-lo. Algumas respostas foram mais pertinentes: "É verdade? Importante para o que e para quem? A propósito, sou um professor de matemática".

Um aforismo atribuído ao filósofo Friedrich Nietzsche diz: "Aqueles que foram vistos dançando foram considerados insanos por aqueles que não eram capazes de ouvir a música". Quando os céticos duvidam da importância da dança na educação ou dizem bobagens como o fato de a leitura de um calendário ser mais importante do que dançar uma rumba, tenho de pensar que eles não conseguem ouvir a música. Vou aumentar um pouco o volume.

É claro que não estou falando contra a matemática. A matemática é uma parte indispensável nessa grande aventura criativa que é a mente humana e também está intimamente envolvida na dinâmica da dança. Não se trata de um argumento contra a matemática, é um argumento em defesa da equidade na educação integral. Importante para o que e para quem? Estou falando da igual importância da dança e de outras artes, linguagens, matemática, ciências e humanidades na educação geral de cada criança. Quem afirma isso? Eu afirmo, definitivamente, e assim o fazem muitos outros em muitas culturas e tradições.

O ensino da dança não é um campo novo. Existe uma longa história de praticantes especializados e de defensores da dança na educação que é anterior ao início da escolarização em massa chegando à Antiguidade. Desde os tempos antigos, as pessoas entenderam a importância essencial da dança como uma parte fundamental da vida e da educação. O fato de ela ser negligenciada nos sistemas de educação em massa não nega as evidências cabais do seu valor. Acadêmicos de várias disciplinas investigaram e escreveram sobre a dança em suas diversas formas e contribuíram para um corpo crescente de evidências sobre seu poder em tornar mais ricas as vidas das pessoas e para transformar a educação.

No livro *Dance education around the world: perspectives on dance, young people and change*, Charlotte Svendler Nielsen e Stephanie Burridge reuniram alguns estudos recentes sobre a importância da dança em todos os tipos de contextos: da Finlândia à África do Sul, de Gana a Taiwan, da Nova Zelândia à América.[4] O baixo *status* da dança nas escolas resulta em parte do *status* elevado do trabalho acadêmico convencional, que associa a inteligência principalmente à argumentação verbal e à matemática. Esses estudos exploram como uma compreensão mais aprofundada da dança desafia as concepções convencionais de inteligência e desempenho. Eles demonstram o poder transformador da dança em pessoas de todas as idades e históricos, mesmos nas circunstâncias mais adversas: na paz, na guerra, na riqueza e na pobreza. Eles mostram como a dança pode ajudar a restaurar a alegria e a estabilidade em vidas perturbadas e aliviar as tensões em escolas que são atingidas por violência e *bullying*.

O que é a dança? É a expressão física por meio de movimento e ritmo dos relacionamentos, dos sentimentos e das ideias. Ninguém inventou a dança. Ela está no fundo do coração de todas as culturas ao longo da história. Somos criaturas corporificadas e a dança é parte do pulso da humanidade. Ela abriga múltiplos gêneros, estilos e tradições, está constantemente evoluindo e suas funções variam de recreativas a sagradas e abrangem todos os tipos de propósitos sociais. A dança está em toda parte e para todos. Por que ela deve estar presente nas escolas? As razões são *pessoais*, *sociais*, *econômicas* e *culturais*. A seguir são dados alguns exemplos.

Existem inúmeras formas de dança e várias companhias profissionais as praticam, sendo que muitas delas oferecem programas para escolas. Uma delas é *Dancing Classrooms*, uma companhia sem fins lucrativos da cidade de Nova York, que leva a dança de salão para escolas de ensino fundamental e médio. Esse programa trabalha com algumas das escolas e distritos mais desafiadores do país, incluindo instituições de Nova York, Los Angeles e Detroit. Por meio da dança, a companhia pretende melhorar os relacionamentos sociais, especialmente entre os gêneros, e enriquecer a cultura das escolas como um todo mediante o desenvolvimento da colaboração, do respeito e da solidariedade. O programa foi criado em 1994 pelo dançarino Pierre Dulaine e agora oferece a cada escola 20 aulas ao longo de 10 semanas, culminando em uma apresentação regional. Ele produz benefícios inquestionáveis aos alunos e suas escolas.[5]

Toni Walker foi diretora da Lehigh Elementary School, em Lee, Flórida. Ao elogiar o programa, ela relatou benefícios *pessoais* para os estudantes, incluindo para uma aluna que era bem problemática. "Quando essa jovem chegou à Lehigh o relatório sobre ela tinha aproximadamente 5 cm de espessura. Vinha de um contexto carente, tinha a malandragem das ruas e era muito raivosa. Achava que precisava mostrar seu valor o tempo todo e garantir que todos soubessem que ela era forte e que iria lutar." Quando a escola começou o programa, não queria participar, mas a participação não era opcional. Ela precisava participar e logo percebeu uma habilidade natural. "Na aula seguinte apresentou uma pequena mudança de atitude e não tivemos que insistir para que ela dançasse. Logo entrou na fila." Na terceira e quarta aulas, diz Toni, estava transformada: "Ela se portava de uma maneira diferente, falava diferente, era gentil e respeitosa; não recebeu nenhuma anotação, nenhuma. A mãe dela não acreditava no que estava vendo. Era impressionante. O programa é muito maior do que as pessoas são capazes de entender".[6]

O ensino de dança apresenta importantes benefícios para os relacionamentos *sociais* dos alunos, particularmente entre gêneros e faixas etárias. Muitos tipos de dança, incluindo a dança de salão, são inerentemente sociais, pois envolvem um movimento conjunto em sincronia e empatia a partir do contato físico direto. Em uma avaliação das *Dancing Classroms* na cidade de Nova York, 95% dos professores disseram que um dos resultados de terem dançado juntos foi a melhora perceptível na capacidade de os alunos cooperarem e colaborarem. Em uma pesquisa em Los Angeles, 66% dos diretores de escolas disseram que depois de terem participado do programa, seus alunos apresentaram uma maior aceitação dos seus colegas e 81% disseram que eles trataram os demais com mais respeito.

A dança tem importantes benefícios *culturais*. St. Mark the Evangelist, é uma escola de ensino fundamental de Nova York. O diretor, Antwan Allen, participou das aulas com seus alunos de 8º ano. No início, era para completar o número de participantes: "Havia muitas meninas em nosso 8º ano e poucos meninos. Assim, participei da primeira turma para ajudá-los e amei desde o início". Parte da importância de ele dançar era estabelecer um exemplo para os meninos, mostrar para todos que ele é mais do que uma figura de autoridade, é "alguém que pode entender o mundo visto através dos seus olhos". O diretor considera o programa um componente importante da cultura escolar e demonstra isso por meio da sua própria participação. Como diz, criamos tempo para o que consideramos importantes: "Se posso disponibilizar uma hora para uma reunião, posso disponibilizar uma hora para dançar com os meus alunos. Simplesmente coloquei isso na minha agenda duas vezes por semana, durante uma hora, estou dançando com os alunos do 8º ano. Eu trato isso da mesma forma com que trato uma observação com um dos meus professores ou um encontro com um dos pais porque todos são importantes e todos são parte da construção da cultura escolar".[7]

Esses benefícios pessoais, sociais e culturais da dança são em si mesmos importantes, mas existem também benefícios econômicos. Além de a dança ser um campo de emprego para aqueles com o talento especializado e a determinação necessária, ela também estimula muitas qualidades e sensibilidades pessoais que os empregadores cada vez mais reconhecem como essenciais em uma força de trabalho colaborativa e adaptável. Você pode concordar, mas ainda assim achar que a matemática será mais útil para os jovens quando eles deixarem a escola do que a capacidade de dançar. Falamos anteriormente sobre a necessidade de a educação ser capaz de promover o desenvolvimento cognitivo, emocional, físico, social e espiritual dos nossos filhos. Diferentes disciplinas contribuem de diferentes maneiras para seu desenvolvimento geral, incluindo matemática e dança. Quando crescerem, os jovens dependerão de tudo o que tiverem aprendido na escola. Alguns aprofundarão seus interesses em campos específicos. Alguns se tornarão matemáticos. A maioria não, mas todos que estudaram matemática considerarão alguns dos seus elementos inestimáveis, mesmo que eles nunca mais tenham resolvido uma equação de segundo grau ou encontrado uma utilização regular para o cálculo, como a maior parte de nós não o faz. Alguns jovens desenvolverão uma paixão pela dança e podem prosseguir, tornando-se bailarinos. A maioria não será, mas todos que um dia tenham praticado adequadamente encontrarão benefícios valiosos, mesmo que não a utilizem com um propósito depois da época escolar, assim como a maioria de nós.

Caso você ainda esteja preocupado que, por mais valiosa que a dança seja, o tempo gasto dançando nas escolas deixa de ser utilizado em matemática ou em outro trabalho acadêmico, isso não ocorre. Ao contrário. Como eu disse, esse não é um argumento contra a matemática; trata-se de um argumento a favor da dança. Eles não são mutuamente exclusivos na educação ou na vida. Além de serem inerentemente importantes, os benefícios da dança podem ter um impacto direto nas realizações dos alunos em outras áreas da aprendizagem, incluindo a matemática, por incrível que pareça. De forma irônica, para os céticos, existem fortes evidências de que, quando as crianças dançam, seus resultados em matemática também podem melhorar.

Outra escola que faz parte do programa *Dancing Classroms* é a Emanuel Benjamin Oliver Elementary School, nas Ilhas Virgens. O diretor, Dr. Lois Habtes, estava impressionado pela melhora nas notas de leitura e matemática entre alunos do 5º ano que participaram do programa: "Em setembro, realizamos um teste de leitura e de matemática pouco antes deles voltarem para casa, e em dezembro realizamos outro teste. Todo ano realizamos em março os testes nacionais. Em todos os anos do programa *Dancing Classroms* nossos alunos de 5º ano atingiram as maiores notas. Não existem dúvidas a respeito do impacto do programa na vida acadêmica dos nossos alunos. Logo que cheguei aqui eles tinham notas ruins. Ano passado, nosso segundo ano, eles aumentaram para 83%. Este ano nosso 5º ano atingiu 85% no teste de leitura, a nota mais alta da escola. Em todos os testes que realizamos com os alunos, da educação infantil ao 5º ano, o 5º ano teve um desempenho bem melhor que o dos outros anos devido ao *Dancing Classroms*".[8] Esse não é um fenômeno isolado. É apenas um exemplo de uma relação bem-documentada entre atividade física e desempenho educacional.

No Capítulo 4 citei o trabalho do Dr. John J. Ratey, professor associado de psiquiatria na Harvard Medicine School e uma figura de destaque no movimento crescente de reconexão entre a mente e o corpo na educação. Seu livro de 2008, *Corpo ativo, mente desperta*, foi inspirado por um extraordinário programa de educação física realizado no Distrito 203 de Naperville, em Illinois. O distrito apresenta 14 escolas dos anos iniciais do ensino fundamental, 5 escolas dos anos finais do ensino fundamental e 2 escolas de ensino médio. A escola Naperville Central se preocupava com o fato de muitos dos seus alunos terem um baixo desempenho em leitura. A escola conhecia estudos que mostravam uma relação positiva entre exercício e aprendizagem e organizou um curso de educação física antes do horário escolar para alunos que optaram por um programa eletivo de leitura. Eles chamavam o curso de Educação Física para Disposição à Aprendizagem (EFDA, em inglês *Learning Readiness PE*).

A EFDA não é um programa de educação física convencional de treinamento em circuito e esportes competitivos. Ele enfatiza o condicionamento físico e a atividade e oferece várias escolhas para isso, inclusive escalada de paredes, caiaques, cursos de corda, levantamento de peso e dança. As aulas incluem treinamentos com monitoramento cardíaco, permitindo que os alunos possam alcançar e melhorar seus objetivos pessoais de preparo físico. O programa monitora o preparo físico dos alunos e seu impacto em outros trabalhos escolares. Ele transformou os 19 mil alunos do distrito nos estudantes talvez mais preparados fisicamente do país. Em uma turma de alunos da 2ª série do ensino médio, apenas 3% dos alunos estavam acima do peso, enquanto a média nacional é de 30%. Como destaca Ratey, "O que é mais surpreendente – impressionante – é que o programa também transformou aqueles alunos em alguns dos mais brilhantes do país".[9]

Em 1999, os alunos do 8º ano de Naperville estavam junto com estudantes de todo o mundo para a realização de um teste padronizado internacional chamado TIMSS (*Trends in International Mathematics and Science Study*, ou Estudo Internacional das Tendências em Matemática e Ciências), que avalia o conhecimento de matemática e ciências dos estudantes. O TIMSS tem sido aplicado a cada quatro anos desde 1995. Os testes de 1999 incluíram 230 mil estudantes de 38 países, dos quais 59 mil eram dos Estados Unidos. Alunos da China, do Japão e de Singapura comumente apresentam um desempenho superior ao dos estudantes dos Estados Unidos nesses testes. Em alguns países asiáticos, quase metade dos alunos alcança um desempenho no terço superior da distribuição de notas, enquanto de forma geral apenas 7% dos estudantes dos Estados Unidos conseguem atingir essa pontuação. Nos testes de 1999, os alunos dos Estados Unidos ficaram na 18ª posição em ciências e na 19ª posição em matemática, com distritos de Jersey City e Miami atingindo a última colocação em ambas as áreas. A história foi diferente para os alunos de Naperville. Cerca de 97% dos alunos do 8º ano de Naperville fizeram o teste, não sendo, portanto, selecionados especialmente para realizá-lo. Na área de ciências do TIMSS eles terminaram em primeiro lugar, logo à frente de Singapura e em 6º lugar em matemática, logo após Singapura, Coreia, Taiwan, Hong Kong e Japão.

Como o Dr. Ratey observa, "no momento em que somos bombardeados com notícias tristes sobre adolescentes acima do peso, desmotivados e de baixo desempenho, esse exemplo oferece uma esperança real". Ele é muito cuidadoso em atribuir esse desempenho excepcional dos alunos de Naperville totalmente ao seu programa incomum de educação física. Como ele afirma, existem sempre outros fatores que devem ser levados em conta.[10] Por outro lado, "a correlação é simplesmente intrigante demais para ser descartada".[11]

Por que os alunos de Naperville gabaritaram os testes? "Não é que Naperville seja o único subúrbio abastado do país com pais inteligentes e educados. Em distritos pobres, em que programas de educação física como o de Naperville se consolidaram, tais como Titusville, na Pensilvânia, as notas no teste melhoraram de forma considerável. Minha convicção é que seu foco em boa forma desempenha um papel central no rendimento acadêmico dos seus alunos."[11] A estratégia nessas escolas de alto desempenho é exatamente oposta à tendência da maioria dos distritos escolares dos Estados Unidos ao eliminar a educação física e reduzir outros programas em favor do aumento do tempo para matemática, ciências e inglês. Essas medidas simplesmente não melhoraram o desempenho como muitos dirigentes e administradores assumiram que elas fariam – e de forma evidente ainda assumem – apesar de todos os indícios contrários.

Por outro lado, crescem as evidências do impacto positivo do bem-estar físico sobre o desempenho – e participação – geral dos jovens na educação. Ratey cita uma revisão massiva realizada em 2004 de mais de 850 estudos sobre os efeitos da atividade física em crianças em idade escolar por um painel de pesquisadores renomados de áreas que variaram da cinesiologia à pediatria. A maioria dos estudos avaliou os efeitos de 30 a 45 minutos de atividade física moderada à vigorosa entre três e cinco dias por semana: "Eles abordaram uma ampla variedade de problemas, como obesidade, saúde cardiovascular, pressão sanguínea, depressão, ansiedade, autoimagem, densidade óssea e desempenho acadêmico". Baseado em fortes comprovações em várias dessas categorias, o painel encontrou evidências apoiando a conclusão de outros estudos, de que "a atividade física tem uma influência positiva na memória, na concentração e no comportamento em sala de aula".[12]

A maioria das crianças das escolas públicas dos Estados Unidos recebe algum ensino em música e artes visuais, apesar de esparsa. A dança e o teatro são, em grande parte, encaradas como disciplinas de segunda classe nas escolas e oportunidades nas artes em geral são menores para aqueles que vivem em áreas muito carentes.[13] Bob Morrison, fundador e diretor da Quadrant Research, confirma que "ainda existem milhões de alunos que não têm acesso a qualquer ensino de artes. Muitos deles se encontram em nossas comunidades mais pobres nas quais esses programas são reconhecidamente mais necessários. Ele pergunta: Seria correto ter milhões de alunos sem acesso à matemática ou à literatura? "Claro que não, e isso também não deve ser tolerado nas artes. Existe um mito de que a educação artística é para aqueles alunos que têm um dom ou que são talentosos, mas sabemos que as artes beneficiam a todos, independentemente de suas vocações. Não ensinamos matemática apenas para criar matemáticos e não ensinamos literatura apenas para criar a próxima geração de romancistas. O mesmo vale para as artes. Nós as ensinamos para criar cidadãos equilibrados que podem aplicar habilidades, conhecimento e experiência adquiridos nas artes em suas carreiras e vidas."

E ainda assim aqueles que foram vistos dançando foram considerados insanos por aqueles que não eram capazes de ouvir a música.

TRABALHO EM GRUPO E INDIVIDUAL

Existe um equilíbrio entre alunos trabalhando sozinhos e em grupos?

Às vezes, a melhor maneira de dominar um assunto é assistir a uma palestra em sala de aula, revisar o material em casa e em seguida testar sua própria compreensão por meio de exercícios. Essa é em grande parte uma abordagem individual para a aprendizagem e pode ser muito eficaz. Em outras situações, a maneira mais poderosa de descobrir algo pode ser a aprendizagem com outras pessoas e a escola deve oferecer uma mistura de ambas. A Dra. Maryellen Weimer lista cinco valores essenciais que a aprendizagem em grupo proporciona:[14]

- *Os alunos realmente aprendem o conteúdo*: quando trabalham o conteúdo em grupo, os alunos descobrem coisas por conta própria em vez do professor lhes dizer o que precisam saber.
- *Os alunos entendem o conteúdo*: quando tentam explicar determinados itens uns para os outros, defender um argumento ou justificar uma conclusão, tornam mais claro, por meio dessa interação, seu próprio pensamento e isso, com frequência, esclarece o modo de pensar dos outros.
- *Os alunos aprendem a trabalhar em grupo*: membros produtivos do grupo chegam prontos, contribuem para a interação do grupo, apoiam uns aos outros e produzem bons trabalhos no tempo correto.
- *Os alunos aprendem o valor das decisões em grupo*: se os alunos fizerem um teste individual e em seguida realizarem o mesmo teste em grupo, o valor do teste em grupo é quase sempre maior porque os alunos compartilham o que sabem, debatem as respostas e, por meio desse processo, podem encontrar o caminho para a resposta certa.
- *Os alunos aprendem a trabalhar com os outros*: o trabalho em grupo ajuda os alunos a aprender a trabalhar com outras pessoas fora do seu círculo de amigos, incluindo ainda aqueles com diferentes histórias e experiências.

EM IDADES DIFERENTES

Os estudantes são incentivados a aprender em grupos de idades diferentes?

Diferentes alunos aprendem diferentes assuntos em diferentes ritmos. Em geral, as crianças são ensinadas nas escolas por faixas etárias específicas. Misturar crianças de diferentes idades pode ser benéfico para todas elas. Turmas com alunos de idades variadas têm a vantagem de agrupá-los de acordo com o grau de domínio de um tema em vez de sua idade cronológica, o que ajuda aqueles que têm um pouco mais de dificuldade com uma tarefa ou ideia específica. Os mais jovens podem se beneficiar do maior grau de sofisticação dos mais velhos, que reforçam sua própria aprendizagem ao ajudar os mais jovens a aprender.

Lilian G. Katz é professora emérita de educação infantil na University of Illinois em Urbana-Champaign. Ela observa que, embora os seres humanos não nasçam em ninhadas, insistimos em educá-los em grupos de mesma idade. O objetivo de misturar o agrupamento de faixa etária é "aproveitar as diferenças de experiência, conhecimento e capacidades das crianças". As turmas mistas oferecem às crianças a oportunidade de ajudar umas às outras. As crianças pequenas "precisam de contextos reais em que suas disposições para auxiliar umas às outras possam se manifestar e ser reforçadas". Elas precisam ser expostas a diferentes modos de aprendizagem: quanto mais ampla for a variação de idade em um grupo, maior a aceitação e a tolerância dos adultos e das próprias crianças diante da variação de comportamento e desempenho. Elas precisam de uma participação social mais intensa. Em um grupo misto, ela argumenta, "crianças mais jovens são capazes de participar e contribuir em atividades bem mais complexas do que seriam capazes se agissem sozinhas".[15]

Algumas escolas de ensino fundamental estão introduzindo turmas de idades diferentes que permanecem juntas ao longo dos anos com o mesmo professor. Os benefícios potenciais para os alunos são um tempo de aprendizagem maior, pois o professor não precisa conhecer cada aluno no início de cada ano escolar; um foco maior na aprendizagem em seu próprio ritmo e um senso maior de companheirismo com seus colegas. Nas escolas de ensino médio dos Estados Unidos, turmas com diferentes idades são relativamente comuns. Não é raro que um aluno da 2ª série do ensino médio se matricule em uma disciplina de francês da 3ª série, por exemplo, ou que alunos de três anos diferentes frequentem a mesma turma eletiva de ciências. Estudantes em turmas de diferentes idades aprendem no mínimo tão bem quanto aqueles de turmas de uma única faixa etária.

AVALIAÇÃO

A escola apresenta uma abordagem aberta e informativa para a avaliação?

Como a escola avalia o progresso dos seus filhos? Se a avaliação é realizada apenas por testes padronizados, existe uma possibilidade de qualquer dificuldade que eles possam ter não ser identificada até que seja tarde demais para fazer algo produtivo a respeito. O que eles estão fazendo para identificar o progresso e as realizações específicos do seu filho? Qual a importância que eles atribuem às percepções do professor do seu filho e às suas próprias observações? Qual é a importância atribuída às notas do seu filho em testes padronizados para o modo como ele é visto como aluno e para o mundo como ele ou ela são desafiados e apoiados? Alguma atenção é dada aos seus pontos fortes e fracos durante a avaliação?

Boas escolas utilizam tanto avaliações formativas, que oferecem informações e *feedback* a alunos, professores e pais ao longo do estudo, quanto avaliações somativas, que relatam suas realizações ao final do estudo. No Capítulo 8 abordaremos algumas maneiras novas e melhores de oferecer ambos os tipos de avaliação.

A maioria dos professores prontamente oferece apoio adicional aos alunos que precisam, mas se as escolas dificultam esse processo, forçando o professor a avançar pelo currículo rapidamente (algo que está acontecendo cada vez mais nas escolas devido às pressões estaduais e federais), essa ajuda adicional pode não ser possível.

UM HORÁRIO FLEXÍVEL

O horário escolar é variado e flexível?

A maioria das escolas tem um horário fixo, que diz a todos onde eles devem estar, quando e por que. Até recentemente, planejar o horário até mesmo de uma escola pequena era um desafio logístico e para uma grande escola era a garantia de uma dor de cabeça. Dar a todos os alunos seus próprios horários individuais parecia algo impossível e o resultado há muito tempo tem sido a familiar inflexibilidade do típico dia escolar. O problema é que os alunos aprendem em diferentes ritmos, de acordo com o que estão fazendo, e na prática, as atividades com frequência não se encaixam de modo perfeito em intervalos de tempo predeterminados.

Há muito tempo existem razões educacionais fortes para considerar tais diferenças na adoção de horários mais flexíveis nas escolas. A boa notícia é que as tecnologias digitais agora tornam isso possível e cada vez mais as escolas estão fazendo uso. Em algumas escolas, cada aluno tem o seu horário e um portfólio de avaliação pessoal para registrar e apoiar o que faz. Isso não significa que eles trabalhem sempre sozinhos, significa que trabalham de acordo com seu próprio ritmo e com grupos de outros estudantes, independentemente de suas idades, pois estão trabalhando os mesmos temas e projetos.[16]

UM AMBIENTE SEGURO E ESTIMULANTE

A escola é um local seguro e revigorante para os alunos e a comunidade?

As escolas com frequência funcionam com orçamentos e recursos limitados, mas estive em escolas em áreas carentes que emitem vibração, orgulho e solidariedade profunda por qualquer pessoa que passe por seus corredores. Estive em escolas em bairros privilegiados que pareciam antissépticas e sem alegria. Como a escola se apresenta para seus alunos? Ela se parece mais com um lugar alegre de aprendizagem ou uma instituição fria? Suas paredes são decoradas com os trabalhos de arte dos alunos e apresentam uma atividade vibrante? Seus filhos estarão lá sete horas por dia. Como o cenário afetará seu estado de espírito e sua sede de aprendizagem?

UM SENTIMENTO DE COMUNIDADE

Em que medida e com que eficácia a escola se envolve com a comunidade?

Tente avaliar o sentido de comunidade da escola. Como a escola se envolve com os pais e com a vizinhança? Qual o nível de atividade da organização de pais e professores na escola? Qual a possibilidade de você assistir a uma aula, ajudar nas atividades e compartilhar sua especialidade ou experiência? A escola interage com negócios e centros comunitários da área? Eles estão criando um sentido de comunidade para as crianças?

Eric Schaps fundou o Developmental Studies Center, em Oakland, Califórnia, uma organização que desenvolve programas escolares que combinam objetivos acadêmicos, éticos e desenvolvimento social. Esses programas têm sido utilizados em mais de 150 mil escolas em programas após o horário escolar.[17] Schaps concorda que as escolas com um forte sentido de comunidade oferecem aos alunos um conjunto inestimável de benefícios:

> As escolas com um intenso envolvimento de comunidade tendem a ser academicamente motivadas; a atuar de maneira ética e altruísta; a desenvolver competências sociais e emocionais e a evitar vários problemas de comportamento, incluindo uso de drogas e violência.
>
> Esses benefícios com frequência são permanentes. Pesquisadores descobriram que os efeitos positivos de certos programas de construção de sentimento

comunitário para escolas dos anos iniciais do ensino fundamental persistem nos anos finais do ensino fundamental e no ensino médio. Durante os anos finais do ensino fundamental, os alunos das escolas dos anos iniciais que haviam implantado o Developmental Studies Center's Child Develpment Project apresentaram melhor desempenho do que os alunos de outras escolas em relação aos resultados acadêmicos (maiores médias de notas nos testes), classificação do comportamento pelos professores (maior envolvimento acadêmico, comportamento respeitoso e habilidades sociais) e conduta inadequada relatada pelos próprios alunos (menor índice de condutas inadequadas na escola e menor número de atos delinquentes). Um estudo que avaliou os efeitos duradouros do Seattle Development Social Project – outro programa para escolas do ensino fundamental – com antigos participantes de 18 anos relatou taxas mais baixas de comportamento violento, ingestão excessiva de álcool e atividade sexual, bem como motivação acadêmica e desempenho superiores nos participantes do programa em comparação com grupos de estudantes.[18]

EDUCAÇÃO ALTERNATIVA

Afirmei no Capítulo 1 que você pode melhorar a educação a partir do interior do sistema, que você pode fazer mudanças no sistema ou que você pode educar seus filhos fora do sistema. Um pequeno, mas crescente número de pais está fazendo a terceira opção. Acredito firmemente na educação pública e passei toda a minha vida profissional fazendo a sua defesa. Ainda assim, você pode achar que seus filhos não estão recebendo a educação que precisam na escola local e que, por mais que você tente, não consegue fazer as mudanças que são necessárias a tempo de eles se beneficiarem delas. Nesse caso, você pode decidir explorar alternativas.

Jerry Mintz tem sido um dos líderes em defesa do movimento de escolarização alternativa por mais de 30 anos. Além de ter atuado 17 anos como professor da escola pública e de ter sido diretor de uma escola pública alternativa independente, fundou várias escolas e organizações alternativas. Em 1989, criou a Alternative Education Resource Organization e tem sido seu diretor desde então.[19] Ele sugere dez sinais de que pode ser o momento de procurar uma abordagem alternativa para o seu filho.

1. **Seu filho diz que detesta a escola?** Se for o caso, algo deve estar errado com a escola. As crianças são líderes naturais. Se seu filho diz que odeia a escola, escute-o e descubra por que.
2. **Seu filho acha difícil olhar um adulto nos olhos ou interagir com crianças mais jovens ou mais velhas?** Se for o caso, ele pode ter sido

socializado para interagir apenas em sua faixa etária e não com um grupo mais amplo de pessoas.

3. **Seu filho parece fixado em marcas famosas e em usar roupas da moda na escola?** Esse é o sintoma de uma cultura que enfatiza valores externos e não internos, fazendo as crianças utilizarem meios de comparação e aceitação rasos.

4. **Seu filho chega da escola cansado e mal-humorado?** Os alunos podem ter dias ruins em qualquer escola, mas exaustão e irritabilidade persistentes podem ser sinais de que a educação não está energizando esses alunos, mas debilitando-os.

5. **Seu filho se queixa de conflitos ou de situações injustas na escola?** Isso significa que a escola não tem uma abordagem centrada no aluno para a resolução e comunicação de conflitos. Muitas instituições se baseiam na resolução de problemas feita por adultos e de modo rápido, não levando em conta a capacidade das crianças em discutir e resolver a situação de modo ponderado.

6. **Seu filho perdeu o interesse em expressões criativas como arte, música e dança?** O desprezo pelas artes frequentemente desvaloriza ou extingue esses talentos e interesses nas crianças.

7. **Seu filho parou de ler ou escrever – ou de manter um interesse especial – apenas por diversão?** Eles estão investindo o mínimo no dever de casa? A ênfase em alcançar as exigências dos testes padronizados pode resultar em uma crescente apatia em relação a outras atividades que outrora foram estimulantes e em uma perda de criatividade.

8. **Seu filho adia o dever de casa até o último minuto?** Esse é um sinal de que o dever de casa não está realmente atendendo às necessidades dele: talvez seja "trabalho para mantê-los ocupados", que pode estar asfixiando sua curiosidade natural.

9. **Seu filho volta para casa entusiasmado sobre alguma coisa que aconteceu na escola naquele dia?** Se não for o caso, talvez nada na escola seja estimulante para seu filho. Escola e ensino devem ser divertidos, vibrantes e motivadores.

10. **A escola sugeriu que seu filho deveria receber um medicamento regulador de comportamento?** Seja cauteloso diante desses diagnósticos e tenha em mente que boa parte do currículo da escola tradicional atualmente envolve controle comportamental. Se a expectativa é que os alunos fiquem sentados cinco ou seis horas por dia recebendo pouca atenção pessoal e tendo baixa interação, pode ser o momento de retirar seu filho dessa situação.

Nenhum desses sinais isoladamente deve ser considerado como um motivo para pânico, mas se observou vários deles de modo consistente, Jerry defende que pode ser o momento de explorar alternativas. Quais são? Existem várias opções, tanto públicas quanto privadas. Nos Estados Unidos, por exemplo, muitos sistemas escolares públicos têm programas alternativos. Existem duas abordagens gerais:

- *Programas Públicos de Escolha:* são abertos a qualquer aluno da comunidade e às vezes são chamados de Escolas Dentro de Escolas.
- *Programas de Público em Risco:* destinados a crianças que apresentam uma série de problemas na adaptação à escola. Alguns deles são adequados às necessidades individuais e são muito acolhedores; outros se assemelham a centros de detenção e oferecem poucos benefícios.

Destaquei anteriormente o crescimento das *charter schools*, escolas-ímã e escolas privadas. Elas incluem mais de 4.500 escolas montessorianas, baseadas na abordagem experiencial desenvolvida pela Dra. Maria Montessori e centenas de escolas Waldorf e outras assim chamadas escolas progressistas, que procuram de diferentes maneiras oferecer o equilíbrio adequado entre os vários *componentes de excelência*. Existem centenas de escolas alternativas em que pais e alunos assumem a responsabilidade ativa por sua própria educação. Elas são frequentemente chamadas de escolas democráticas, *free schools* ou *Sudbury schools*. Mintz é o autor de *School's over: how to have freedom and democracy in education*, que recomendei como uma visão geral valiosa sobre a história, a prática e os valores da educação alternativa, em especial democrática.[20]

No prefácio daquele livro, enfatizo que as escolas democráticas são radicalmente diferentes das escolas convencionais. Em escolas totalmente democráticas, os alunos têm poder executivo para decidir sobre sua própria aprendizagem e sobre todas as decisões que os afetam, incluindo o modo como a escola é administrada, os horários, o currículo, as avaliações, as instalações e até as contratações. Escolas democráticas podem parecer exatamente o oposto da natureza prisional dirigida por adultos de boa parte da educação convencional. De muitas maneiras elas são. Elas também são a materialização dos princípios que os sistemas escolares de todas as partes em geral dizem defender: a necessidade de desenvolver aprendizes independentes, de cultivar talentos diversos, de produzir cidadãos inteligentes, solidários e produtivos. Isso é especialmente evidente no trabalho de Yaacov Hecht.

Yaacov é um educador visionário e um líder internacional da educação democrática. Em 1987, em Hadera, Israel, ele fundou a primeira escola do mundo que se autodenominou democrática. Desde então, ajudou a criar uma rede de escolas democráticas e organizou a primeira Conferência Internacional de Educação Democrática (IDEC), que conecta educadores, escolas e organizações. Hoje, existem centenas de escolas democráticas em todo o mundo, das quais quase 100 se encontram nos Estados Unidos, incluindo a Brooklyn Free School, em Nova York; a Farm School, em Summertown, Tennessee; e a Youth Initiative High School, em Viroqua, Wisconsin. Yaacov também foi um dos cofundadores das Education Cities – the Arts of Collaboration, uma organização que integra de forma completa as escolas aos sistemas e recursos das cidades de que fazem parte.[21] Em seu livro *Educação democrática* ele estabelece os componentes principais de uma escola democrática, os quais incluem:

- Escolha das áreas de aprendizagem: os alunos escolhem o que querem aprender e como.
- Autogestão democrática.
- Avaliação centrada no indivíduo – sem comparação com outros alunos e sem testes e notas.

A educação democrática depende de um respeito compartilhado pelos indivíduos, empatia pelas necessidades do grupo e comprometimento de toda a comunidade com os objetivos comuns e bem-estar mútuo. Longe de ser uma alternativa à educação convencional, esses valores deveriam estar no centro de qualquer escola. Eles são, afinal de contas, o que a democracia deveria ser.

Educação domiciliar (*Homeschooling*)*

Um número pequeno, mas crescente, de pais está assumindo o controle direto da educação dos seus filhos por meio da educação domiciliar ou da desescolarização. Cerca de 3% de todas as crianças em idade escolar nos Estados Unidos são escolarizadas em casa atualmente e essa porcentagem tende a crescer. Quais são os atrativos da educação domiciliar?

Para começar, você tem um conhecimento próximo dos interesses e das personalidades dos seus filhos, o que significa que você pode adequar as

---

* N. de E. No Brasil, o projeto de lei que regulamenta a educação domiciliar ainda está em tramitação no Congresso Nacional.

atividades exatamente para eles. Você pode ser flexível no modo de organizar a sua aprendizagem. Os defensores da educação domiciliar frequentemente afirmam que seus dias escolares são consistentemente mais curtos do que o dia escolar tradicional. Como organizam seu próprio tempo e ajustam o ritmo do dia de acordo com as atividades, acreditam que obtêm um rendimento igual ou superior. Embora alguns possam pensar que as horas ensinando seus filhos podem ser o mesmo que testá-los de outras formas, muitas famílias que escolarizam seus filhos em casa relatam um aprofundamento dos laços familiares. Crianças escolarizadas em casa têm mais oportunidade de aprender e agir independentemente e de fazer escolhas sobre o que desejam aprender.

Como não estão presas a uma localização específica, muitos estudantes escolarizados em casa podem viajar mais do que seus colegas e explorar o mundo à sua volta. Eles também têm mais oportunidades de realizar atividades físicas e de brincar.

Há duas questões comuns sobre as desvantagens potenciais da educação domiciliar. Uma delas se refere ao fato de as crianças escolarizadas em casa deixarem de construir relacionamentos sociais com outros jovens. Na prática, as famílias com frequência se reúnem para realizar a escolarização em casa, unindo recursos para ampliar as redes sociais dos seus filhos e as suas próprias. Segundo Jerry Mintz, quase todos os escolarizadores domésticos são parte de algum grupo voltado para esse tipo de educação. Alguns desses grupos se reúnem em centros de recursos de educação domiciliar, que funcionam durante até quatro ou cinco dias por semana.

Outra questão é se esses alunos se encontram em desvantagem em termos de obtenção das qualificações convencionais. As famílias adotam várias abordagens. Algumas tentam criar *uma escola dentro de casa*, com um currículo padrão. Outras adotam um currículo desenvolvido por uma escola guarda-chuva, que ajuda os pais a criarem seu próprio currículo, os deveres de casa e os ajudam com qualquer tipo de documentação necessária. Nem todas as famílias estão interessadas que seus filhos façam testes convencionais ou que sigam os caminhos tradicionais para a faculdade. Às vezes, escolhem a educação domiciliar exatamente para evitá-los. Aqueles alunos que fazem os testes convencionais podem ter um desempenho tão bom quanto ao das crianças que não recebem educação domiciliar, de acordo com suas capacidades e dedicação.

A educação domiciliar não é para todos. Muitos pais não podem deixar seus empregos (ou não desejam fazê-lo) e se concentrar na educação dos filhos. Outros não acham que têm as habilidades necessárias para isso.

Algumas famílias relatam experiências maravilhosas com a educação domiciliar, outras não, depende muito do quanto os pais e as crianças estão preparados e de quanto se dedicam a tudo que está envolvido. Ensinar, como veremos no próximo capítulo, envolve mais do que entusiasmo. Os melhores escolarizadores domésticos sabem disso e trabalham muito para desenvolver conhecimento e experiência, assim como os professores de seus filhos. Se você estiver pensando em escolarizar seus filhos em casa, há vários recursos *on-line* para buscar apoio.[22]

Desescolarização

"O melhor sábado de todos os tempos... o dia com que sonham as pessoas que estão presas na escola". É assim que a blogueira Sandra Dodd descreve um dia comum de desescolarização.[23] A desescolarização é um tipo de educação domiciliar que abandona totalmente as aulas formais. Estima-se que 10% dos escolarizadores domésticos sejam desescolarizadores. Como as crianças são aprendizes naturais, o pressuposto do movimento de desescolarização é que sua curiosidade as levará a descobrir as ferramentas que precisam para navegar pelo mundo e lhes permitir aprofundar-se nas áreas que realmente as interessam.

Ao contrário da maioria das crianças escolarizadas em casa, os desescolarizados não recebem um currículo dos seus pais ou de outros adultos, a menos que elas o busquem ao terem uma aula de música, cursarem um programa de linguagem, instrução em artes, ou qualquer outra oferta que esteja disponível em ambientes não escolares. Os pais baseiam sua abordagem no interesse da criança em vez de em um currículo predeterminado. Como Jerry Mintz destaca, em alguns casos, o currículo "é planejado retroativamente, mantendo os registros das atividades ao longo do ano e ao final do processo dividindo as experiências nas áreas de conhecimento adequadas". Desescolarizadores não tendem a realizar quaisquer tipos de testes e geralmente não concordam com os parâmetros de graduação estatais.[24]

"As crianças fazem coisas reais ao longo de todo o dia". Earl Stevens, coautor de *The unschooling unmanual* escreveu: "[...] em um ambiente doméstico de confiança e apoio, 'fazer coisas reais' invariavelmente resulta em desenvolvimento mental saudável e conhecimento valioso. É natural para as crianças ler, escrever, brincar com números, aprender sobre a sociedade, conhecer o passado, pensar, imaginar e tudo o que a sociedade tenta de modo tão infrutífero forçá-las a desenvolver no contexto da escolarização".[25] Stevens mencionou que seu próprio filho revelou um interesse precoce pela leitura e pela linguagem ao ponto de ele se sentir motivado a não intervir nessa experiência de modo algum. Inglês se tornou a *matéria* favorita do seu filho embora ele não tenha passado um único momento dentro de uma turma de inglês.

O professor Peter Gray realizou uma pesquisa entre os adultos desescolarizados para avaliar seu grau de sucesso no mundo. A maioria esmagadora dos que responderam à pesquisa afirmou que as vantagens eram muito maiores do que as desvantagens e que acreditavam que a desescolarização os havia ajudado a serem automotivados. Uma preocupação comum no grupo era lidar com as opiniões dos outros. Enquanto alguns se sentiam isolados devido à desescolarização, uma vez que a maioria dos seus colegas estava na escola, muitos disseram que sua capacidade de interagir com pessoas de todas as idades (em oposição a estar em uma sala de aula com pessoas da mesma idade) havia sido um benefício real. Mais de 80% dos que responderam seguiu para algum tipo de ensino superior, com mais da metade se formando na faculdade ou a caminho de se formar e alguns obtendo diplomas das universidades da Ivy League.* De maneira interessante, enquanto alguns consideraram a faculdade academicamente difícil, vários observaram que a estrutura lhes pareceu estranha.[26]

Para trás e para a frente

Em *Escolas criativas*, enfatizei que a personalização da educação poderia soar como algo revolucionário, mas que essa revolução não era nova. Ela tem raízes profundas na história da educação. Muitas pessoas e instituições defenderam formas de educação que acompanhassem os ritmos naturais de desenvolvimento das crianças e a importância dessas formas de educação na geração de sociedades mais justas e civilizadas. Esses defensores e praticantes vieram de muitas culturas e perspectivas diferentes. O que eles têm em comum é "uma paixão por estruturar a educação em torno do modo como as crianças aprendem e do que elas precisam aprender para formar a si próprias".[27]

Rudolf Steiner, por exemplo, era um filósofo austríaco e um reformador social que desenvolveu uma abordagem humanista para a educação que representou os fundamentos da Steiner Waldorf School Fellowship.

---

* N. de T. Ivy League ou Ivory League é um grupo formado por oito das universidades mais prestigiadas dos Estados Unidos: Brown, Columbia, Cornell, Dartmouth, Harvard, Princeton, Pennsylvania e Yale.

A abordagem de Steiner foi construída em torno das necessidades individuais da criança *como um todo* – cognitivas, físicas, emocionais e espirituais. A primeira escola Steiner foi aberta em 1919 e hoje existem aproximadamente três mil delas em 60 países.[28]

A. S. Neill fundou a Summerhill School na Inglaterra em 1921, criando um modelo para todas as escolas democráticas que vieram posteriormente. A filosofia da escola é "[...] proporcionar liberdade individual, cada criança sendo capaz de assumir a responsabilidade por sua própria vida e de seguir seus próprios interesses para se transformar na pessoa que ela desejar. Isso resulta em maior autoconfiança e na aceitação real delas como indivíduos".[29]

Maria Montessori era médica e educadora, começou sua carreira como educadora em San Lorenzo, Itália, no início do século XX, trabalhando com crianças pobres e desfavorecidas. Existem agora mais de 20 mil escolas montessorianas em todo o mundo, que seguem a abordagem de Montessori no ensino e na aprendizagem. Uma delas é a Park Road Montessori, uma maravilhosa escola pública de ensino fundamental em Charlotte, Carolina do Norte, que eu tive o prazer de visitar. Como as normas dessa escola deixam claro, os métodos de Montessori são baseados em vários princípios centrais:

- *Movimento e cognição:* no método Montessori as letras são aprendidas desenhando-as em lixas enquanto seus sons são pronunciados em vez de simplesmente do reconhecimento visual; conceitos matemáticos são introduzidos com materiais que mostram como as operações matemáticas funcionam; a geografia é aprendida por meio da construção de mapas.
- *Escolha e controle:* a educação montessoriana oferece às crianças escolha e controle consideráveis sobre suas atividades. Elas não estão livres para ter um comportamento inadequado ou não seguir partes do currículo, mas a cada dia elas escolhem o que trabalhar, com quem trabalhar e por quanto tempo. A escolha desenvolve a criatividade, o bem-estar e a velocidade e a capacidade de resolução de problemas.
- *Interesse e curiosidade:* a educação montessoriana tem início com os interesses pessoais dos aprendizes e é estruturada para permitir que eles desenvolvam esses interesses. Montessori elaborou materiais e aulas específicos para estimular os interesses e a curiosidade das crianças.
- *Recompensas intrínsecas:* prêmios e punições são incentivos ao esforço não natural ou compulsório. A educação montessoriana mantém as recompensas em um nível intrínseco e monitora o desempenho com

materiais autocorretivos, correção pelos colegas e observações dos professores. Não há notas ou testes.

- *Colaboração:* as crianças aprendem bem quando colaboram e quando aprendem a se relacionar melhor com os colegas, o que cria um ambiente mais positivo em sala de aula. A educação montessoriana se beneficia da tutoria pelos colegas, que favorece tanto o tutor quanto aquele que está sendo tutorado.
- *Contexto:* os materiais práticos da educação montessoriana demonstram às crianças a aplicabilidade do que aprenderam e por que diferentes procedimentos funcionam. Conceitos matemáticos, o estudo da literatura, as ciências etc., são todos apresentados em seu contexto histórico.

Essas e outras abordagens à aprendizagem personalizada são agrupadas, de forma frequente, sob a bandeira geral da *educação progressiva*, que alguns críticos imaginam que seja o oposto da *educação tradicional*. A história da educação tem sido uma oscilação entre esses supostos polos antagônicos. O movimento de padronização é o último giro. Meu argumento nesse caso, como em outros momentos, é que a educação eficaz seja um equilíbrio entre rigor e liberdade, tradição e inovação, indivíduo e grupo, teoria e prática, mundo interior e mundo exterior. E esse equilíbrio é, afinal de contas, o que todos deveríamos desejar para todos os nossos filhos.

APRENDIZAGEM E ENSINO

Abordamos anteriormente os componentes da excelência em boas escolas. No centro deles se encontra a qualidade do ensino. Uma escola pode apresentar um currículo maravilhoso e uma abordagem sofisticada para a avaliação, mas seu valor depende do modo como seus filhos aprenderão e isso tem tudo a ver com seus professores.

7

Vá à fonte

Quem foram seus professores favoritos quando você estava na escola? Não me recordo de todos, mas alguns ainda permanecem após todos esses anos; alguns por suas excentricidades, outros por seu ensino inspirador, alguns, por ambos. No meio do ensino médio, Davis era o nosso professor de latim, um homem pálido e de rosto fino, na casa dos 60 anos, que parecia um irmão mais velho do Mr. Bean. Ele era desgrenhado como muitos acadêmicos e impressionantemente erudito. Quando ele falava, embalava a bochecha em sua mão levantada, como se estivesse se consolando, o que ele provavelmente estava. Ele o fazia quando estava sentado, com seu cotovelo apoiado sobre a mesa. O que me intrigava era que ele continuava fazendo isso mesmo quando se levantava e andava pela sala, parecendo uma manobra ainda mais desajeitada.

Ele sempre segurava um pequeno bastão, como a varinha de um mágico, que apontava para qualquer lugar de seu interesse, alguma coisa no quadro ou para um aluno desatento. Quando ele fazia uma pergunta, ficava em pé em frente a você e tocava o bastão ameaçadoramente em sua mesa enquanto esperava, como um louva-a-deus, pela resposta. Era uma técnica própria, mas ele concentrava a turma maravilhosamente. Eu aprendi muito de latim desse modo.

Nos últimos dois anos do ensino médio, estudamos inglês com o professor Bailey, um homem calmo e digno de grande presença e autoridade. Ele também estava no final de sua carreira e passava a maior parte do tempo estudando e ensinando os textos clássicos da literatura inglesa. Era capaz de recitar, quando solicitado, frases inteiras de Shakespeare, Milton e poetas românticos. Em nossa primeira aula, ele disse que seu objetivo no ano seguinte seria convencer-nos de que *Antônio e Cleópatra* era a melhor peça já escrita em inglês. Ele quase conseguiu. Ao final dos nossos dois anos juntos, o questionamos sobre uma lista de dez livros de literatura inglesa que devêssemos ler. Eu perdi essa lista ao longo dos anos, mas recordo-me que o primeiro da lista era a Bíblia King James. Ele havia nos estimulado a ler esse livro, não apenas por seu conteúdo religioso – que era uma questão pessoal para cada um de nós – mas, principalmente por sua beleza inigualável de linguagem escrita.

O professor Bailey me impressionou de diversas maneiras, não apenas porque ele era cego. Suas notas de revisão eram escritas em Braille em finos rolos de papel, como uma fita de telégrafo, que ele desenhava com sua ponta dos dedos, à medida que falava. Eu tentava imaginar as dificuldades que ele enfrentou para perseguir sua paixão pelas letras, livros e arquivos impressos.

A IMPORTÂNCIA DOS PROFESSORES

Alistair Smith trabalhou com professores em todo o mundo. Em seu livro *High performers: the secrets of successful schools*, afirma que "[...] os estudantes com os melhores professores nas melhores escolas aprendem três vezes mais a cada ano que os estudantes com os piores professores nas piores escolas... investir na qualidade do ensino e dos professores é a melhor opção".[1] Esperamos muito dos professores e com boas razões. Eles também esperam algo de nós.

AS DEMANDAS DOS PROFESSORES

O principal papel de um professor é ajudar os estudantes a aprender. Isso pode parecer óbvio, mas os professores despendem muito tempo realizando outras tarefas. Eles precisam fazer planos de aula de acordo com a política da escola e com as demandas das legislações local e federal. Precisam avaliar o trabalho dos alunos, que pode consumir muitas horas após as aulas e fins de semana. Têm um grande trabalho de rotina, de manutenção de registros, redação de relatórios e participação de reuniões, além de gastar uma quantidade excessiva de tempo aplicando provas. Eles precisam lidar com os problemas comportamentais e as tensões entre os próprios estudantes. No ensino médio, podem trabalhar com centenas de estudantes a cada semana. Podem substituir professores ausentes e, com frequência, assumem diversos outros compromissos – executam programas após o horário escolar, montam equipes esportivas, ensaios ou *performances*. Sem contar que também têm uma vida particular fora da escola.

Além disso, ensinar é uma profissão extremamente exigente. Para ser um bom professor é preciso conhecimento, habilidades e paixão pelas conquistas dos alunos. Assim como advogados, médicos e dentistas, existem professores que gostariam de estar fazendo qualquer outra coisa, mas, em minha experiência, a maioria é muito comprometida com o sucesso de seus alunos, o que é uma grande responsabilidade, e os bons professores o fazem com prazer e seriedade. É importante, quando lidarmos com os professores de nossos filhos, respeitar seu profissionalismo e saber das pressões que eles enfrentam com estudantes, administradores da escola, políticos e outros pais. Desse modo, o que devemos esperar dos professores de nossos filhos e como suas funções se correlacionam com suas funções de pais?

ENSINANDO E APRENDENDO

O ato de aprender é semelhante à prática de exercícios físicos. Nenhuma pessoa pode fazer por você. É um desafio pessoal e consome energia e comprometimento para realizá-lo, e realizá-lo bem. Você pode ir para uma academia seis horas por dia, cinco dias por semana, mas se não se esforçar, você não ficará em forma. Se você persuadir alguém a se exercitar em seu nome, ele pode ficar mais em forma, mas você não. Se você, a contragosto, levantar alguns pesos ou fizer algumas flexões de rotina, poderá obter algum benefício, mas muito menos do que se tivesse tido um compromisso adequado.

Seus filhos podem ir para a escola e sentar na sala de aula o dia todo, mas ninguém poderá aprender por eles. Eles podem pular as atividades, tomar o caminho mais curto ou pedir que você ou alguma outra pessoa faça o dever de casa para eles. No entanto, para obter o máximo da educação, precisam aprender e depois fazer sozinhos. Não existe procuração. O papel dos professores é motivá-los e ajudá-los em sua aprendizagem.

O PAPEL DOS PROFESSORES

Se eu lhe perguntasse um sinônimo para *ensinar*, o que você responderia? Uma palavra que com frequência nos surge é *instruir*. Outra é *explicar*. Se você tivesse que desenhar alguém *ensinando*, o que você desenharia? Frequentemente, colocamos um professor em pé em frente a uma turma de alunos, dirigindo-se a todos eles. Algumas vezes os professores fazem assim, outras não. Às vezes, o melhor modo para ajudar os estudantes a aprender algo é explicando para toda a turma. Por exemplo, se o tópico for verbos irregulares, idiomas linguísticos, datas históricas ou outras formas de conhecimento propositivo, uma explicação direta pode ser o melhor método de ensino. Falar para todos ao mesmo tempo faz todo o sentido.

Se a aula for sobre técnicas específicas em matemática, ciências, música, arte ou esportes, a demonstração instrucional pode ser mais adequada. Os alunos ainda terão que aprendê-las, e o farão com todas suas forças e fraquezas. Os melhores professores personalizam a abordagem para cada um de seus alunos, com frequência trabalhando com grupos menores ou individualmente, a fim de oferecer o apoio adequado. A necessidade de personalizar a educação é uma das razões porque ensinar é mais do que instruir toda a turma. Outra razão é que educar é mais do que transmitir um conhecimento propositivo.

Se retornarmos para os objetivos e propósitos da educação e para as oito competências que sugeri, veremos que muito daquilo que desejamos aos nossos filhos não vem apenas da instrução. Virá também de prática, experiência, debates, reflexão, relacionamento, desafios e inspiração. Os melhores professores sabem disso e de quantos papéis eles desempenham, não apenas o de instruir. A seguir, destaco quatro desses papéis.

Capacidade

Enxergo uma analogia entre educação e agricultura. Fazendeiros e jardineiros sabem que as plantas crescem sob determinadas condições. Eles sabem que não fazem as plantas crescerem – eles não prendem as raízes e pintam as folhas – elas crescem por si mesmas. O papel dos jardineiros é proporcionar as melhores condições para que isso possa ocorrer. O mesmo acontece com a educação. Os melhores professores sabem que não fazem as crianças aprenderem; sabem que o seu papel é criar as melhores condições para que isso ocorra.

Os professores mais experientes têm um repertório de técnicas, e a instrução direta é apenas uma delas. Eles adaptam suas abordagens às necessidades do momento: algumas vezes, instrução para toda a turma, outras, facilitando atividades em grupo e, ou ainda, um apoio individual. Os melhores professores utilizam avaliação, flexibilidade, criatividade e conhecimento para trabalhar melhor aqui e agora com os alunos em cada situação.

Engajamento

Os melhores professores mantêm seus alunos envolvidos, curiosos e entusiasmados em aprender. Inspiram os estudantes a alcançarem seus melhores níveis. Incutem alegria para a aprendizagem, uma visão de que o tempo de aula e o trabalho que vem com ele como algo a ser esperado, em vez de suportado. Desencadeiam faíscas de curiosidade na sala de aula, sendo que nunca sabem o que essas faíscas acenderão.

Sarah M. Fine é professora, pesquisadora e orientadora vocacional. Ela argumenta que a chave para um engajamento profundo no ensino médio é uma *brincadeira intelectual*. Os professores que oferecem tarefas abertas e projetos que envolvem riscos intelectuais têm maior probabilidade de ter alunos engajados de forma consistente, que aguardam ansiosamente as aulas e que trabalham muito quando estão lá. "Os estudantes descrevem seus professores como aliados, não como vingativos ou mestres de tarefas", ela escreve. "De forma notável, a palavra *tédio* estava ausente nas descrições das tarefas em sala de aula".[2] Imagine, como disse anteriormente, educar e aprender como uma reciprocidade, e tente se colocar como aluno e como professor. Há pouco tempo, falei com um grupo de estudantes e um deles me disse: "Alguns de nossos professores são realmente chatos. O que podemos fazer em relação a isso?". Respondi: "Você não pode dizer isso de todos os seus professores. Se você está entediado, sempre há algo a fazer. Você não pode apenas se sentar em frente do professor e pensar 'Então, faça algo interessante'. É a sua educação. Interesse-se e assuma suas responsabilidades".

A Dra. Judy Willis é neurologista, foi professora do ensino médio e de educação no ensino superior. Ela acredita que os momentos mais criativos, construtivos e os momentos *ahá!* ocorrem com maior frequência em uma atmosfera de *descoberta exuberante*, na qual os estudantes de todas as idades mantêm o mesmo entusiasmo de quando estavam no jardim de infância, em que abraçavam diariamente a alegria em aprender.[3] Christopher Emdin é professor associado na Escola de Formação de Professores da Columbia University e fala sobre a *pedagogia pentecostal*, utilizando as habilidades do pastor para estimular o engajamento dos estudantes na sala de aula:

> O pastor bate no púlpito para chamar a atenção. Ele coloca sua voz em um volume muito alto quando deseja que as pessoas prestem atenção e essas habilidades são as que necessitamos para professores engajados. Então, porque a formação docente fornece apenas teorias e teorias e fala somente sobre padrões que não têm nada a ver com habilidades básicas, sobre a mágica que você necessita para

> prender a audiência e conquistar o estudante? Podemos nos concentrar sobre o conteúdo, podemos nos concentrar em teorias, mas conteúdos e teorias na ausência da mágica de ensinar e aprender não significam nada.[4]

É uma boa analogia, e ele está certo em apontar as possibilidades transcendentes de um bom ensino. Praticando de forma adequada, ensinar é uma forma de arte, que pode inspirar os estudantes a níveis mais elevados de realizações, além do possível. De modo indireto, a analogia com o pastor também destaca uma característica pessoal do estilo de ensinar. Como todo mundo, alguns professores são extrovertidos, até animadores bombásticos; outros são quietos, introvertidos e conceituados. Meu professor de inglês, prof. Bailey, era um educador excepcional, em seu próprio modo, mas não consigo imaginá-lo falando gírias.

Empoderamento

Empoderar é tornar alguém mais forte e mais confiante. A confiança é um sentimento de autossegurança, baseado nas habilidades e nas qualidades do indivíduo. Há uma diferença entre autoconfiança e o que podemos chamar de confiança prática. A autoconfiança é um senso geral de acreditar em você mesmo, que o permite enfrentar as situações com um sentimento de equilíbrio e adequação. A confiança prática relaciona-se a um contexto específico, que exige habilidades próprias para lidar com a questão.

Recentemente estive em um restaurante chinês. No meio da noite, o chefe trouxe um carrinho para o meio do salão e começou a amassar uma grande bola de massa. Por cerca de 10 minutos, ele enrolou, dobrou e esticou a massa, formando eventualmente, uma longa trança de *noodles* perfeitos. Foi uma *performance* virtuosa, realizada com toda confiança e habilidade. Ele era impressionante, mas isso não significa que ele estaria confiante em ficar de pé ali, tocando um alaúde ou preenchendo um canal radicular diante de todos os clientes. A confiança em uma tarefa específica pode estar limitada a ela; não necessariamente se traduz em outras ou, mesmo, em um senso geral de autoconfiança. Conheço muitas pessoas que brilham em algumas áreas específicas e que são extremamente tímidas em outras.

Há uma diferença entre verdadeira confiança e falsa confiança. A verdadeira confiança baseia-se em uma estima adequada de suas próprias habilidades; a falsa confiança baseia-se em superestimar suas habilidades. O chefe do restaurante tinha uma verdadeira confiança. Você poderia encará-lo enquanto ele trabalhava a massa. Seu sorriso calmo era temperado por anos de prática.

Há várias tabelas de ligas internacionais que colecionam dados de desempenho dos estudantes em exames padronizados, especialmente em literatura e matemática. Os estudantes dos Estados Unidos estão na média nessas tabelas, estatisticamente semelhantes aos estudantes do Reino Unido e da Suécia. Em uma pesquisa, os alunos foram perguntados a respeito de seu grau de confiança em ter realizado bem os testes. Os estudantes norte-americanos ficaram em primeiro lugar na escala – um triunfo da falsa confiança.[5]

Falamos no Capítulo 2 sobre a necessidade de estimular a autoestima das crianças e os perigos do elogio injustificado. Encorajar é importante, mas os cumprimentos sem competência podem levar à falsa confiança. O caminho para construir a verdadeira confiança nos jovens não é bajulá-los com superlativos para o que quer que eles façam. É ajudá-los a desenvolver conhecimento, habilidades e qualidades que necessitam para lidar com os desafios que eles enfrentarão.

Os melhores professores empoderam seus alunos de dois modos: cultivam a confiança prática por meio do desenvolvimento de habilidades em suas próprias áreas de especialidade e desenvolvem a autoconfiança trabalhando juntos como uma comunidade de aprendizagem a fim de desenvolverem as habilidades do aluno em todas as oito competências. Dessa forma, ajudam os alunos a adquirir o conhecimento e as habilidades necessários para se tornarem alunos independentes: para experimentar, questionar e desenvolver suas habilidades em um pensamento crítico e criativo.

É exatamente essa compreensão da relação entre ensinar e aprender que apoia o conceito do *poder da aprendizagem*, cujo educador e autor Guy Claxton é um dos criadores. Ele argumenta que a Construção do Poder da Aprendizagem (CPA) é ajudar os jovens a tornarem-se melhores aprendizes, tanto na escola quanto fora dela. Trata-se de cultivar hábitos e atitudes "que capacitem os jovens para enfrentar as dificuldades e incertezas com calma, confiança e criatividade". Os alunos mais confiantes em suas capacidades de aprendizagem "aprendem mais rápido e melhor; concentram-se mais, pensam mais e consideram aprender mais agradável, além de realizar melhor seus testes e exames externos".[6]

Expectativa

Os melhores professores têm as maiores expectativas em relação a seus alunos, e é difícil superestimar o efeito que podem exercer sobre eles. Meu companheiro de escrita, Lou, foi incentivado a se tornar um escritor, a partir de um certo momento, por um professor de inglês do 9º ano do ensino fundamental. Lou não se considerava um escritor de forma alguma, foi apenas algo que fez como tarefa da escola e que foi fácil para ele. Esse professor viu algo em uma peça que Lou escreveu no início do ano letivo e o encorajou a tentar escrever histórias curtas e alguns ensaios. Ele também o escolheu para escrever papéis em projetos da turma. Encontrando seu interesse despertado de um modo que ele não esperava, Lou ficava até mais tarde na escola para receber ajuda extra para trabalhar em sua escrita e, assim, descobriu que se importava mais com esse trabalho do que com qualquer outra tarefa escolar, tanto que não parecia de forma alguma uma tarefa. Se ele tivesse tido outro professor no 9º ano, talvez jamais teria descoberto seu amor por escrever, e sua vida poderia ter tomado um rumo completamente diferente.

ESTILOS DE ENSINAR

Ensinar e aprender não são uma fusão de pensamentos. Os professores não transferem os conteúdos para as mentes de seus alunos, como um *download*. Pelo menos não ainda. Ensinar e aprender são uma reciprocidade. No cerne dessa relação há quatro elementos principais: o *professor*, o *aluno*, o *conteúdo* e o *contexto*. Todos afetam uns aos outros.

No início deste livro, descrevi uma classificação grosseira dos tipos de pais. Os professores também têm seus próprios estilos, que podem ser, em parte, como eles enxergam seus papéis e, em parte, em função de suas personalidades. Há tantos estilos de ensinar quanto existem professores, mas existem alguns tipos mais abrangentes, que podemos facilmente reconhecer. Há alguns anos, o Dr. Anthony Grasha realizou uma ampla pesquisa sobre os estilos de ensinar e encontrou cinco tipos principais, discutindo sobre os prós e os contras de cada um deles:[7]

- *Especialista*: alguém com alto nível de conhecimento específico, que considera ensinar como veículo para transmitir esse conhecimento aos outros. Grasha vê uma vantagem nesse tipo de professor em compartilhar o domínio de uma disciplina. A desvantagem é que, algumas vezes, esse nível de experiência impede que o professor compreenda os desafios que os não especialistas precisam enfrentar para aprender a matéria.
- *Autoridade formal*: esse tipo de professor emana seriedade, concentra-se em seu modo próprio de realizar as tarefas e mantém uma abordagem firme sobre o currículo. A vantagem desse tipo de professor

é que os objetivos da sala de aula são muitas vezes concentrados e bem-definidos; todos sabem o que a turma pretende realizar. A desvantagem é uma tendência à rigidez, que não funciona bem para todos os alunos.

- *Modelo pessoal*: esse professor tende a oferecer dezenas de exemplos dele ou de sua própria vida. Ele mostrará como realizar uma tarefa e, então, incentivará os alunos a seguir essas diretrizes. A vantagem desse tipo de profissional é seu valor prático; a desvantagem é que é problemático para os alunos que não conseguem aprender efetivamente com essa técnica.
- *Facilitador*: esse estilo de professor concentra-se em ajudar os alunos a tornarem-se pensadores independentes, orientando-os para as descobertas. Os facilitadores fazem dezenas de perguntas e funcionam mais como um consultor do que um instrutor. Grasha vê uma vantagem nesses professores, que utilizam esse estilo para atender aos alunos como indivíduos, mas uma desvantagem no tempo que levam e na possibilidade de alguns alunos se sentirem desconfortáveis com a abordagem.
- *Delegador*: esse professor estimula os alunos a trabalharem de modo autônomo, atuando como uma fonte, quando necessário. Grasha considera que isso acelera o desenvolvimento dos alunos como aprendizes independentes, mas adverte que muitos podem não estar prontos para esse tipo de autonomia que o delegador proporciona.

Assim como é verdadeiro para os pais e tipos de pais, a maioria dos professores é mais uma combinação desses estilos que estritamente um ou outro. Como os professores têm estilos e personalidades próprios, alguns podem ter um bom relacionamento com seu filho, e outros não. De qualquer modo, é importante que os professores se conectem com as crianças individualmente e ajudem-nas a aprender da melhor maneira possível.

ALUNOS

A atitude de seus filhos em relação à aprendizagem é afetada por seus sentimentos em relação aos professores: conectam-se com eles pessoalmente, gostam ou respeitam, querem agradá-los. Esses sentimentos podem mudar ao longo do tempo, mas independentemente de como estão nesse momento, é pertinente saber como seus filhos trabalham com esse professor. Como exposto anteriormente, isso é um relacionamento, e as atitudes do professor em relação às crianças são afetadas pelas atitudes das crianças em relação a ele. É da natureza dos relacionamentos que pessoas diferentes exibam diferentes aspectos de cada um. É por esse motivo que somos amigos de algumas pessoas e nos apaixonamos por outras. A mesma criança pode ser um aluno respeitoso com um professor e se confrontar com outro. Quando você é surpreendido com a informação de que seu filho está em constante embate com um determinado professor, é melhor recordar-se que são necessários dois para dançar um tango.

CONTEÚDO

Todas as crianças têm aptidões naturais para algumas atividades e para outras não, gostam de algumas e de outras não. Esses talentos e essas preferências têm uma influência sobre a facilidade com que aprendem as diferentes disciplinas e como gostam delas. Algumas têm naturalmente boa memória para determinados tipos de informação; outras não, e precisam se esforçar mais. Algumas crianças têm facilidade para música ou arte, ou exercícios físicos e dança. Um aluno com uma facilidade natural para determinado assunto não necessita do mesmo tipo de apoio como alguém que se atrapalha com a mesma questão. Um bom professor pode inspirar seu filho a realizar uma atividade que ele previamente não havia mostrado qualquer interesse. Há muitos exemplos de pessoas que descobriram um talento e o perseguiram devido a um determinado professor que as inspiraram e despertaram nelas um especial interesse. É claro que o professor errado pode desestimulá-los de algo que eles sempre amaram.

CONTEXTO

O interesse de seu filho em aprender também é afetado pela cultura da escola. Se seus colegas levam a sério uma atividade ou um professor em particular, há maiores chances de que seu filho também o faça. Se seus colegas o desaprovam ou o ridicularizam, seu filho pode se afastar de vez. Como em todos os relacionamentos, há vários elementos que afetam um e outro, frequentemente de um modo imprevisível. A zombaria dos amigos pode afastar seu filho de uma disciplina que ele costumava amar e esperar ansiosamente. Uma paixão inabalável pode levá-lo a fazer o seu melhor, apesar do professor ou de seus colegas. A complexidade dessas relações é o que torna ensinar uma profissão tão especializada.

O QUE TORNA UM PROFESSOR ÓTIMO?

Como você descreveria um ótimo professor? Para começar, esperamos sensatamente que os professores conheçam alguma coisa que seus alunos desconheçam e que um de seus papéis seja partilhar esse conhecimento. Meu professor de latim, prof. Davis, sabia muito mais latim do que eu, e o seu principal trabalho era nos ajudar a conhecer mais dessa língua. Conhecer bem o que você está ensinando é importante para ser um bom professor, mas não é o suficiente. Os professores precisam ser capazes de envolver, capacitar e empoderar, além de elevar as expectativas de seus alunos. Essas são habilidades profissionais complexas, o que explica porque os oito melhores sistemas escolares – incluindo Finlândia, Canadá, Coreia do Sul, Singapura e Hong Kong – investem tanto na seleção e no treinamento de seus profissionais.

Nos Estados Unidos, muitas *charters schools* renunciaram a isso, o que lhes permite contratar professores que sabem muito sobre o que estão ensinando, mas que que podem não ter as habilidades essenciais para ensiná-lo. Alguns políticos pensam que ter bastante conhecimento sobre um assunto é o suficiente para ser um bom professor. Isso não é verdadeiro.

A Teach for America (TFA) é uma controversa organização sem fins lucrativos que oferece um treinamento de cinco semanas para recém-graduados (muitos dos quais não têm especialização em educação) e oferece-lhes um trabalho de ensino por dois anos, em sua maioria, em escolas pobres e sem recursos. Alguns fazem bem o seu trabalho e permanecem ensinando. Muitos não conseguem e vão fazer outras atividades, com o seu currículo um pouco mais reforçado. Inspirados pela TFA, muitos países criaram iniciativas semelhantes para estimular os melhores recém-formados a passarem algum tempo ensinando em escolas. Entre essas iniciativas está a Teach First, no Reino Unido. O pressuposto é que a principal qualidade que um professor necessita ter é uma boa qualificação acadêmica no assunto que ensinará A evidência da experiência não é verdadeira e nunca foi.

Pela maioria dos critérios, a Finlândia tem um dos sistemas educacionais mais bem-sucedidos do mundo e isso se deve à *expertise* dos professores. Ensinar é uma profissão respeitada naquele país, e há uma intensa competição para conseguir um emprego de professor. Para isso, os candidatos precisam ser graduados em educação em um programa certificado por uma universidade finlandesa, o que leva a um grau avançado baseado em pesquisa. Eles então devem continuar seus estudos por mais cinco ou seis anos antes de poder ter sua própria turma para ensinar. Esses programas são tão populares entre os jovens na Finlândia, que apenas um em cada dez candidatos é aceito a cada ano. Como apenas 10% dos candidatos passam no rigoroso sistema de admissão, podemos pressupor que, como alguns políticos o fazem de forma clara, a resposta é simplesmente recrutar novos professores a partir dos principais 10% dos graduados. Mas não é assim.

Pasi Sahlberg é um dos especialistas mais famosos do mundo no sistema educacional finlandês. A ideia de que a Finlândia recruta "os melhores e mais brilhantes" academicamente para se tornarem professores é um mito, ele afirma. Os candidatos selecionados apresentam uma ampla variedade de desempenho acadêmico e são aceitos de forma deliberada por essa razão.[8] Cerca de um quarto vêm dos primeiros 20% em termos de capacidade acadêmica e outro quarto vêm da metade inferior. Isso significa que cerca da metade dos alunos de primeiro ano são "academicamente medianos". A University of Helsinki, ele afirma, "poderia facilmente escolher os melhores e mais brilhantes do imenso conjunto de candidatos a cada ano e contar com novos licenciandos com notas excelentes. Porém, eles não o fazem porque sabem que o potencial de ensino está oculto, de modo, mais ou menos uniforme, nas diferentes pessoas". Jovens atletas, músicos e líderes, por exemplo, "[...] frequentemente têm as características futuras de grandes professores, mesmo sem ter as melhores notas acadêmicas".[8] O que a Finlândia mostra é que em vez de atrair aqueles com as maiores qualificações acadêmicas para o ensino, é melhor planejar a formação inicial de professores para atrair pessoas que tenham uma paixão natural e uma aptidão para ensinar por toda a vida. A propósito, nenhum dos sistemas de educação de alto desempenho no mundo estimula caminhos rápidos para a formação docente.

De modo significativo, a TFA chegou à mesma conclusão: um bom ensino não resulta apenas de qualificações acadêmicas; ele envolve paixão, experiência e ajudar os outros a aprender. A TFA estudou seus professores cuidadosamente e percebeu que aqueles que mais ajudam seus alunos apresentam algumas características comuns:[9]

- Estão constantemente reinventando suas salas de aula e avaliando seu próprio progresso com os alunos.
- Trabalham muito para manter suas turmas inclusivas e para envolver os pais no que está acontecendo em sala de aula.
- Mantêm um forte nível de atenção nos resultados.
- São excepcionalmente bem-preparados, tanto no nível diário quanto ao longo do ano, avaliando de forma retrospectiva a partir do que esperavam realizar.
- São incansáveis, apesar das condições da escola e da comunidade.

A persistência apareceu em um estudo de Angela Duckworth, autora do livro *Garra: o poder da paixão e da perseverança*. Ela descobriu que professores *guerreiros* apresentavam 31% maior probabilidade de *gerar um crescimento considerável* em seus alunos. Ela também descobriu que professores satisfeitos com suas vidas tinham uma possibilidade muito maior de ajudar os alunos que ensinavam.[9] As pessoas que amam seu trabalho tendem a estar satisfeitas com suas vidas e a trabalhar com um alto nível de comprometimento. Isso certamente vale para os professores, que investem muito de si mesmos em seus alunos e no que eles ensinam. Essa é outra característica dos grandes professores: eles são apaixonados pela ideia de melhorar sua própria prática e aprender com os outros. Veja o caso da Edcamp.

A Edcamp oferece aos professores tempo e espaço para colaborarem e aprenderem juntos. A primeira Edcamp foi criada na Filadélfia em 2010, organizada por um grupo de professores que estavam dispostos a correr riscos. O objetivo era proporcionar desenvolvimento profissional para educadores, a partir de seus próprios questionamentos, desafios e paixões. Seus fundadores divulgaram suas ideias no Twitter e ficaram encantados quando centenas de professores registraram-se e compareceram à primeira Edcamp. Os participantes decidiram o que queriam discutir, com o objetivo de ter debates em vez de apresentações. As sessões eram baseadas em suas ideias, demonstrando que os professores também desejam aprender a partir dos outros e confiavam na experiência dos colegas. Existem quatro regras simples que definem o que é uma Edcamp:

- *Deve ser gratuita.* Os professores que desejam aprender não precisam pagar inscrição para participar. Eles simplesmente podem ir à Edcamp.
- *Está aberta para todos.* Independentemente da série ou do tipo de escola que ensinam, ela é para todos os professores que se importam com seus alunos.
- *É orientada pelos participantes.* As pessoas que participam de uma Edcamp decidem o que será discutido e, assim, todas as edições são diferentes, e qualquer pessoa que comparece pode sugerir um tópico para debate.
- *Não tem patrocinadores.* Ao contrário de grandes conferências, em que os professores são bombardeados por publicidade, a Edcamp evita a sua presença.

Todas as Edcamp são realizadas por voluntários, a maioria deles professores em tempo integral. Motivadas pela paixão desses professores por sua profissão, as Edcamp se multiplicaram pelo mundo. Em 2010, havia 8 Edcamps. Em 2017, eram aproximadamente 1.600 em todos os estados norte-americanos e em 33 países de todo o mundo. As Edcamps variam de tamanho, de 20 a 30 pessoas, para aquelas com mais de 600 participantes. Em média, são 65 a 100 pessoas.[10]

CASA E ESCOLA

O ensino e a aprendizagem são um relacionamento. Uma das partes mais importante dele é entre você e a escola. Seus filhos tendem a apresentar um melhor desempenho escolar se você deixar de pensar que a escola e os professores são os únicos responsáveis por sua educação. A University of Chicago realizou um estudo detalhado, durante sete anos, com as escolas de ensino fundamental da cidade, em bairros urbanos de baixa renda.[11] O estudo investigou o desempenho e a evolução escolar dos alunos e os fatores que mais os afetaram. A qualidade dos professores era um deles, como sempre é. Outro fator importante era o envolvimento da família. O estudo revelou como um fator importante – de maneira alguma o único ou mais importante deles – que as crianças de escolas de ensino fundamental, com forte participação familiar, apresentavam dez vezes mais chance de melhor desempenho em matemática e quatro vezes mais chance de melhor desempenho em leitura do que as crianças de escolas com fracos laços familiares. Por que a família, especialmente o envolvimento dos pais, representa uma vantagem para a educação do seu filho e para sua vida escolar em termos gerais?

Motivação e apoio

Pais que apresentam um interesse ativo pela educação dos filhos podem ter um grande impacto na sua motivação e no seu desempenho. Isso vale para quaisquer circunstâncias e contextos familiares. Quando os pais conversam com seus filhos sobre a escola, esperam que eles tenham um bom desempenho, ajudam-nos a planejar o futuro e certificam-se de que as atividades extraescolares sejam construtivas, seus filhos geralmente apresentam um desempenho melhor do que no caso de pais desinteressados. Quando as famílias e as escolas trabalham juntas, os alunos tendem a frequentar a escola regularmente, permanecer mais tempo nela, gostar dela, ter um bom desempenho e notas mais altas.[12]

Conhecimento pessoal

Provavelmente você conhece seus filhos melhor do que qualquer pessoa. Conhece seus interesses individuais, suas deficiências, seus pontos fortes, seus humores, suas histórias e seus relacionamentos. Você não sabe tudo sobre eles, especialmente à medida que eles crescem e se tornam mais independentes, mas você sabe bastante. Os professores percebem algumas características do seu filho; mas conhece muitas outras. Alguns alunos têm dificuldade na escola porque não são entendidos como indivíduos. Seus pontos fortes particulares não são reconhecidos ou valorizados. Eles podem apresentar vários tipos de interesses e realizações fora da escola, que são completamente ignorados pelos professores, e esses professores poderiam agir de maneira diferente caso os conhecessem. Uma de suas contribuições como pai é a de ajudar os professores a ter acesso a uma imagem mais completa de seus filhos, de suas qualidades e capacidades.

A escola e a comunidade

Escolas e professores podem enfrentar todo tipo de desafios com os alunos, incluindo questões comportamentais, problemas disciplinares, *bullying*, abuso de drogas, violência, estresse emocional e depressão. Alguns desses problemas se originam na escola, sendo ela capaz de lidar com eles internamente. Alguns têm origem na família, na comunidade ou na cultura mais ampla, e os alunos os trazem para escola no seu comportamento. Pode ser que você esteja lidando com eles também em casa. Quanto mais estreitas forem as relações entre professores e pais, maior é a chance de esse tipo de problema ser adequadamente entendido e abordado em conjunto.

E SOBRE O DEVER DE CASA?

Poucas questões são mais irritantes para você e seus filhos do que o dever de casa. Uma parte do crescente estresse que os jovens vivenciam na escola resulta do volume de deveres de casa que eles precisam fazer. Uma parte do estresse que você vivencia sem dúvida é resultado do esforço em fazer eles cumprirem esses deveres – ou fazê-los por eles. O valor do dever de casa é fortemente debatido pelos profissionais da educação. Alguns não veem qualquer valor neles e defendem que deveriam ser abolidos nas escolas. Entre eles está Alfie Kohn, um influente pensador da educação. Em seu livro *The homework myth: why our kids get too much off a bad thing*,[13] ele defende que não existe uma relação obrigatória entre o dever de casa e o desempenho escolar, e que os efeitos negativos do dever de casa no lar e nas vidas dos alunos são bem maiores do que quaisquer outros benefícios que possam ser defendidos. Outras pessoas apontam uma grande variedade de benefícios educacionais e de outras naturezas no dever de casa, havendo ainda uma ampla variedade de opiniões entre esses dois extremos.

Vamos começar pelo início. Quanto dever de casa os jovens normalmente recebem atualmente? O que as pesquisas e a experiência afirmam sobre o seu valor? O que você pode fazer para apoiar os seus filhos com o dever de casa que precisam fazer ou, se você acha que eles recebem um excesso de dever de casa, para reduzi-lo ou eliminá-lo?

Quantidade?

O volume de dever de casa varia muito de escola para escola e de ano para ano. Em algumas escolas e anos, as crianças não têm que fazer qualquer dever de casa. Em outras, elas podem passar até 18 horas, ou mais, por semana, dedicadas a essa tarefa. Nos Estados Unidos, a diretriz aceita, que é apoiada tanto pela National Education Association e pela National Parent Teacher Association, é a regra de 10 minutos: as crianças não devem passar mais de 10 minutos por dia fazendo dever de casa para cada ano alcançado. No primeiro ano, as crianças devem fazer 10 minutos diários de dever de casa; no segundo ano, 20 minutos e assim por diante até o último ano, quando, em média, elas devem realizar 120 minutos de dever de casa por dia, o que corresponde a cerca de 10 horas por semana. Entretanto, nem sempre funciona assim.

Em 2013, a Faculdade de Educação da University of Phoenix realizou uma pesquisa sobre o volume de deveres de casa que os professores normalmente passam para seus alunos.[14] Do jardim de infância ao 5° ano era inferior a 3 horas por semana; do 6° ao 8° ano era de 3,2 horas e do 9° ano até a última série do ensino médio era de 3,5 horas. Dois pontos devem ser observados. Primeiro, essas foram as quantidades fornecidas pelos professores individualmente. Para estimar o tempo total que os alunos devem dedicar ao dever de casa, você deve multiplicar essas horas pelo número de professores que eles têm. Alunos do ensino médio, que trabalham com cinco professores, de diferentes áreas do currículo, podem dedicar 17,5 horas, ou mais, por semana, aos deveres de casa, o que equivale a um emprego em meio período. Outro fator é que essa é uma estimativa do tempo necessário para realizar o dever de casa feita pelos professores. O tempo gasto pelos alunos individualmente na sua realização será maior ou menor, dependendo de suas capacidades e de seus interesses. Um aluno pode resolver de forma rápida um dever de casa, na metade do tempo que outro gastaria se esforçando para resolvê-lo.

Hoje em dia, os alunos recebem mais deveres de casa que as gerações anteriores? Levando em conta todas as variáveis, é difícil dizer. Alguns estudos sugerem que sim. Em 2007, um estudo do National Center for Education Statistic revelou que, em média, os alunos do ensino médio dedicavam 7 horas por semana na realização do dever de casa.[15] Um estudo semelhante realizado em 1994 colocou a média em menos de 5 horas por semana.[16] Mas atenção, eu estava no ensino médio na Inglaterra, na década de 60, e gastava muito mais tempo do que isso – embora isso se deva a minha própria capacidade. Um modo para avaliar isso é observar o volume de dever de casa que seus filhos recebem e compará-lo ao que você recebia na mesma idade.

Benefícios

Existe muito debate sobre a importância do dever de casa. Seus defensores argumentam que ele beneficia as crianças, os professores e os pais de várias maneiras:

- *As crianças* aprendem a aprofundar sua compreensão sobre os conteúdos específicos; a abordar os conteúdos em seu próprio ritmo; a ser aprendizes mais independentes; a desenvolver habilidades de resolução de problemas e de gerenciamento do tempo; e a relacionar o que aprenderam na escola com suas atividades externas.
- *Os professores* podem avaliar o modo como seus alunos entendem as aulas, avaliar o progresso individual dos alunos, bem como seus pontos fortes e fracos; e abordar mais conteúdos em sala de aula.
- *Os pais* podem se envolver em termos práticos na educação de seus filhos; acompanhar em primeira mão o que eles estão aprendendo na escola; e entender mais claramente qual está sendo o seu desempenho – o que eles consideram fácil e o que se esforçam para aprender na escola.

A Dra. Ashley Norris é vice-decana da Faculdade de Educação da University of Phoenix. Comentando sobre a pesquisa da sua universidade, ela afirmou: "O dever de casa ajuda a construir a confiança, a responsabilidade e as habilidades de resolução de problemas que podem preparar os alunos para o sucesso no ensino médio, na faculdade e em seu local de trabalho".[17]

Pode ser assim, mas muitos pais consideram difícil ajudar seus filhos em matérias que eles não estudam há muito tempo, se é que já estudaram. As famílias têm vidas ocupadas e pode ser complicado para os pais encontrar tempo para ajudar seus filhos com o dever de casa, enquanto precisam lidar com todas as demais atribuições. Norris está convencida que o esforço vale à pena, especialmente porque em muitas escolas o tipo de dever de casa está mudando. Uma influência é a crescente popularidade da sala de aula invertida.

Na sala de aula tradicional, o professor passa o tempo na turma apresentando a matéria aos alunos, e o dever de casa consiste em tarefas baseadas nesse material. Na sala de aula invertida, o professor fornece materiais para a apresentação – vídeos, *slides*, anotações – que os alunos reveem em casa, trazendo posteriormente perguntas e ideias para a escola, onde as trabalham de forma colaborativa com o professor e com os colegas. Como destaca Norris, nessa abordagem, o dever de casa estende as fronteiras da sala de aula e redefine como o tempo de aula pode ser utilizado de modo mais produtivo, permitindo aos alunos "colaborarem durante a aprendizagem, aprenderem uns com os outros, talvez criticando os trabalhos e compartilhando experiências".[18]

Mesmo assim, muitos pais e educadores estão cada vez mais preocupados que o dever de casa, qualquer que seja a sua forma, tenha um custo muito grande na vida tensa das crianças e de suas famílias. Ele utiliza um tempo essencial que deveria ser para as crianças relaxem e descontraiam após a escola, faz com que elas deixem de brincar, ser criança e estar junto com a família. Acima de tudo, as vantagens do dever de casa são apresentadas de forma frequente, mas elas não são consistentes e, certamente, não são garantidas.

Um panorama confuso

O Dr. Harris Cooper é professor de Psicologia e Neurociência no Instituto de Ciências do Cérebro na Duke University. Em 2006, publicou uma análise detalhada do impacto do dever de casa no desempenho acadêmico.[19] Ele concluiu que o dever de casa tem um efeito positivo em alguns aspectos das conquistas dos estudantes. Mostrou que os benefícios são maiores para alunos mais velhos – do 7º ano em diante – do que para as crianças nos anos iniciais do ensino fundamental. O estudo de Cooper sugere várias razões para que isso ocorra. Ele afirma que crianças menores são menos capazes de lidar com distrações no seu ambiente e que elas também têm "hábitos de estudo menos eficazes". Isso também pode ocorrer porque os professores dos anos iniciais do ensino fundamental frequentemente passam dever de casa

"[...] para ajudar os jovens alunos a desenvolver melhor o gerenciamento do seu tempo e as habilidades de estudo, não para afetar diretamente seu desempenho em áreas especificas do conhecimento".[20]

Deveres de casa em excesso podem ser contraproducentes para alunos de todos os níveis. "Mesmo para os alunos do ensino médio, a sobrecarga de dever de casa não está associada a notas melhores", afirmou Cooper. No geral, o estudo é consistente com a "regra de 10 minutos", como o volume ideal de dever de casa. A conclusão, afirma Cooper, é que "[...] todos os alunos devem fazer dever de casa, mas a quantidade e o tipo dessa atividade devem variar de acordo com o seu nível de desenvolvimento e as circunstâncias domésticas. O dever de casa para crianças deve ser curto, levar ao sucesso sem muito esforço, envolver ocasionalmente os pais e, quando possível, fazer uso de atividades extraescolares que as crianças adoram".[21] Mesmo para estudantes no final do ensino médio, mais de duas horas de dever de casa por noite "[...] não foi associado a um melhor desempenho".[20]

A equipe de Cooper avaliou o impacto do dever de casa nas notas dos testes e em outras medidas de desempenho acadêmico convencional. Ela não avaliou – porque não poderia – o impacto do dever de casa em todos os quatro propósitos da educação e em todas as oito competências que discuti anteriormente. O estudo revelou que o dever de casa "melhora os hábitos de estudo, a atitude em relação à escola, a autodisciplina, a curiosidade e as habilidades de resolução independente dos problemas". Por outro lado, pode provocar "[...] fadiga física e emocional, estimular atitudes negativas em relação à aprendizagem e limitar o tempo de lazer das crianças".[22] Esses efeitos colaterais são graves para qualquer escola que visa a aumentar as conquistas de jovens e seu amor pela aprendizagem.

Fazendo algo diferente

Parcialmente, em função desses efeitos negativos, algumas escolas dos anos finais do ensino fundamental e do ensino médio estão reestruturando as tarefas de dever de casa a fim de aproveitarem ao máximo seus benefícios potenciais, em casa e na escola. Algumas escolas dos anos iniciais do ensino fundamental estão reduzindo ou eliminando o dever de casa. Maureen Healy é uma autora premiada e consultora requisitada sobre o bem-estar emocional das crianças. Ela afirma que muitos dos pais de crianças pequenas com quem ela trabalha estão maravilhados com essas tendências, "[...] que acabam com o incômodo noturno da pergunta: 'você fez seu dever de casa?'".[23] Os pais sentem-se mais livres para interagir com seus filhos durante o jantar ou em outras atividades sem o estresse do dever de casa impeditivo. Heidi Maier é supervisora escolar do Condado de Marion, Flórida, que tem 54 mil alunos. Como Maureen Healy destacou, Heidi ficou nacionalmente famosa não apenas porque baniu o dever de casa, mas ao substitui-lo por 20 minutos de leitura à noite.

Mark Trifilio, diretor da Orchard Elementary School, em Vermont, fez algo semelhante. Em 2016, após consultar os departamentos responsáveis e os pais, decidiu eliminar o dever de casa, com base em seus poucos benefícios comprovados e em suas várias desvantagens, exceto em relação à leitura. Melhor passar o tempo fazendo isso e buscando outros interesses, ele pensou. A escola concordou com essa nova política:

Normas sem dever de casa: tarefa diária dos alunos em casa

1. Leia com atenção livros todas as noites – *e peça que seus pais os leiam para você também.*
2. Saia de casa e brinque – *isso significa mais tempo distante de uma tela.*
3. Jante com sua família – *e ajude a colocar e retirar a mesa.*
4. Tenha uma boa noite de sono.

Após um ano, ele relatou que os alunos não tiveram pior desempenho e agora têm "tempo para serem pensadores criativos em casa e seguir suas paixões".[24] Como afirma Maureen Healy, o subtexto de uma política de ausência de dever de casa nas escolas de ensino fundamental é: "[...] confiamos nos nossos professores, confiamos no currículo e confiamos em nossos alunos para prestar atenção e para aprenderem durante o dia. A política de ausência de dever de casa, do jardim de infância ao 5º ano, não elimina a aprendizagem, mas ajuda os alunos a tolerarem melhor um dia longo e os estimula a buscar seus interesses particulares após o horário escolar".[23]

O QUE FAZER?

Faça um levantamento e tome uma atitude

Como pai, o que você deve fazer se estiver preocupado com o volume ou o tipo de dever de casa que seus filhos estão recebendo? Primeiro, converse com eles para saber os problemas que estão enfrentando. Por exemplo, trata-se de um problema de excesso – eles estão tendo muito dever de casa? O dever de casa é sobre áreas específicas do estudo? A dificuldade está relacionada com o apoio da escola ou aos métodos de avaliação? Quando você tiver clareza de quais são os problemas, converse com a escola. Se os problemas estiverem relacionados a áreas específicas de estudo, comece conversando com os professores envolvidos. Se o problema é o volume total de dever de casa, fale com o diretor ou, em escolas maiores, com a pessoa responsável pelo currículo. Embora a escola tenha diretrizes para o volume de dever de casa que os professores devem passar para os alunos, a direção pode não estar ciente da carga acumulada a que seu filho, em particular, está submetido.

Nessas conversas, você poderia citar a regra dos 10 minutos. Se você ainda estiver insatisfeito, é possível levar essa questão à associação de pais e mestres da escola e citar exemplos de outras instituições, incluindo as mencionadas anteriormente e que adotam diferentes abordagens para o dever de casa. Se você estiver de acordo com a política de dever de casa, o que você pode fazer para ajudar seus filhos a realizá-lo?

Dicas para o gerenciamento do dever de casa

Procure estabelecer algum tipo de rotina para tornar a vida mais fácil para você e seus filhos. Ashley Norris faz as seguintes sugestões:

- *Resista ao impulso de fazer o dever de casa para seus filhos*: o dever de casa cria uma oportunidade para que os alunos aprendam com seus erros, então, é importante não tomar a frente deles. Se seu filho estiver tendo dificuldades com um problema, faça perguntas para ajudá-lo a lidar com o problema de outra forma. Esteja atento para desculpas e estratégias de adaptação que as crianças utilizam para deixar de fazer o dever de casa ou para convencer outros a fazê-lo por elas.
- *Faça o seu próprio dever de casa*: potencialize os recursos disponíveis e leia sobre os próximos temas. A chave para evitar ser sobrecarregado pelo dever de casa de seus filhos é estar preparado. Existem recursos *on-line* que podem lhe ajudar a aprimorar os conceitos que você não estuda há muito tempo. Folheie os livros de seus filhos e olhe adiante, para ver o que será ensinado. Peça indicação ao professor, se não estiver confiante com o material, ele pode ter boas sugestões.
- *Faça um plano*: evite a correria e o pânico de última hora. Crie um plano para a semana e divida grandes tarefas do dever de casa em partes menores, a fim de evitar a sobrecarga. Se seu filho tem um projeto para o final da semana, trabalhe com ele para determinar como ele o realizará e como o trabalho será dividido em projetos menores.

- *Crie um calendário familiar*: crie um calendário físico ou eletrônico que reúna todos os horários e os prazos da família, da escola, das atividades extracurriculares e do trabalho. Inclua prazos menores para a conclusão de um projeto maior, ou a preparação para um teste, a fim de ajudar as crianças a desenvolverem suas habilidades de gerenciamento do tempo. Coloque suas próprias atividades no calendário para mostrar aos seus filhos como você gerencia o seu tempo.
- *Estabeleça um tempo de estudo na família*: um tempo de estudo semanal da família é uma boa maneira de os pais interagirem com seus filhos, incutirem a importância da educação e passarem, juntos, um tempo com qualidade. A cada segunda-feira, depois que seus filhos tiverem recebido as tarefas da semana, sente-se com eles e planeje seu tempo para que a semana seja bem-sucedida. Discuta todas as atividades, estabeleça prazos, determine que informações são necessárias e construa um tempo de estudo. Os adultos também se beneficiam do tempo destinado ao planejamento, à organização e à aprendizagem. Enquanto seus filhos estudam, você pode pagar suas contas, ler o jornal ou pesquisar seus próprios projetos.
- *Associe o dever de casa a atividades do mundo real*: procure oportunidades de ajudar seus filhos a associarem a aprendizagem com experiências da vida real. Por exemplo, procure eventos atuais para discutir as aulas de estudos sociais ou pesquise empregos específicos para trazer conceitos de ciências e matemática para o dia a dia. Estimule os filhos mais velhos a ler o jornal diariamente em busca de exemplos de bons textos e os encorajem a pesquisar e a escrever seus próprios artigos, que podem ser compartilhados com a família e amigos.
- *Seja criativo, especialmente com as crianças pequenas*: procure oportunidades de expandir as tarefas de dever de casa em projetos criativos. Peça que seu filho crie uma apresentação digital, um teatro de sombras, construa uma engenhoca, ou até entreviste um líder local sobre um determinado tópico. Associar o tema à tecnologia pode manter as crianças interessadas e motivadas.
- *Crie um ambiente calmo e de apoio*: crie um ambiente que favoreça o estudo e a aprendizagem. Tenha um espaço silencioso em casa, no qual seu filho possa fazer o dever de casa. Esse espaço deve ser confortável, mas não deve ter acesso a uma televisão ou a outras distrações. Também é importante manter uma rotina e estabelecer horas de estudo regulares.

Como em todos os conselhos, você precisa adaptar essas sugestões para sua própria realidade e expectativa. A chave é ter em mente os princípios gerais que devem apoiar o desenvolvimento de seus filhos, incluindo as necessidades de brincar, relaxar, dormir, ter tempo com a família, se alimentar bem e explorar seus interesses pessoais. Dedicar uma atenção adequada a todos esses itens não é uma distração em relação a uma boa educação: é a melhor maneira de oferecê-la.

UMA ADVERTÊNCIA

Estar envolvido ativamente na educação de seu filho pode aumentar de forma significativa o progresso e as conquistas dele. Ao mesmo tempo, os pais podem se envolver demais e os efeitos disso podem ser opostos. Anteriormente abordados os problemas do excesso de cuidado dos pais e, especialmente, de eles adotarem o modo helicóptero, "pairando sobre seu filho incessantemente e vindo em seu auxílio assim que ocorre a primeira dificuldade".[25]

Alguns pais tentam constantemente microgerenciar seus filhos e todos que se relacionam com eles, incluindo seus professores. Ligam para a escola para falar sobre cada nota baixa e pressionam os professores a aumentá-la. Tentam aliviar qualquer acusação de má-conduta e podem, até mesmo, ameaçar entrar na justiça se acreditarem que seus filhos foram tratados de maneira injusta. Entram em contato com outros pais tentando atraí-los para sua causa, ou tentando apontar os filhos desses pais como o verdadeiro problema.

Chris Meno, da Indiana University, reconhece que os pais helicóptero são geralmente bem-intencionados e querem apenas proteger seus filhos do perigo ou do desapontamento. Agindo assim, eles podem gerar muitos problemas e poucas vantagens para filhos, professores ou para si próprios. As crianças podem permanecer superdependentes de seus pais e serem incapazes de resolver seus problemas por conta própria. Seus professores podem se tornar frustrados e sentir que sua autoridade profissional está sendo questionada. Outros pais provavelmente consideram os pais helicóptero obsessivos, atormentadores e abertamente desagradáveis, e os evitam sempre que possível.

É claro que há momentos em que você, ou qualquer pai, pode ter questões legítimas a serem discutidas com os professores de seus filhos, ou até mesmo, ter queixas formais contra eles ou contra a escola. Abordaremos o que você deve fazer nesses casos no Capítulo 9. Além de fazer reclamações legítimas, seu objetivo é ter uma relação positiva com os professores, uma vez que essa é a melhor maneira de ajudar o relacionamento entre eles e seus filhos serem recompensados da melhor maneira possível.

Uma escola é uma comunidade de aprendizagem e possui muitos membros. Todos eles são importantes, mas os mais importantes para a educação de seus filhos são seus professores. Seu relacionamento com eles deve ter um papel importante na melhora de seu relacionamento com seus filhos e no modo como eles efetivamente aprendem. Que forma deve assumir o seu relacionamento com os professores, e com a escola como um todo, e como você pode saber se esse convívio está funcionando para você e seus filhos?

8

Construa o relacionamento

Dizem que é preciso uma aldeia inteira para educar uma criança. Certamente, isso é necessário para educá-las. Escrevi no capítulo anterior que educar e aprender são como fazer jardinagem e que os jovens aprendem melhor em determinadas condições. Essas condições fazem parte de um ecossistema muito maior na educação, que inclui você e sua família, a comunidade que você faz parte e uma gama de outras pessoas e organizações com responsabilidades sobre formular a educação. Como pai, você estará mais interessado na educação de seus próprios filhos. Pode ter também um interesse maior na educação. Em quaisquer um dos casos, há quatro modos pelos quais você pode influenciar na educação de seus filhos e nas pessoas responsáveis por ela: pode conectar-se diretamente com os professores de seus filhos; pode envolver-se na vida escolar de um modo geral; pode fazer parte da governança da escola; e pode participar ativamente das políticas mais amplas de educação.

TRABALHANDO COM PROFESSORES

Como pai, você deve saber o que seus filhos fazem na escola e como estão se saindo e levantar questões que podem afetar seu progresso. Normalmente, há modos pelos quais a escola pode manter você informado: um boletim escolar no fim do semestre e nos encontros de pais.

Ao que parece, os encontros de pais são oportunidades informais para que pais, professores e alunos possam comparar notas e fazer planos. Na prática, eles podem se tornar um dos eventos mais tensos na escola: uma sucessão de pequenas conversas, com mais sendo não dito do que conversado. Para alguns pais, pode ser uma das raras ocasiões em que eles vão à escola. Por baixo dos panos, pode haver todo tipo de sentimento, e não apenas os mais informais e tranquilos. O autor Allan Ahlberg caracterizou alguns desses sentimentos:

> Estamos aguardando no corredor,
> Meu pai, minha mãe e eu.
> Eles se sentam e falam:
> Eu estou bastante nervoso.
> Fico imaginando o que ela os dirá.
> Eu direi que estou com dor!
> Eu gostaria de ter as palavras certas.
> Eu gostaria de ter um cérebro.
>
> Estamos aguardando no corredor,
> Meu marido, meu filho e eu.
> Meu filho fica ali sorrindo;
> Eu também sorrio, nervosamente
> Fico imaginando o que ela nos dirá
> Espero que não seja de todo mal.
> Ele é um bom menino, realmente;
> Mas, distraído – como seu pai.
>
> Estamos aguardando no corredor
> Minha esposa, meu filho e eu.
> Minha esposa está tão fria quanto um pepino;
> Eu também estou nervoso.
> Eu odeio essas reuniões de pais.
> Sinto-me como uma criança
> Que vai ser repreendida novamente.
>
> Eu estou aguardando na sala de aula.
> Está quase na hora de começar.
> Gostaria de ter um modo de parar
> As batidas do meu coração.
> Os pais estão no corredor
> Conversando animadamente;
> E agora eu preciso enfrentá-los;
> E eu estou bastante nervosa.[1]

Uma das razões pelas quais esses encontros podem ser estressantes é que acontecem raramente – talvez duas a três vezes por ano – em geral quando boletins são liberados. Quando ocorre um encontro extraordinário, muitas vezes, é porque ocorreu algum problema, o que só faz aumentar a tensão.

Além dos breves encontros nos portões da escola, alguns pais não mantêm maior contato com os professores de seus filhos.

Em geral, os boletins escolares são uma lista de notas com breves comentários, escritos sob pressão pelos professores e lidos sem fôlego pelos pais. Quando eles sentam para discuti-lo, o trabalho que estão revendo provavelmente já ocorreu e o momento de fazer algo sobre isso já passou. É importante que pais e professores trabalhem em conjunto, e o real valor é retirar oportunidades e lidar com os desafios assim que surgem, e não semanas após os eventos terem ocorrido.

Um modo de estreitar essa colaboração é promover mais encontros e *workshops*. Algumas escolas assim o fazem, e pode ser bastante proveitoso. Você deve fazer parte deles e estimular que sua escola os promova, caso ela já não o faça. É claro que o tempo é curto para todos e a vida cheia de compromissos. Nesses casos, há outras formas de colaborar. Com a proliferação da tecnologia móvel, diversos aplicativos podem tornar possível que professores, pais e alunos mantenham contato entre si, sempre que necessário. Blackboard Learn, Edmodo e Fresh Grade estão entre eles.[2]

O Fresh Grade permite aos professores postarem atualizações seguras e regulares sobre o desenvolvimento dos estudantes em sala de aula. Utilizando seus *smartphones* ou *tablets*, podem postar imagens, fotografias, vídeos, áudios e observações escritas nos portfólios digitais dos estudantes, documentando atividades e progressos ao longo do ano. Os pais também podem acessar esse material sempre que desejarem. Podem acompanhar, por exemplo, o desenvolvimento dos trabalhos de seus filhos, ouvir suas leituras e ver os vídeos de suas atividades com outras crianças. Eles também podem postar comentários e questões para os professores reverem e também podem oferecer apoio específico em casa, quando necessário.

A mãe de uma criança da educação infantil, que admite uma "tendência helicóptero", disse que sentia que não estava acompanhando tudo quando ouvia apenas que "foi divertido", "foi ótimo" ou "não aconteceu muita coisa" quando perguntava sobre o dia de seu filho na escola. Com o aplicativo, ela pode ver fotos e vídeos das atividades postadas pela professora: "Agora, se eu pergunto sobre um exercício específico de matemática que eu vi em uma foto, ela pode me falar sobre ele". Outra mãe também se sentiu entusiasmada: "Sinto que estou sendo mantida informada com os trabalhos e notas do meu filho. É muito fácil de usar e uma boa maneira de discutir o que ele está fazendo em sala de aula".

Alguns professores e alunos têm determinadas reservas em relação a essa constante documentação abrangente. Eles consideram um tipo de invasão e estimulação para que os pais se envolvam de forma demasiada sobre o que ocorre em sala de aula. Como todas as ferramentas, esses aplicativos, por si só, são neutros. Para pais helicóptero e sem limites, esses aplicativos podem ser um turbo compressor. O desafio é aprender a utilizá-los com responsabilidade, para tornar a educação mais colaborativa e efetiva para todos.

Trabalhar em conjunto com os professores para apoiar nossos filhos é o principal motivo para se tornar mais envolvido na escola. Outro motivo é estimular a vida escolar como um todo. Como pais, há muitos modos de fazer isso acontecer.

A VIDA NA ESCOLA

Richard Gerver, um ex-professor coordenador, contou-me uma ótima história sobre a mãe de um de seus alunos.[3] Richard a descreveu como tendo "fobia da escola", mas ela era uma cabeleireira talentosa e a escola achava que ela poderia contribuir muito com seu talento com os alunos. A instituição a convenceu a ensinar aos alunos algumas de suas técnicas de corte de cabelo e falar sobre a profissão. A experiência excedeu as expectativas para todos os envolvidos e suas aulas foram além dos cortes de cabelo. Ela também ajudou os alunos a desenvolver suas habilidades de comunicação, "incluindo empatia em ouvir os clientes, o que foi algo incrível para assistir!", afirmou Richard. "Ensinamento real, realizado por uma mãe em um contexto concreto, algo que ela mesma não havia percebido que havia feito!".

Danielle Wood é a editora-chefe da Education.com. Ela sugeriu oito maneiras pelas quais os pais podem desempenhar um papel prático na escola e na sala de aula de seus filhos:[4]

- Ler para uma turma ou para um grupo de alunos que necessitem de maior ajuda em leitura.
- Auxiliar em uma das áreas de atividades, como aulas de arte ou laboratório de computação.
- Oferecer tutoria aos alunos, ou auxiliá-los de outros modos, para que compreendem ou se aprofundem em um exercício.
- Ser voluntário para dar uma aula.
- Auxiliar em grupos ou clubes de interesses específicos.
- Compartilhar suas experiências e discursar para os estudantes sobre oportunidades na profissão.
- Ser voluntário na biblioteca da escola.
- Ser voluntário em programas de esporte.

Muitos pais têm habilidades específicas ou áreas de interesse que as escolas podem utilizar. Talvez você tenha um MBA e possa ajudar os alunos a desenvolver seus talentos empreendedores. Talvez você tenha experiência em nutrição e possa ir à escola algumas vezes no ano para esclarecer às crianças sobre a melhor forma de se alimentar. Talvez você pinte ou seja fascinado por astronomia ou saiba como montar um clube de livros. Leve essas habilidades para os diretores ou professores da escola e veja se eles conseguem aproveitá-las.

Carol Shepard descobriu que a escola de ensino fundamental de sua filha na Geórgia tinha acabado de receber *laptops* para utilizar nas salas de aula. Ela pensou que seria uma ótima oportunidade para mostrar aos estudantes como fazer um filme digital, e levou a ideia para a escola. Descobriu que um dos professores estava interessado em inscrever um filme na Georgia Movie Academy, uma competição de filmes estudantis. A escola aproveitou a oportunidade da ajuda oferecida por Shepard e ela conseguiu convencer outros pais a ajudar também.

"Ensinamos as crianças a usar *softwares* de edição, animação de desenhos e tecnologia *stop-motion* para produzir *Claymation* (como *Wallace e Gromit*)", ela afirmou. "As crianças aprenderam que não poderiam simplesmente fazer algo uma vez e esperar já dominá-lo. Falamos sobre as regras dos três em engenharia de *softwares* – na terceira vez que você tenta construir algo, você compreende que está realmente construindo. Nosso filme foi muito mais trabalhoso do que planejamos inicialmente, mas todas as crianças chegaram uma hora mais cedo na escola, durante várias semanas, para participar de nosso clube e realizar o trabalho. No final do processo de realização do filme, os alunos já colocavam novas cenas no filme sozinhos, sem a ajuda de um adulto e, mais importante, resolviam seus próprios conflitos nos grupos de trabalho".[5]

O trabalho ganhou o prêmio de Melhor Filme em sua categoria, estimulando a escola a aumentar o programa no futuro. Shepard não era uma profissional de cinema, mas tinha alguma experiência com filmes digitais e quis compartilhá-la com a escola de sua filha, mostrando, assim, que não é preciso ser um profissional de ponta para oferecer algo de valor. Muitas escolas não contam com bons professores e dependem muito dos padrões do estado, e contar com o seu apoio pode ser visto como um privilégio.

Mesmo que você sinta não ter uma habilidade específica para contribuir, oferecer um pouco do seu tempo poderá ter um enorme valor. Ajudar a levantar fundos, acompanhar em eventos, distribuir panfletos ou ajudar na organização de uma função podem contribuir para a qualidade geral da experiência escolar para os alunos e para as outras pessoas da comunidade escolar. Jo Ashline é ex-professora da educação infantil, e ela conhece bem o papel inestimável que os pais podem desempenhar na vitalidade escolar. Embora professores e administradores sejam responsáveis por fornecer os programas centrais e o suporte profissional, ela afirma que "a escola é mais que um simples local em que as tarefas são distribuídas e avaliadas". Construir uma rede comunitária forte de voluntários, que dedique parte de seu tempo e recursos na formação de um suporte sólido, é capaz de criar uma impressão duradoura sobre os professores e alunos. "Planejar eventos, organizar o levantamento de fundos, doar tempo e energia para limpeza e conservação do *campus* e utilizar conexões profissionais e pessoais em benefício da escola melhora a mão de obra. A escola do seu filho é a cidade e você, meu caro, é o prefeito, então, faça seu trabalho".[6]

Anteriormente, mencionei o estudo da University of Chicago sobre o impacto dos pais sobre as conquistas dos alunos na educação. O estudo também descobriu que a colaboração entre as escolas e os familiares é uma fonte importante de empoderamento escolar em geral. Quando as escolas constroem sólidas parcerias com as famílias e escutam positivamente suas ideias e preocupações, são capazes de criar um ambiente de aprendizagem bem-sucedido para todos.

Uma relação próxima entre os pais e a comunidade é um dos cinco pilares essenciais para o sucesso e a transformação da escola. Os outros pilares são uma liderança escolar forte, a qualidade dos professores e equipes, um ambiente de aprendizagem com foco no aluno, um sólido alinhamento entre objetivos e valores da escola, e o currículo. As organizações de pais e comunidade são poderosos agentes de transformação para melhorias das instalações da escola e de sua equipe, e pode ter uma influência positiva no formato e conteúdo de todo o currículo e nas provisões extracurriculares. A experiência mostra que quando as famílias e as comunidades exercem a pressão correta para apoiar, os distritos escolares são mais propensos a realizar transformações positivas na política, na prática e nos recursos para as escolas.

Eric Scharps sugere uma pesquisa anual, que as escolas possam conduzir com seus alunos, para determinar se estão transmitindo um verdadeiro senso de comunidade. Embora esse tipo de pesquisa possa ser útil para os pais avaliarem a escola, você também pode fazer isso simplesmente conversando com as famílias. É importante identificar se as turmas se sentem como uma família, se os estudantes conseguem ajudar uns aos outros na aprendizagem, se os professores estão atentos às dificuldades dos alunos e se a escola está aberta a mudanças de regras que os alunos consideram injustas.

GOVERNANÇA ESCOLAR

Outra maneira de interferir na qualidade da educação de seu filho é influenciando nas políticas escolares. A via mais eficaz é em geral pela associação de pais e mestres da escola (APM). Encontros regulares das APMs proporcionam uma linha direta com a administração da escola e uma oportunidade de os pais expressarem suas preocupações, conhecerem previamente as mudanças propostas e desempenharem um papel ativo em sobre como essas mudanças são promulgadas. Muitas vezes, as APMs também têm uma presença significativa em levantar fundos, no reconhecimento de professores e no apoio a programas extracurriculares.

A APM nacional é a maior e mais antiga organização nos Estados Unidos defendendo as melhorais nas escolas. Envolve milhões de famílias, educadores e membros da comunidade, e estabeleceu seis padrões nacionais para as escolas para estimular parcerias família-escola:[7]

- *Acolher todas as famílias*: tornar claro para os pais que eles pertencem à comunidade, que a escola respeita e é inclusiva para a diversidade dos grupos, e que os eventos e programas oferecidos permitem que o maior número de pais possa participar.
- *Comunicação efetiva*: manter os pais informados de todas as questões importantes que afetam a escola, levando em conta as barreiras linguísticas e de modo que possa receber *feedback*.
- *Apoiar o sucesso dos alunos*: manter as famílias informadas e atualizadas em como a escola apoia seus alunos e capacitá-los para serem participantes ativos na aprendizagem de seus filhos, seja na escola ou em casa.
- *Falar por todas as crianças*: oferecer às famílias uma compreensão clara de como a escola funciona, mostrando-lhes como servir como defensores de seus filhos.
- *Compartilhar o poder*: envolver as famílias como parceiros em todas as questões referentes a seus filhos, seja na escola ou na comunidade. O objetivo é que cada escola tenha uma ampla organização de pais, capaz de oferecer às famílias e aos funcionários constantes oportunidades para discutir as questões relacionadas entre si e com as lideranças escolares, políticas e comunitárias.
- *Colaborar com a comunidade*: conectar a escola à comunidade, proporcionando um maior acesso aos recursos disponíveis e retribuindo para a comunidade um maior sucesso da escola.

A presidente nacional da APM dos Estados Unidos, Otha Thornton, afirma que esses padrões são feitos para mostrar que o compromisso das famílias não se restringe a ajudar as crianças nos deveres de casa, comparecer a reuniões na escola e conversar com professores. Ele também inclui "defender os recursos necessários em comitês escolares locais e com os governos estaduais e federais para oferecer uma boa educação para todos os estudantes".[8]

Isso só funcionará se a escola de seu filho estiver aberta para envolver os pais. Já ouvi professores, escolas e até mesmo sistemas escolares desestimulando o envolvimento dos pais em níveis além da participação em feiras. Pela minha experiência, porém, a maioria das escolas compreende a importância de ter pais desempenhando um papel ativo na escola. Para esse fim, as escolas precisam ser ativas em envolver os pais: organizando atividades com eles, promovendo encontros regulares e construindo confiança entre professores, familiares e a comunidade como um todo.

A Edutopia, uma organização sem fins lucrativos lançada pela George Lucas Educational Foundation, propõe dez tópicos para que os educadores tornem suas escolas mais convidativas, nas quais os pais também possam utilizar suas interações com as escolas de seus filhos:[9]

- *Ir até os pais*: utilizar redes sociais para manter os pais no circuito e estimular as interações.
- *Acolher a todos*: saber que muitas famílias na comunidade não são nativas na língua inglesa e utilizar a tecnologia para auxiliar na comunicação com elas.
- *Estar presente, virtualmente*: utilizar ferramentas da internet para fornecer janelas virtuais da sala de aula.
- *"Smartphones, smart schools"*: utilizar dispositivos móveis para envolver as famílias, incluindo-as em grupos de aplicativos de mensagens.
- *Aproveitar o momento na mídia*: utilizar a mídia (p. ex., em uma matéria sobre um livro ou filme relacionados à educação) como uma plataforma para abrir um fórum nas atividades escolares e na reforma da educação.
- *Tornar a leitura um assunto de família*: utilizar programas como *Read Across America, First Book e Experience Corps* para promover a leitura como uma atividade familiar.
- *Levar a conversa para casa*: inverter a conferência de pais e professores, fazendo os professores visitarem as residências dos estudantes.

- *Reuniões de pais conduzidas pelos alunos*: permitir que os estudantes conduzam as reuniões de pais e professores, apresentando alguns de seus trabalhos e exibindo suas forças, seus desafios e seus objetivos.
- *Colocar as famílias em movimento*: criar eventos escolares que estimulem os exercícios e as atividades físicas com as famílias.
- *Construir parcerias com os pais*: utilizar várias outras estratégias, como iniciar um clube de livros com os pais, criar atribuições que incluam entrevistas com as famílias, envolvê-las nos trabalhos escolares.

AS POLÍTICAS DE EDUCAÇÃO NOS ESTADOS UNIDOS

Se você desejar influenciar a educação em um nível ainda mais elevado, há o comitê escolar. Os membros do comitê escolar vêm de diferentes trajetórias, são geralmente eleitos pelo público em geral e têm considerável influência nas políticas de todo o distrito escolar. Na maioria dos distritos, o supervisor se reporta ao comitê; o comitê decide sobre a alocação do orçamento, aprova o currículo e decide como os recursos serão gastos nas escolas. É um grande salto passar de voluntário nas atividades escolares para membro do comitê escolar e não deve ser algo que você deva considerar sem o tempo e a energia necessários para se dedicar a isso. Se assim o fizer, você poderá ter uma enorme influência na educação nas diversas comunidades escolares que o comitê supervisiona.[10]

Se você não tiver o tempo necessário para atuar como membro de seu comitê escolar local, ainda poderá participar de outras maneiras. A maioria dos comitês escolares tem reuniões mensais abertas durante o ano escolar. As reuniões abordam questões do calendário e abrem espaço para perguntas e comentários. Conversei com vários pais ao longo dos anos, que não perderam uma reunião do comitê escolar e sentem que sua presença lhes confere uma voz ativa na política escolar local. Muitos comitês escolares também organizam grupos temáticos e você pode se voluntariar para participar deles. Vários deles organizam regularmente grupos de cidadãos para aconselhamento sobre temas relacionados à comunidade escolar e você também pode manifestar seu interesse em participar deles. Em geral é possível encontrar informações sobre as atividades do comitê escolar no endereço eletrônico do seu distrito escolar.

AGIR PARA TRANSFORMAR

Seu poder de fazer mudanças não está restrito ao trabalho por meio dos "canais usuais". Às vezes, esses canais não seguem na direção da mudança que você deseja. Em algumas comunidades, há sérios obstáculos no envolvimento dos pais com as escolas de seus filhos. A ação coletiva com outros pais e educadores pode gerar uma situação poderosa favorável à mudança.

Tellin' Stories é uma iniciativa do programa Teaching for Change, em Washington, D.C. Allyson Criner Brown, diretora associada do Teaching for Change, me disse que o trabalho do Tellin' Stories começou como um projeto estudantil. "O Teaching for Change vinha trabalhando em escolas onde havia um grande influxo de alunos centro-americanos, que anteriormente eram locais de forte presença de afro-americanos. Em termos de organização, nosso trabalho começou fornecendo recursos aos professores para aprenderem sobre esses novos alunos. Quem eram suas famílias? De onde elas vinham?" O Teaching for Change iniciou um projeto em que os pais criaram um quadrado de feltro sobre uma história de sua cultura, mais tarde costurado em uma colcha maior. "As pessoas que estavam trabalham nesse projeto convidaram outros pais para participar e compartilhar suas histórias. Eles descobriram que essa era uma maneira de unir as famílias afro-americanas e latinas, para aprenderem mais uns sobre os outros".[11]

A abordagem do Tellin' Stories baseia-se em três princípios. O primeiro é que nem toda aprendizagem vem de escolas ou do currículo; os pais têm conhecimento válido a ser passado para seus filhos e para os demais na comunidade escolar. O segundo é que a participação da família é uma parte essencial da construção de uma escola forte. O terceiro é que a organização comunitária é fundamental para que todos tenham voz. "Reconhecemos que existem desigualdades relacionadas ao poder em nossa sociedade", afirmou Allyson. "Nas escolas também existem diferenças de poder ligadas à raça, classe, língua e assim por diante. Se você faz parte de um grupo que não detém o poder, como você pode se empoderar? Acreditamos que a organização da comunidade fornece o melhor modelo para aqueles desprovidos de poder em função de seu pertencimento social".[11]

O Teaching for Change trabalha para ter um coordenador de pais em cada escola. Organizam encontros regulares com o diretor, nos quais o calendário não é estabelecido apenas pela escola, mas também pelos pais. Eles iniciam cada ano escolar com um café da manhã de boas-vindas para os pais, no qual os informam sobre todos os recursos disponíveis para eles. Mais importante, deixam claro que os pais têm voz na comunidade escolar, uma voz que é enormemente amplificada quando trabalham juntos. Trata-se de um estado de espírito impulsionado pelo ditado: "Se você quiser ir rápido, vá sozinho. Se quiser ir longe, vá junto".

"Vários pais com quem trabalhamos foram desestimulados a desafiar a autoridade, especialmente por eles próprios", disse Allyson. "A chave para o Teaching for Change é começar a construir relacionamentos e construir a comunidade. Você precisa construir relacionamentos com outros pais e abrir um diálogo para descobrir o que temos em comum e o que queremos para os nossos filhos. Você pode lutar sozinho. Mas se quiser ajuda, deverá investir um tempo construindo esses relacionamentos, escutando os outros. Quando você age dessa forma, escutará algo além de si mesmo. Para moldar a escola como uma instituição, acreditamos ser necessário agir como uma comunidade. Uma ou duas pessoas podem ligar para o centro, gerando uma resposta, mas se aparecermos com 50 ou 75 pessoas, e exigirmos uma reunião, essa mensagem será mais forte".[11]

A escola de anos iniciais do ensino fundamental Bruce Monroe contava com um valioso programa de atividades extracurriculares, que oferecia ajuda para a realização do dever de casa e um local seguro para os jovens quando as aulas terminavam. Lamentavelmente o programa tinha poucos funcionários, com uma lista de espera de 75 alunos. Após o envio de um *e-mail* e uma campanha telefônica para resolver essa situação, o departamento de escolas do District of Columbia Public Schools (DCPS) concordou em realizar uma reunião com os pais. A grande participação e as apresentações intensas dos pais palestrantes levaram o DCPS a fornecer recursos para a contratação de seis funcionários para esse programa, o suficiente para eliminar a lista de espera. O Teaching for Change teve um efeito semelhante em muitas outras iniciativas que afetaram as escolas públicas em Washington, D.C., como as que lidaram com desafios da gentrificação e luta por financiamentos a longo prazo de escolas com uma enorme necessidade de serem reformadas.

MUDANDO O SISTEMA

As escolas podem mudar. O fato é que elas precisam mudar e estão mudando. O ensino e a aprendizagem envolvem um relacionamento entre *alunos, professores, conteúdo* e *contexto*. Todos eles estão se transformando e é por isso que o relacionamento entre eles também precisa mudar. Como pai, você tem o poder de influenciar essas mudanças, de todas as maneiras que já abordamos. Como disse no Capítulo 1, você pode lutar pelas mudanças *de dentro do sistema atual*, particularmente na própria escola de seu filho;

você pode pressionar por mudanças *no sistema* ou você pode educar seus filhos *fora do sistema*.

ESPAÇO DE MANOBRA

Existe mais espaço para fazer mudanças no interior do atual sistema educacional do que muitos acreditam. As escolas funcionam desse modo não porque precisam, mas porque escolheram operar dessa forma. Elas não precisariam ser assim; podem mudar e muitas o fazem. Muitas escolas inovadoras estão rompendo com as convenções a fim de melhor atender aos interesses de seus alunos, famílias e comunidades. Assim como os grandes professores, o que elas têm em comum é uma liderança visionária. Contam com diretores que desejam fazer as mudanças necessárias para promover o sucesso de todos os seus alunos, independentemente de suas circunstâncias e talentos. Um diretor criativo, com os poderes de liderança certos, pode transformar uma escola fracassada em um ponto de inovação e inclusão, que beneficia a todos ao redor.

Veja o caso da escola de anos iniciais do ensino fundamental Orchard Gardens, em Roxbury, Massachusetts. Há 10 anos, essa escola vivia em um marasmo. De acordo com a maioria dos critérios, ela era uma das mais problemáticas do Estado. A escola teve cinco diretores nos seus primeiros sete anos. A cada queda, metade dos professores não retornava. As notas nos testes eram as 5% mais baixas de todas as escolas de Massachusetts. Os alunos eram desmotivados e incontroláveis e havia uma constante ameaça de violência. Não era permitido que os alunos levassem mochilas para a escola por medo que eles pudessem usá-las para esconder armas e havia um caro serviço de segurança, custando mais de 250 mil dólares por ano, para garantir a segurança de todos. Lembre-se, essa era uma escola de anos iniciais do ensino fundamental.

O sexto diretor, Andrew Bott, chegou em 2010. As pessoas lhe disseram que ser diretor da Orchard Gardens seria o fim de sua carreira. Ele sabia que era considerada uma escola com os mais baixos desempenhos de Massachusetts e admitia que quando ingressou nela sentia-se em uma prisão. Ele tinha uma solução radicalmente diferente para os seus problemas, que chocou muitos observadores. Decidiu eliminar completamente a equipe de segurança e, em vez disso, investiu o dinheiro em um programa de artes.

A escola foi listada como uma das oito escolas-piloto em um novo plano criado pelo President Obama's Committee on the Arts and Humanities. Nos dois anos seguintes, Bott substituiu 80% dos professores e recrutou outros com habilidades específicas em artes: profissionais que acreditavam em sua nova visão para a escola. Segundo Bott, "esse foi um investimento muito melhor do que gastar 250 mil dólares em seis pessoas para ficarem caçando pela escola alguns garotos com comportamento inadequado". Juntos, eles introduziram fortes sistemas de apoio aos alunos individualmente. Eles estenderam o dia na escola e iniciaram uma abordagem, baseada em dados, para a sua melhoria, a partir do monitoramento das notas nas avaliações e se concentraram em revigorar a cultura escolar como um todo. Compraram instrumentos, convidaram artistas para trabalharem com as crianças e realizaram oficinas criativas para professores e pais. As turmas de artes deram aos alunos um entusiasmo renovado para aprender e as paredes e corredores da escola logo ficaram cobertos com mostras de seus trabalhos, o que por si só, criou um ambiente mais estimulante e uma sensação de pertencimento nos alunos. Bott afirma: "[...] as crianças têm um bom desempenho quando você planeja e constrói uma escola na qual elas desejam estar. Ter bons programas de arte e de atletismo a transformam em um ambiente agradável para se estar e, nesse momento, você vê o sucesso".[12]

A escola tinha mais de 800 alunos, cuja maioria era qualificada para programas sociais de almoço grátis ou a preço reduzido. Metade dos alunos aprendia inglês como uma segunda língua e um em cada cinco participava de planos de aprendizagem individual para necessidades especiais. Os problemas da escola não eram seus alunos, afirma Bott. Ela precisava de uma nova abordagem para a educação. Ter um currículo mais amplo, rico em artes, motivou todo o corpo discente e promoveu níveis mais elevados do desempenho escolar.

Os estudantes que tinham dificuldades com o antigo sistema ganharam vida e se graduaram com confiança para o ensino médio e além. Para algumas pessoas, abandonar a segurança em favor de programas de artes parecia uma ideia louca. Bott sabia, e os eventos provaram, que se tratava de uma inovação ousada, baseada em uma compreensão profunda do que realmente motiva os alunos a aprender. A transformação ainda não está concluída, mas o progresso tem sido considerável. Bott já não está mais na Orchard Gardens, mas a escola continua a florescer sob a liderança da atual diretora, Megan Webb.[13]

A transformação da Orchard Gardens não dependeu da aprovação de qualquer nova lei. Foi necessário apenas um líder com uma perspectiva para ver além dos hábitos convencionais das escolas, percebendo as oportunidades para realizar uma educação de maneira diferente. A história da Orchard Gardens (e de outras escolas como ela)[14] ilustra uma verdade essencial na educação. O problema geralmente não são os alunos, mas o sistema. Mude o sistema da maneira correta e muitos dos problemas de mau comportamento, baixa motivação e desmotivação tendem a desaparecer. Pode ser que o próprio sistema esteja criando esses problemas.

MUDANDO O AMBIENTE

Boa parte do que acontece nas escolas resulta de hábitos e não de legislação. Também é verdade que a pressão da legislação é considerável e tende a reforçar esses hábitos. Tentativas de transformar as escolas individualmente, como a Orchard Gardens, não são simples, especialmente porque as políticas estaduais e nacionais, e as restrições orçamentárias tendem a dificultá-las. A pressão contínua dos exames padronizados é um exemplo-chave. Em vez de aumentar os padrões, ela tende a comprometer o entusiasmo pela aprendizagem – igualmente em alunos e professores – do qual dependem os padrões de desempenho. É por isso que tantos pais e educadores estão levantando suas vozes contra os testes padronizados e agindo em conjunto para transformar o ambiente na educação, o que afeta a todos.

Ao longo dos últimos anos, pais de todo o mundo protestaram contra o impacto negativo dos testes padronizados. Eles ficaram tão frustrados com o número de testes de alto desempenho imposto aos seus filhos que o movimento assumiu a forma de desobediência civil para registrar seu protesto – eles se recusaram a submeter seus filhos aos testes. A organização foi tão eficaz em Nova York, que aproximadamente 20% dos alunos das escolas públicas, do 3º ao 8º ano, não realizaram os exames estaduais em 2015. Isso tornou os dados dos testes não confiáveis, derrotando, dessa forma, em primeiro lugar, o propósito de realizar o teste. Uma campanha realizada no Colorado levou a maior parte dos grandes distritos do estado a não alcançar a taxa de participação de 95% exigida pelo programa No Child Left Behind, mandando outra mensagem poderosa sobre a insatisfação dos pais com a dependência e os riscos associados aos testes padronizados.[15]

Se você deseja se envolver em um nível ainda mais amplo, então você pode fazer parte de um grupo estadual, ou mesmo nacional, em defesa da educação. Esses grupos estão ativamente abertos a participação dos pais na luta pela reforma educacional a partir de diferentes perspectivas. Por exemplo, a Parents Across America é uma organização criada por dois blogueiros de educação, que cresceu até se transformar em uma organização nacional em defesa da reforma, diversidade e equidade de financiamento do sistema público de educação e contra a privatização e os testes de autodesempenho.[16] Como seu nome sugere, eles constroem sua aliança por meio da participação dos pais.

A Center for Education Reform tem uma agenda diferente, concentrada nas *charter schools* e na escolha de escolas, tendo vários recursos disponíveis e modos de participação dos pais.[17] A Parent Revolution é uma organização da Califórnia que defendeu a lei "acionamento dos pais", que permite que os pais de crianças em escolas de baixo desempenho promovam mudanças na escola, que podem variar da substituição da administração à transformação da escola em uma *charter school*.[18] Existem muitos outros grupos, em diferentes posições, no espectro de reformas educacionais. Esses grupos são conhecidos como *organizações de defesa da reforma educacional* e uma busca *on-line* desse termo irá apresentá-lo a um grande número deles.

SAINDO

Como vimos no Capítulo 6, um pequeno, mas significativo, número de pais está retirando seus filhos da educação formal. A educação domiciliar e a desescolarização lhes permitem desenvolver suas próprias abordagens à educação, livres das limitações das políticas públicas. À medida que aumentarem os recursos *on-line* e evoluírem as redes em apoio a essas opções, provavelmente mais famílias as adotarão. Dessas e de outras maneiras, como pai, você tem escolhas na educação. Exercê-las pode não ser fácil, mas aqui, como em tudo, conhecimento e colaboração significam poder.

O DIFÍCIL E O FÁCIL

Abordamos aqui as maneiras pelas quais você pode influenciar o caráter geral da educação dos seus filhos, especificamente em sua escola, ou a educação como um todo, se você escolher se envolver dessa forma. Qualquer que seja a sua decisão, todas as crianças são indivíduos e uma escola ou professor que funcione bem para uma criança, pode não o fazer para outra. O caminho na educação, como no restante da vida, raramente é fácil. Sempre existirão questões a serem resolvidas e problemas a serem administrados. Na melhor das circunstâncias, seus filhos podem ter problemas na escola ou serem tratados de uma maneira que lhe preocupa. O você deve fazer então e quais as suas opções?

9

Enfrente o problema

N as melhores circunstâncias, seu relacionamento com a escola seria produtivo e você sentiria que todos nela sempre têm em mente o melhor para seu filho. Sendo realista, pode haver mais questões problemáticas ao longo do caminho do que você pode querer discutir com a escola. É razoável que você, como pai, faça isso. Você deve questionar a escola sobre como eles estão realizando suas funções e procurar remediação se considerar que não estão desempenhando isso adequadamente. O que você deve fazer então e quais são suas opções?

Vamos evitar aqui algumas das questões que surgem na escola. Se você e seu filho estiverem enfrentando problemas como distúrbios alimentares, vícios ou automutilação, existem excelentes recursos disponíveis e recomendo que os procure. Você precisará de um aconselhamento individual que não é possível fazermos aqui. Irei me concentrar em algumas questões mais gerais.

Os problemas escolares variam de gravidade e sua abordagem ao lidar com eles precisa ser adequada. Eles podem ser relativamente pequenos, como seu filho receber uma nota que ele não entende ou ter dificuldades com a abordagem de um professor em particular com a turma, ou podem existir questões mais importantes, como problemas disciplinares, brigas entre alunos e professores ou seu filho receber um diagnóstico de problemas de aprendizagem ou de comportamento com o qual você não concorda.

Quando questões como essas surgem, há uma grande possibilidade de você desejar intervir. Muitos pais têm dificuldade em fazer isso de maneira eficiente. Você deseja fazer o que é certo para seus filhos e ao mesmo tempo evitar ser "um pai problema". Como na política global, respostas proporcionais ao tamanho dos conflitos são geralmente as melhores. O modo como você deve reagir ou não ao fato de seu filho não ter sido escolhido para o papel principal na peça da escola pode ser diferente do modo como você o abordaria se ele for acusado de praticar *bullying* com outros colegas.

As escolas não conseguem atender a todas as demandas dos pais sempre e nem devem; nem todas são razoáveis ou mesmo possíveis. O *site* Reddit perguntou aos professores quais foram as reclamações mais "ridículas/fúteis" de pais com as quais eles tiveram que lidar. A seguir, seguem apenas algumas delas:

- Tivemos uma mãe que estava furiosa porque não deixávamos seu filho frequentar a turma que ele desejava. Ele estava no 2º ano, mas nos primeiros dois meses ou mais do ano escolar ele ia todo dia para a turma da educação infantil porque gostava mais dos brinquedos de lá. Quando estava lá, ele zombava dos alunos menores e batia neles dizendo que eram "estúpidos". Quando dissemos à mãe o que estava acontecendo e que precisávamos do seu apoio para a transição, ela achou que não queríamos que seu filho fosse feliz na escola. Finalmente o fizemos frequentar a turma correta, mas o comportamento problemático continuou, assim como as ideias da mãe de que o estávamos apenas perseguindo o menino.
- Uma mãe me perguntou de onde eram os nossos funcionários da limpeza para ela saber se confiava ou não que o material de sua filha não seria roubado na escola. Expliquei que não utilizávamos uma agência e que todos eram contratados diretamente pela escola. "Não", ela esclareceu, "de *onde* eles são?". Ela foi rapidamente convidada a deixar a sala.
- No plano de comportamento da escola, se os alunos não ficassem abaixo de um determinado nível de comportamento adequado, receberiam o *pirulito da sexta-feira*. Um aluno não recebeu um pirulito porque cuspiu em outra criança, entre outras coisas. Os pais foram à escola furiosos, gritando e exigindo um pirulito para o seu filho.
- Um pai se esqueceu de enviar o almoço do seu filho. Ele ligou para escola para dizer que eu deveria deixar a sala de aula, atravessar a rua e comprar um sanduíche para o seu filho.
- Quase fui fisicamente atacado por um pai por ter dado uma nota baixa para seu filho em leitura.
- Dei uma nota baixa para o dever de casa de um aluno. O pai entrou em contato comigo para reclamar que eu estava perseguindo seu filho. Ele concordou que a maioria das respostas estava errada, mas disse que eu deveria "lhe dar uma colher de chá".

- Um pai reclamou porque eu coloquei um CD de música de flauta persa em sala de aula. A aula era sobre linguagens e culturas do mundo e coloquei um CD diferente por dia de outras partes do mundo. O pai achava que eu simpatizava com terroristas e que deveria "ensinar apenas coisas americanas".
- Um pai de um aluno de 5º ano que achava que seu filho não estava sendo exigido o suficiente. Aumentei o volume de trabalho e o nível de exigência para um grau que ele seria capaz de acompanhar. Depois que as notas do aluno caíram minimamente, o mesmo pai se queixou que eu estava sendo muito dura com seu filho. Santa paciência!
- Um pai reclamou que eu estava falando francês demais em uma turma, o que seria uma preocupação legítima se aquela não fosse uma turma de francês de ensino médio.
- Uma mãe queria que seu filho de ensino médio trocasse de professora. Ela argumentou que seu filho estava sendo intimidado pela "voz alta e forte" e que por isso ele não conseguia prestar atenção enquanto líamos trechos de literatura. O aluno era um jogador de futebol de 1,88m de altura. Eu tenho 1,69m e sou uma soprano.
- Lembro do momento em que uma mãe me ligou para dizer que havia decidido escolarizar seu filho em casa. Ela queria saber em que hora do dia eu *passaria em sua casa* para deixar seu dever de casa e que horas eu passaria para pegá-lo e corrigi-lo.

Sua queixa pode ser inteiramente justificada, mas antes de tomar uma atitude, tente encarar a situação a partir do ponto de vista da escola, bem como a partir do seu ponto de vista. Os professores estão lidando com muitas crianças e famílias. Lembre-se também que seu filho pode não ser o mesmo em casa e na escola e pode ter agido de uma maneira que você considera impensável – e que protegê-lo em excesso, quaisquer que sejam as circunstâncias, pode não ser a melhor atitude. Seu papel nem sempre é o de reforçar os pontos de vista dele sobre a escola. Ainda assim, você é o defensor número um do seu filho e sua voz deve ser escutada.

EXPECTATIVAS JUSTAS

Se você realmente estiver preocupado, que tipo de retorno você deveria esperar da escola? No mínimo, uma resposta atenciosa e respeitosa. Conheci pais, especialmente aqueles cuja primeira língua não é o inglês, que me disseram que a escola fez eles sentirem que não deveriam interferir e que os fizeram sentirem-se estúpidos quando intercederam. Isso não está certo. A seguir, são apresentadas algumas orientações para lidar com questões gerais de maneira adequada.

- Você deve esperar que a escola esteja aberta às suas preocupações e que lhe ofereça uma explicação razoável se não puder atender sua solicitação. Você deve esperar que eles sejam acessíveis em algum momento ao longo do dia e que tenham horários para recebê-lo pouco antes ou logo após o horário escolar, quando você puder comparecer. A escola deve estar disposta a discutir qualquer tema relacionado ao seu filho que possa afetar sua escolarização ou socialização. Por exemplo, se você sabe que seu filho está tendo dificuldade em escrever, é possível pedir que a escola ofereça alguma ajuda extra ou que o professor o acompanhe individualmente por mais tempo. Se ele apresentar dificuldades consistentes com outras crianças, é justo pedir à escola que encontre maneiras de lidar com isso.
- A escola deve ter um fórum em que você possa verbalizar suas preocupações com o currículo, as normas escolares, as ofertas extracurriculares e mais. As escolas em geral têm encontros regulares da associação de pais e mestres (APM) nas quais tais preocupações devem ser expressas. Se a escola dos seus filhos não tem esses encontros, converse com alguém que pode fazer eles ocorrerem.
- A escola deve estar aberta para discutir todas as formas de avaliação com você e, quando for adequado, com seu filho. A propósito, isso é diferente de discutir em defesa de uma nota mais alta. Se você acredita que uma nota recebida é injusta, é razoável pedir detalhes sobre as avaliações utilizadas para produzir aquela nota. Se os dados apoiam a nota dada, "Eu ainda acho que ele merece uma nota 10" não é um argumento razoável.

Se seu filho se queixar regularmente de um professor, parecer ter muita dificuldade em uma aula ou se sentir entediado ou pouco estimulado, é importante esclarecer com ele o motivo de isso estar acontecendo. Ele pode estar passando por algo relacionado apenas tangencialmente com a escola. Se for o caso, você precisará lidar com o assunto de outra maneira. Ele pode estar se queixando sobre a escola porque é isso que seus amigos fazem. Entretanto, se seu filho estiver falando sobre um problema e você perceber ou se escutar algo de outro pai da escola, a questão provavelmente precisa da sua atenção. Antes de qualquer coisa, o primeiro passo é ter uma conversa franca com seu filho para obter a perspectiva dele sobre a questão.

Se você considerar necessário, a próxima etapa é falar com o professor. É razoável fazer isso porque você conhece mais seu filho do que as outras pessoas. Ao mesmo tempo, é preciso respeitar o papel dos professores, que estão lidando frequentemente com muitas crianças – não apenas com as suas – e que também recebem todo tipo de pressão. Você deve ser firme nas suas preocupações, mas também aberto ao ponto de vista dos professores, uma vez que essa atitude terá uma chance maior de conduzir a uma resolução positiva do que se você se irritar, exigir ou for intransigente.

Se essa abordagem não funcionar ou se sentir que não pode abordar o professor por alguma razão, é hora de falar com o diretor. Se você deseja tornar essa reunião produtiva, é melhor levar em conta a perspectiva do diretor. Se o professor do seu filho parece estressado com seus alunos, imagine ser responsável por toda a escola. Essa é a função do diretor, bem como lidar com o coordenador, o comitê de educação e as demais partes envolvidas.

Michelle Crouch é uma jornalista premiada que se especializou em orientação de pais e em questões de saúde. Ela entrevistou diretores e ex-diretores em todo o território dos Estados Unidos e escreveu sobre as "22 coisas que os diretores da escola dos seus filhos não lhe dirão".[1] A seguir, são apresentadas algumas que podem ser muito úteis:

- "Se você quiser falar comigo sobre um problema, marque um encontro pela manhã, quando estou começando o dia. À tarde posso estar totalmente esgotado."
- "Você está certa, aquela professora é péssima. Estou na verdade demitindo-a, embora legalmente eu não possa lhe dizer isso. É por isso então que estou sentado aqui tranquilamente enquanto você reclama."
- "Meu maior incômodo? Pais que reclamam comigo antes de conversar com o professor."
- "As crianças são fáceis de lidar. Os pais é que são difíceis. Eles estão constantemente tentando resolver os problemas dos seus filhos por eles."

Isso não quer dizer que os diretores têm pavor de reuniões com os pais: ao contrário, a maioria dos diretores que conheço se dedica ao sucesso de suas escolas e ao bem-estar de seus alunos e famílias. Eles entendem que lidar com as preocupações dos pais é uma parte essencial de fazer um bom trabalho. Você deve apenas se certificar que a situação seja grave o suficiente antes de iniciar o processo.

Quando estiver em uma reunião, tenha um objetivo claro. Diga ao diretor qual é o problema, segundo o seu ponto de vista, e que resultados você deseja. Descreva todas as conversas que teve com o professor do seu filho e tenha um bom argumento. Isso é bem importante, caso esteja lidando com um tema delicado, como mudar seu filho de turma ou buscar ajuda exclusiva da escola para ele.

Se a conversa com o diretor não for útil, você pode conversar com a APM. Já discutimos as funções das APMs, então eu não as apresentarei novamente aqui, mas o comitê da APM em geral tem uma boa relação de trabalho com a direção da escola e um nível elevado de confiança. Se você apresentar seu caso de modo convincente, eles podem ser mais eficientes do que você na sua defesa e na defesa do seu filho.

Se tudo isso falhar e você ainda achar que a escola está errada – e isso pode acontecer – procure o superintendente* de educação ou o comitê de educação. Nesse caso, você fará sua primeira abordagem por escrito com o máximo de informações possíveis. Isso permitirá que o superintendente conheça o seu caso antes de encontrá-lo, o que será importante se o encontro ocorrer durante uma de suas sessões públicas regularmente agendadas.

Finalmente, você pode procurar a ajuda externa com advogados. Por exemplo, se você acha que o seu filho precisa de acompanhamento especial em função de uma determinada condição e a escola estiver relutante em fornecê-lo, existem organizações locais ou regionais que podem fazer alguma pressão. A opção extrema é contratar um advogado. Você deve adotar essa estratégia apenas como última opção e estar plenamente consciente das consequências em potencial.

Vamos abordar três áreas mais específicas que comumente preocupam os pais e como melhor abordá-las na escola: *estresse*, *bullying* e *medicação*.

ESTRESSE

Você lembra que o percentual de pais que achavam que seus filhos estavam estressados era muito menor do que o percentual de crianças que se sentiam assim. Como vimos, nem sempre é fácil para os pais perceber isso. O que a escola pode fazer para ajudar?

---

* N. de T. Nos Estados Unidos, o superintendente é um funcionário da Secretaria de Educação que exerce o controle geral e a supervisão das escolas públicas em um governo estadual.

A Momentous School é uma escola experimental em Dallas, Texas. Ela se destina a alunos de 3 a 10 anos e, associada aos demais conteúdos ensinados, enfatiza a saúde social e emocional das crianças. Michelle Kinder é a diretora executiva do Momentous Institute, do qual a escola faz parte. O programa da escola, ela afirma, é "marcado pelo envolvimento profundo dos pais, uma vez que os alunos se desenvolvem quando eles são reconhecidos e celebrados tanto na escola como em casa". De forma inerente, a escola ensina as crianças, a partir de 3 anos, a entender e a controlar seus sentimentos a partir de seu próprio cérebro. O instituto lhes ensina que: "[...] sua amígdala é responsável por suas emoções, que seu córtex pré-frontal as ajuda a tomar boas decisões e que seu hipocampo as auxilia a lembrar das coisas. As crianças aprendem a biologia básica de suas emoções para que possam experimentar uma maior sensação de controle das mesmas. Ao entenderem o que está acontecendo biologicamente, quando ficam com raiva (sequestro da amígdala) elas podem utilizar a respiração e se concentrar em estratégias de autocontrole".[2]

Como estratégia favorita, a escola utiliza uma bola contendo *glitter* como um modelo do cérebro. "Quando você balança a bola, o *glitter* se movimenta e turva a água, que é uma metáfora do momento em que o cérebro está inundado com emoções e quando é impossível ver claramente e tomar boas decisões". Quando os alunos investem seu tempo em respirar e concentram sua atenção no *glitter*, eles "[...] são capazes de ver claramente e acessar o córtex pré-frontal para tomar boas decisões. Eles sempre tomam o cuidado de reconhecer que o *glitter*, ou o problema, ainda está lá. Mas quando o *glitter* está depositado, as crianças estão no controle e podem encontrar o caminho para a solução". A premissa fundamental do programa é que: "[...] a aprendizagem sobre seu cérebro, autocontrole e compreensão dos outros leva as crianças a alcançar seu potencial total".[2] Essa escola reconhece que nossas vidas são movidas por sentimentos – por nosso mundo interno – e que quando aprendemos desde a mais tenra idade a entender e a lidar com nossos sentimentos, especialmente os negativos, somos capazes de entender as situações ou os problemas que lhes dão origem. Essas são lições para todas as escolas.

Se você acha que seu filho está vivenciando níveis nocivos de estresse por causa da escola, é importante comunicar à instituição o que está acontecendo. Ela já pode ter programas para ajudar com isso e, caso não tenha, você pode pedir auxílio para resolver essa situação. É pouco provável que seu filho seja o único a se sentir dessa forma. A escola pode seguir a liderança de outras que estão levando a sério sua responsabilidade em lidar com níveis elevados de estresse. A seguir, são apresentados outros exemplos:[3]

- *Ioga:* na Smithtown High School, em Nova York, as aulas no giná-sio oferecem aos alunos quatro opções diferentes de atividade física: esportes individuais e coletivos, projeto aventura, preparo físico pessoal e ioga.
- *Amor de filhotes:* animais de estimação podem ser uma forma eficaz de combater o estresse e as escolas de ensino médio estão se valen-do dos benefícios da terapia com cães para alunos sobrecarregados. Na Prospect High School em Mount Prospect, Illinois, a equipe de aconselhamento da escola inclui Junie, uma *golden retriever* que atua como cachorro terapeuta para reconfortar os alunos.
- *Meditação transcendental:* a meditação transcendental – uma forma de meditação que envolve a repetição de um mantra por 15 a 20 mi-nutos por dia com os olhos fechados – se mostrou capaz de reduzir o estresse psicológico dos alunos e muitas escolas de ensino médio estão aderindo as sessões. Escolas em São Francisco experimentaram benefícios significativos com a introdução de um programa de tempo em silêncio/meditação transcendental.
- *Hora da soneca:* para aumentar a energia para a aprendizagem, um cochilo curto energizante é normalmente uma resposta melhor do que um doce ou um refrigerante. Instituições como a Lakeside High School, na Geórgia, estão ajudando seus alunos a aumentar sua energia e suas funções cognitivas disponibilizando salas de estudo de 30 minutos e tempos de descanso opcionais.
- *Salas de bem-estar:* na Belfast Area High School, no Maine, um antigo laboratório de línguas foi convertido em uma sala de bem-estar para ser utilizada por toda a comunidade escolar: professores, alunos e administradores. Profissionais de saúde alternativa oferecem sessões curtas de massagem, Reiki, acupuntura, quiropraxia e outras ativida-des para aliviar o estresse.
- *Intervalo:* como mencionei no Capítulo 6, algumas escolas estão re-descobrindo a importância do tempo para brincar (intervalo). Para reconhecer o valor do relaxamento, do tempo social e das brincadei-ras, algumas escolas estão instituindo intervalos de 20 minutos para dar aos seus alunos mais tempo de pausas entre as aulas. Na Chanhas-sen High School, em Minnesota, os alunos desfrutam dessas interrup-ções diárias bem como de noites livres de dever de casa espalhadas ao longo do ano a fim de ajudar a lidar com a pressão de uma carga de trabalho alarmante.

- *Reuniões de autoestima:* questões envolvendo autoestima e imagem corporal no ensino médio podem ser fatores adicionais significativos para as pressões acadêmicas e estresses sociais. Algumas escolas estão oferecendo aos alunos recursos para lidar com essas questões nas aulas e conferências sobre autoestima saudável e imagem corporal. Na Union County High School, em Nova Jersey, as alunas são convidadas a participar de um dia de atividades para a promoção da autoconfiança, como parte da atividade *Feliz, saudável & completa: uma conferência para empoderar jovens mulheres.* Na escola G. W. Graham Secondary School, uma escola de anos finais do ensino fundamental e de ensino médio localizada na Colúmbia Britânica, uma iniciativa liderada pelos alunos está convidando as meninas a celebrar a beleza natural indo para a escola sem produtos nos cabelos ou maquiagem durante uma semana.
- *Treinamento de* mindfulness: cada vez mais escolas estão ensinando aos alunos *mindfulness* por meio da meditação para relaxarem e fazê-los se concentrar durante o dia escolar. Um dos programas mais conhecidos é o Mind-Up, que se concentra na aprendizagem social e emocional.

Fundado pela premiada atriz Goldie Hawn, o Mind-Up foi desenvolvido por uma equipe de neurocientistas e psicólogos cognitivos e está sendo posto em prática de maneira bem-sucedida em centenas de escolas na América do Norte e na Europa. Ele também inclui sete estratégias para ajudar os pais a se manterem em contato com os estados emocionais dos seus filhos:

- *Não ignore os sinais de que seus filhos estão tendo dificuldades:* uma mudança nos padrões comportamentais pode ser apenas uma anomalia, mas também pode ser uma indicação de que algo está acontecendo.
- *Não trivialize os sentimentos dos seus filhos:* em vez de assumir que seus filhos estão passando por uma fase pela qual todas as crianças passam (como "*terrible twos*"), acompanhe e certifique-se de que não haja algo específico que esteja alterando sua aparência e comportamento.
- *Seja sensível e sintonizado, não reativo ou parental:* ter um canal de comunicação aberto é uma das chaves para se manter em contato com a saúde emocional de seus filhos. Para obter uma avaliação honesta

sobre o modo como eles estão se sentindo, você precisa evitar reagir defensivamente em relação ao que eles têm a dizer.

- *Convide-os para passar um tempo com você:* brincar ou simplesmente estar junto pode render dicas sobre quaisquer problemas pelos quais seus filhos podem estar passando.
- *Se eles não conversam com você, ajude-os a encontrar uma situação em que eles confiem:* às vezes seus filhos não conversarão com você. Se esse for o caso, é importante que você deixe claro para eles que você os apoia a conversarem com *outras pessoas.*
- *Se eles estiverem em perigo real, ajude-os a encontrar o auxílio de que precisam:* alguns pais falham em não buscar ajuda para seus filhos porque não desejam ser percebidos pelos outros como pais de filhos problemáticos. Se esse for o seu caso, é preciso superar isso.
- *Cuide da sua saúde emocional:* seus filhos estão mais sintonizados ao seu próprio estado emocional do que você pode achar. É importante verificar regularmente seu próprio estado emocional.

BULLYING

Uma das mais intensas fontes de estresse na escola é sofrer *bullying*. Ele pode ter efeitos devastadores, incluindo depressão e ansiedade, transtornos físicos e baixo desempenho na escola. Esses efeitos podem ser duradouros e acompanhar as crianças até a vida adulta. Em alguns casos eles podem ser fatais.

Em 2012, Amanda Todd, 12 anos, postou um vídeo de 9 minutos no YouTube. Ela utilizou cartazes para descrever como foi coagida a tirar uma foto sua de *topless* e como isso causou um nível assustador de *cyberbullying*, levando-a a mudar de endereço várias vezes, resultando em abusos físicos e emocionais por parte de seus colegas e a iniciar o uso de drogas e a se automutilar. O vídeo se tornou um símbolo da luta contra o *bullying*, com mais de 17 milhões de visualizações. Infelizmente, isso não ajudou Amanda, que veio a se suicidar.[4]

Aproximadamente um terço dos estudantes dos Estados Unidos afirmou que já sofreu alguma forma de *bullying* na escola. Seu filho pode muito bem ser um deles sem que você saiba. Muitos jovens consideram a experiência dolorosa demais para ser mencionada e muitos sentem que devem ser culpados pelo que estão fazendo com eles. A quais sinais você deve estar atento? O *site* NoBullying.com oferece vários recursos para pais, alunos e funcionários de escolas, e afirma que seu filho pode estar sendo alvo de *bullying* se:[5]

- Frequentemente perde itens pessoais.
- Regularmente pede dinheiro extra ou "perde" o dinheiro do seu almoço.
- Reclama com regularidade de dores de cabeça e de estômago.
- Evita atividades após o horário escolar.
- Em geral vai para a escola mais cedo ou mais tarde do que o horário escolar.
- Cada vez mais finge que está doente para evitar ir para a escola.

O que é o *bullying* e o que você e a escola podem fazer a esse respeito?

Existem dois tipos principais de *bullying*: *direto*, que ocorre na presença da pessoa que sofre o *bullying*, e *indireto*, que ocorre de alguma outra forma, como, por exemplo, espalhando boatos. Existem quatro tipos principais de *bullying* direto: *físico, verbal, de relacionamento* e *dano à propriedade*. Os mais comuns são o verbal e de relacionamento, a maioria dos casos ocorre nos anos finais do ensino fundamental. O *cyberbullying* é mais raro do que a mídia às vezes sugere, com cerca de um entre dez alunos no 6º ano até o final do ensino médio se queixando de ter sofrido esse tipo de experiência, embora um em cada dois alunos LGBT (sigla de lésbicas, gays, bissexuais, travestis, transexuais ou transgêneros) tenham sido vítimas de *cyberbullying*.[6]

Como pai você pode fazer muito para lidar com o *bullying* na escola dos seus filhos. Se seu filho estiver sofrendo *bullying*, você deve entrar em contato imediatamente com a escola, a qual deve ter uma política *antibullying* explícita e se esforçar para que seja cumprida. Ela provavelmente já realizou reuniões com os alunos e sessões noturnas com pais para abordar esse tópico. A simples condenação do *bullying* geralmente não é suficiente para interrompê-lo. O NoBullying.com oferece um modelo valioso de iniciativa *antibullying* para uma escola. Observando que os agentes do *bullying* têm uma menor tendência a agir quando uma figura de autoridade se faz presente, eles recomendam a presença explícita de monitores e professores – treinados para lidar adequadamente com essa situação – aonde quer que os alunos se reúnam. É importante que a escola tenha uma forte cultura *antibullying* em que os alunos entendam o prejuízo que o *bullying* provoca e comecem a se autocontrolar.

A resposta da escola ao *bullying* precisa ser consistente, com expectativas e consequências claras. Ela precisa levar sua mensagem para a comunidade de pais em um esforço de comunicação constante com os alunos em todos os momentos.[7]

O que fazer se seu filho for aquele que pratica o *bullying*? Você pode pensar que isso é impossível, mas um terço dos alunos admitiu que fizeram *bullying* em algum momento.[6] A Dra. Mary L. Pulido é diretora executiva da New York Society for the Prevention of Cruelty to Children e observa que os agentes do *bullying* têm todas as formas e tamanhos. "Eles são de todos os grupos étnicos, raças, classe socioeconômica, gênero e religião. Como pai, você provavelmente ficará chocado em saber que seu filho está intencionalmente provocando dor e humilhação a outras crianças".[8]

Ao ouvir que seu filho está fazendo *bullying* com outras crianças, a primeira etapa é evitar perder a calma. Em seguida, obtenha o máximo de informações que puder sobre a situação e as circunstâncias, explicando ao seu filho o dano causado, ajudando-o a se colocar no lugar da vítima, deixando claro que você não tolerará *bullying* e procurará ajuda profissional se a situação não melhorar. Ela também aconselha sobre a importância de dar o exemplo correto em casa. Os jovens com frequência fazem *bullying* porque a situação em suas casas é difícil ou porque presenciam *bullying* em suas casas.[8]

MEDICAÇÃO

É triste o fato de cada vez mais crianças estarem recebendo medicamentos para conseguir passar pela escola e lidar com sua vida. Uma das razões mais comuns é o diagnóstico de transtorno de déficit de atenção/hiperatividade (TDAH). Refere-se a uma ampla variedade de características comportamentais ligadas com agitação, dificuldade de concentração, inquietação, impulsividade e ao fato de ser facilmente distraído. Mais e mais crianças – e adultos – estão sendo diagnosticados com TDAH e muitas estão recebendo medicamentos para tratá-lo. Existem várias controvérsias sobre a natureza, o *status* e o tratamento do TDAH, as quais você, como pai, deve conhecer. Quais são elas e o que você deve fazer se seu filho for diagnosticado? Como saber se o diagnóstico é bem fundamentado, e se ele for, você deve concordar com a terapia à base de medicamento? Caso contrário, quais são as alternativas?

A hiperatividade é provavelmente tão antiga quanto a humanidade. À medida que a pesquisa médica – e especialmente psicológica – tornou-se mais sistemática no último século, ela foi estudada mais atentamente e recebeu vários nomes, incluindo *disfunção mínima do cérebro* e *disfunções de aprendizagem/comportamentais*. O conceito atual do TDAH surgiu a partir do trabalho do Dr. Charles Bradley, um psiquiatra de Providence, Rhode Island, na década de 30. Ele descobriu, por acaso, que um grupo de crianças que tratava para problemas comportamentais, incluindo hiperatividade, respondia bem a doses de Benzedrina, uma anfetamina. Nos anos seguintes, vários outros médicos e pesquisadores começaram a associar tais comportamentos a um funcionamento anormal do cérebro e também descobriram que ele podia ser mitigado com terapia medicamentosa.

O guia oficial dos transtornos mentais e comportamentais é o *Manual diagnóstico e estatístico de transtornos mentais* (DSM), publicado pela American Psychiatric Association.[9] Segundo o DSM, o TDAH está associado a 18 características gerais, ou sintomas, 9 relacionados à desatenção e 9 à hiperatividade/impulsividade:

Sintomas relacionados à desatenção:

- Com frequência não conseguem prestar atenção aos detalhes ou fazem comentários imprudentes.
- Com frequência têm dificuldade em manter a atenção nas tarefas ou brincadeiras.
- Com frequência não parecem ouvir quando a palavra lhes é dirigida diretamente.
- Com frequência não seguem as instruções e não conseguem terminar as tarefas.
- Com frequência têm dificuldade de organizar tarefas e atividades.
- Com frequência relutam em participar de tarefas que exigem esforço mental constante.
- Com frequência perdem itens necessários para a realização das tarefas ou atividades.
- Com frequência se distraem com estímulos externos.
- Com frequência se esquecem de coisas nas atividades cotidianas.

Sintomas relacionados à hiperatividade/impulsividade:

- Com frequência inquietam-se, batem as mãos ou se contorcem na cadeira.
- Com frequência levantam da cadeira em situações em que se espera que permaneçam sentados.
- Com frequência correm ou escalam em situações em que é inadequado.
- Com frequência são incapazes de brincar ou de participar de atividades de lazer em silêncio.

- Com frequência estão *em atividade*, agindo como se estivessem *movidos por um motor*.
- Com frequência falam em excesso.
- Com frequência respondem apressadamente antes de as perguntas terem sido concluídas.
- Com frequência têm dificuldade em esperar a sua vez.
- Com frequência interrompem ou se intrometem na vez dos outros.

Para ser diagnosticado com TDAH, um indivíduo deve apresentar um mínimo de cinco desses sintomas, em qualquer combinação. Especialistas na área afirmam que os sintomas em geral variam entre meninos e meninas. A condição é normalmente diagnosticada entre 3 e 7 anos e em cerca de um terço dos casos ela continua até a fase adulta. O diagnóstico se baseia em entrevistas com um psiquiatra ou pediatra associadas ao registro do comportamento do indivíduo pelos pais, professores e outros.

Devido a essas variações, existem estimativas muito diferentes sobre quem apresenta TDAH e quem não apresenta. Nos Estados Unidos, a American Psychological Association estima que 1 em cada 10 crianças e 1 em cada 20 adultos tenham sido diagnosticados com TDAH. O Centers for Disease Control and Prevention (CDC) apresenta o dobro de valores. No Reino Unido, estima-se que entre 3 e 7% das crianças (aproximadamente 400 mil) apresentem TDAH. Embora as estimativas variem, não há dúvida de que o número de casos relatados no Reino Unido e nos Estados Unidos aumentou de forma rápida nos últimos 10 anos.

Existem dois tipos principais de tratamento para o TDAH: a terapia medicamentosa e a terapia cognitivo-comportamental. O tratamento é com frequência uma mistura de ambos, dependendo da gravidade dos sintomas. Nos Estados Unidos, os medicamentos mais prescritos são Ritalina e Adderall.[10]

CONTROVÉRSIAS

Muitos psiquiatras, pediatras, educadores, organizações profissionais e famílias não têm dúvidas de que o TDAH é uma condição real e que crianças e adultos diagnosticados com essa condição respondem bem ao tratamento adequado. Existem casos bem-documentados de pessoas e famílias cujas vidas se tornaram impossíveis de serem administradas em função de alguns dos sintomas do TDAH e que encontraram alívio por meio da terapia medicamentosa ou comportamental. Elas não têm dúvida de que o TDAH é real e se irritam com sugestões em contrário. Existe uma grande quantidade de pesquisas e opinião clínica em apoio ao seu ponto de vista.

Um estudo recente sugere que existam evidências físicas do TDAH: que o cérebro em desenvolvimento de crianças com TDAH seja diferente, de maneira sutil, mas significativa, daqueles que não apresentam esse transtorno.[11] Tomografias computadorizadas de crânio mostraram que cinco regiões do cérebro são menores em pessoas com TDAH e que essas diferenças eram mais pronunciadas em crianças do que em adultos com TDAH. O estudo sugere que essas diferenças podem ser temporárias e que à medida que o cérebro das crianças com TDAH amadurece, ele *alcança* o tamanho do cérebro das crianças que não o apresentam. Os autores do estudo esperam que sua pesquisa ajude a desfazer "o amplo mal-entendido sobre o TDAH": por exemplo, que se trate de uma falha de caráter ou de acompanhamento dos responsáveis e não "um transtorno real".[12] A Dra. Martine Hoogman, geneticista na Radbout University, na Holanda, afirma que "[...] essa pesquisa mostra que existem alterações cerebrais envolvidas, exatamente como em outros transtornos psiquiátricos como a depressão ou o transtorno obsessivo-compulsivo, e não há razão para tratar o TDAH de maneira diferente".

Outros especialistas e famílias não estão convencidos de que o TDAH exista da maneira como é divulgado; ou, caso ele exista, que os métodos de diagnóstico sejam confiáveis; que sua incidência seja tão alta; ou que o tratamento com medicamentos seja indicado. Outros aceitam que essa seja uma condição verdadeira, mas argumentam que ela é diagnosticada em excesso.

O Dr. Richard Saul é um neurologista comportamental de Nova York e membro da American Academy of Neurology e da American Academy of Pediatrics. Para ser diagnosticada com TDAH, a criança precisa apresentar apenas 5 de 18 sintomas possíveis, e ele questiona: quantos de nós podem alegar estar inteiramente livres desses sintomas? "Todos passamos por momentos como esses e em níveis moderados, é uma parte normal da condição humana". Segundo esses *critérios subjetivos*, ele argumenta, toda a população dos Estados Unidos estaria qualificada para ser diagnosticada como TDAH.[13]

Ele também afirma que a maioria dos sintomas poderia ter causas diferentes, e que ao longo de sua carreira encontrou mais de 20 condições que produzem os mesmos sintomas do TDAH, cada uma delas com seu próprio tratamento, incluindo transtornos do sono, problemas de visão e audição, abuso de substâncias (maconha e álcool), deficiência de ferro, alergias (em especial respiratórias e intolerância ao glúten), transtorno bipolar e depressão, transtorno obsessivo-compulsivo e problemas de aprendizagem, como a dislexia. Qualquer uma dessas condições, ele argumenta, poderia se encaixar nos critérios do TDAH e os estimulantes não são uma maneira de tratá-las.

Algumas crianças podem ser diagnosticadas com TDAH porque são menores e mais imaturas do que outras em sua turma.[14] Outro estudo acompanhou cerca de 400 mil crianças entre 4 e 17 anos e descobriu que o percentual diagnosticado com TDAH variava significativamente dependendo do mês de nascimento. Crianças nascidas em agosto apresentavam maior possibilidade de serem diagnosticadas com TDAH do que as nascidas em setembro; elas podem ser diagnosticadas erroneamente porque seu comportamento está sendo comparado ao de crianças do mesmo grupo, que podem ser até um ano mais velhas.

Existem preocupações com os métodos de diagnóstico. Como o TDAH é considerado uma condição – e não uma doença, como a malária ou a poliomielite, que podem ser contraídas e transmitidas –, o diagnóstico não é direto ou totalmente confiável. Identificar casos reais de TDAH exige atenção, experiência e tempo. Eu sei, em função de minhas conversas com os pais e especialistas da área, que os diagnósticos são frequentemente realizados apressadamente e sob pressão.

Às vezes, existem razões para duvidar de um diagnóstico. Alguns estudantes, pais ou escolas esperam que ocorra um diagnóstico, pois isso dá aos alunos um tempo maior para a realização dos testes padronizados. Os medicamentos para TDAH também estão em alta demanda como auxiliares para um estudo mais concentrado, quer a pessoa exiba ou não quaisquer sintomas. As pressões da escola e dos testes levaram muitos jovens a usar estimulantes simplesmente para permanecerem acordados e completarem as tarefas, então ser diagnosticado com TDAH é uma maneira legal de ter acesso a eles.

Legais ou não, as vendas de medicamentos para TDAH, em especial a Ritalina e o Adderall, dispararam nos últimos 10 anos. No Reino Unido, quase um milhão de receitas por ano com esses medicamentos foram passadas, quase o dobro de 10 anos atrás. Nos Estados Unidos, a venda de fármacos para TDAH cresce rapidamente a cada ano desde 2010, sendo estimada a geração de 17,5 bilhões de dólares em 2020, tornando essa uma das principais categorias de psicofármacos do mercado.[15] As empresas farmacêuticas investiram fortemente nessas substâncias e oferecem plenos incentivos aos profissionais médicos que as prescrevem.

Richard Scheffler é professor de saúde, economia e políticas públicas na University of Califórnia, Berkeley, e coautor do livro *The ADHD explosion*. Ele afirma que o crescimento explosivo na venda de medicamentos para

TDAH é parte de uma tendência global, especialmente em culturas que premiam a produtividade e um alto desempenho acadêmico. As vendas fora dos Estados Unidos, sobretudo em Israel, China e Arábia Saudita, estão aumentando quase duas vezes mais rápido do que nos Estados Unidos.[16]

Deixando de lado a discussão sobre o *status* do TDAH como condição médica e questões relacionadas ao seu diagnóstico, existem preocupações sobre os efeitos colaterais, em grande parte não divulgados, dos fármacos para TDAH. Em alguns usuários eles podem incluir supressão do apetite e perda de peso, problemas hepáticos, perda de sono, ansiedade, irritabilidade, depressão e até mesmo pensamentos suicidas. Menos frequente, podem levar a alucinações, paranoia e vício.

Existem evidências de que em crianças pequenas, os medicamentos para TDAH podem inibir o desenvolvimento normal da puberdade. Ainda mais preocupante é a velocidade com que estão sendo prescritas para crianças muito pequenas. Em 2016, um relatório do CDC apontou que profissionais da saúde forneceram um diagnóstico de TDAH para pelo menos 10 mil crianças com 2 ou 3 anos e em seguida prescreveram medicamentos como Adderall fora das diretrizes da American Academy of Pediatrics.

Dr. Ed Tronick é professor das ciências do cérebro e do desenvolvimento na University of Massachusetts, Boston. Ele afirmou: "Acho que você simplesmente não pode fazer um diagnóstico desse tipo de transtorno em crianças dessa idade. Existe um limite muito tênue na suposta imagem que essas pessoas atribuem ao protótipo de crianças normais. Desvios desse protótipo as levam a buscar esses tipos de intervenções. Acho uma loucura".[17]

Bruce D. Perry é membro sênior da Child Trauma Academy em Houston, Texas, e uma autoridade reconhecida em transtornos do comportamento. Ele está preocupado em rotular as crianças com TDAH quando na verdade apresentam uma ampla variedade de diferentes problemas fisiológicos. Também vê com cautela a utilização de fármacos cujos efeitos ainda não são inteiramente compreendidos. Perry defende que tratamentos comportamentais e outros tipos de tratamento – terapias somáticas, como ioga, e atividades motoras, como tocar bateria – podem ser igualmente ou mais eficazes ao longo do tempo e não apresentam os efeitos adversos dessas substâncias. Ele argumenta sobre a importância de orientar e dar apoio aos pais e professores, que podem inadvertidamente agravar os problemas comportamentais das crianças. "Você pode ensinar autocontrole aos adultos [...] sobre como ter expectativas realistas a respeito das crianças, como lhes oferecer oportunidades que sejam alcançáveis e orientá-las ao longo do processo de ajuda caso estejam passando por dificuldades... Se você puder reunir um conjunto

das seguintes atitudes, será capaz de minimizar um imenso percentual de problemas que foram rotulados como TDAH: mantenha os adultos respeitosos,
ofereça às crianças objetivos alcançáveis, dê às crianças oportunidades para
que se autocontrolem".[18]

Em abril de 2014, sete importantes membros do Centre for ADHD and
Neurodevelopmental Disorders Across the Lifetime (CANDAL), da University
of Nottingham, na Inglaterra, publicaram uma carta repudiando os pontos
de vista do Dr. Perry, argumentando, ao contrário, que as pesquisas não demonstram que as intervenções comportamentais sejam igualmente eficazes
para o tratamento do TDAH e que as evidências para a sua eficácia "[...]
foram exacerbadas... As crianças com TDAH e suas famílias merecem uma
melhor compreensão pública a respeito da natureza complexa e multifatorial
dessa condição debilitante e acesso a tratamentos melhores, não manchetes
sensacionalistas e estigmatizantes que sugerem que essas crianças e jovens
não apresentem uma condição 'real'".[19]

O QUE VOCÊ DEVE FAZER?

Diante todas essas questões e controvérsias, o que você deve fazer como pai
se suspeita que seu filho sofra de TDAH, ou seja, diagnosticado com esse
transtorno? A seguir, são apresentadas algumas sugestões:

- *Observe o indivíduo:* mesmo se você estiver convencido de que o
  TDAH é uma condição real, lembre-se que nem todo mundo que
  apresenta seus sintomas representa um caso genuíno do transtorno.
  Olhe para seu filho como um indivíduo, não como uma tendência.
  Algumas crianças são naturalmente mais expansivas do que outras;
  algumas têm muita energia física, enquanto outras são naturalmente
  mais calmas e introspectivas. Crianças pequenas geralmente amam
  correr e brincar. Tome cuidado para não patologizar a infância.
- *Considere o contexto:* veja se existem outros fatores em jogo, como
  falta de sono, estresse, falta de exercício ou apenas a idade e o estágio
  de desenvolvimento. Lembre-se de que para várias crianças a escola
  hoje em dia é uma experiência muito sedentária. Se as crianças têm
  que permanecer sentadas o dia todo, realizando trabalho burocrático
  de baixo nível para testes padronizados, não se surpreenda com o fato
  de ficarem inquietas e desejarem correr. Você faria o mesmo.
- *Obtenha uma segunda opinião:* se seu filho for diagnosticado com
  TDAH, sinta-se à vontade para obter uma segunda opinião. Diagnós-

ticos nessa área não são uma ciência exata; não se trata de detectar um vírus ou um osso quebrado. Existem muitos fatores em jogo e você deve estar disposto a questioná-los se não estiver convencido.

- *Explore outras opções:* antes de adotar o tratamento medicamentoso, explore outras possibilidades. Se seus filhos forem fisicamente inativos, coloque-os em atividade; se eles tiverem dificuldade de concentração para coisas que acham entediantes, encoraje-os a fazer atividades que considerem mais estimulantes. No Capítulo 4, destaquei várias maneiras de promover um maior equilíbrio entre o desenvolvimento físico, emocional, cognitivo e espiritual. Tente algumas delas.
- *Leia a respeito:* se você suspeita que seu filho apresenta TDAH ou qualquer outra condição mental para a qual o medicamento esteja sendo recomendado, descubra o máximo que puder sobre essa condição antes de concordar e certifique-se que suas dúvidas sejam adequadamente respondidas.
- *Lembre-se que não é tão ruim assim:* alguns dos sintomas do TDAH podem ser difíceis de lidar, mas eles não são totalmente negativos, destrutivos ou perigosos em longo prazo. Muitas pessoas não se encaixaram no molde da escola, mas tiveram vidas bem-sucedidas e plenas, não apesar de suas personalidades pouco ortodoxas, mas com frequência devido a elas.

Eu disse anteriormente que a educação não é apenas uma preparação para a vida futura. Isso é verdade, mas a vida continua depois do ensino médio. Então, que caminho seu filho deve seguir e como você deve orientá-lo?

10

Olhe para o futuro

À medida que seus filhos chegam à adolescência, a questão sobre o que eles farão depois do ensino médio (ou da educação domiciliar) se torna cada vez mais frequente. Alguns jovens sabem o que desejam fazer em seguida e podem saber disso há muito tempo. Eles já descobriram um talento e uma paixão (seu elemento-chave) que desejam buscar e as próximas etapas para fazer isso podem ser óbvias. Alguns ainda não têm uma ideia clara e estão abertos a sugestões. Como orientá-los como pai e baseado no quê? A resposta nem sempre é óbvia – e a resposta óbvia pode ser errada.

A HISTÓRIA COMUM

Atualmente, a premissa regular é que os jovens fiquem no ensino médio até os 18 anos. Após o ensino médio, eles iniciam a transição para a independência e para ganhar seu próprio sustento. Pelo menos, essa é a teoria. Cada vez mais se ignora que essa transição envolve vários anos do ensino superior. Essa é uma ideia relativamente nova. Há algumas gerações, poucas pessoas chegavam à faculdade. A maioria deixava a escola e ia direto para o trabalho, desde que pudessem encontrar um. Uma das razões para que tantas pessoas ingressassem no ensino superior é que os governos reconheceram que em um mundo de alta tecnologia, movido pela informação, economias bem-sucedidas precisam mais do que nunca de pessoas com formação de nível superior. Se você voltar ao Capítulo 5, verá que eu – e muitos outros – tenho sérias dúvidas sobre o modo como os governos estão lidando com isso. A principal razão pela qual eles encorajam as pessoas a entrarem na faculdade é econômica. Como pai, você pode ter muitas outras razões. A seguir, são listadas algumas das mais comuns:

- *Estudos pessoais e satisfação:* seu filho pode estar interessado em um campo de estudo específico e pretende investir nele por conta própria. Pode ser em qualquer área – matemática, belas artes, astronomia, música – e pode não ter qualquer ligação com carreira alguma. Ele pode querer estudar isso em função do seu valor intrínseco.
- *Crescimento e independência:* você pode achar que a faculdade ajudará seus filhos a amadurecer e a aprender a cuidar de si mesmos em um ambiente de forma relativamente segura antes de assumirem por completo as responsabilidades da vida adulta. Você pode encarar a faculdade como uma escola de final de curso dos dias atuais: um momento para fazer novos amigos e explorar interesses e estilos de vida.
- *Exigências profissionais:* se seu filho deseja seguir uma carreira específica, uma qualificação na faculdade pode ser uma exigência básica, como ainda é em várias profissões, como no direito e na medicina.
- Status *e oportunidade:* para alguns pais, a faculdade é uma plataforma social valiosa, é importante que seus filhos entrem no ensino superior – uma faculdade que ofereça oportunidades para se conectar a redes sociais que trarão vantagens pessoais e profissionais em médio e longo prazos.
- *Renda e segurança:* quaisquer que sejam os interesses e os talentos dos seus filhos, você pode assumir que um título universitário será a maior garantia para que encontrem um emprego bem-remunerado, com segurança e benefícios.
- *Apenas porque...:* você pode simplesmente assumir, como muitos jovens o fazem, que eles devem entrar na faculdade porque é exatamente o que acontece depois do ensino médio, afinal, é esse o sentido de todos os testes. Obter bons resultados nos testes não tem como objetivo melhorar sua vida no ensino médio, mas, nos Estados Unidos, impressionar os recrutadores das faculdades. Se você não irá para a faculdade, qual é o sentido de realizá-los?

Seus motivos para orientar seus filhos a entrarem na faculdade podem ser uma mistura de todos esses, ou você pode ter outras razões dependendo das suas circunstâncias. De qualquer maneira, vale a pena perguntar se suas expectativas sobre a faculdade são embasadas e se o ensino superior é a melhor opção para seu filho.

No Capítulo 5, abordamos as quatro funções principais da educação: *econômica, social, cultural* e *pessoal.* É perfeitamente razoável que você espere que a educação permita que seu filho encontre emprego e se torne financeiramente independente. É possível que um diploma universitário ajude, mas não necessariamente. Estudar para obter um diploma acadêmico tradicional em uma faculdade convencional pode ser o correto para alguns jovens, mas não é a melhor ou a única direção para todos. Nem mesmo entrar na faculdade. Existem outras opções igualmente válidas em programas profissionalizantes ou em assumir diretamente um emprego com formação durante o trabalho.

Dois fatores devem sempre ser levados em conta. O primeiro são os talentos e os interesses dos seus filhos, as características e as oportunidades que serão melhores para eles como indivíduos. O segundo envolve o modo como o mundo do trabalho está mudando, bem como as habilidades e as qualificações gerais que são atualmente necessárias para que os jovens sejam bem-sucedidos.

ENCONTRANDO O SEU ELEMENTO-CHAVE

Encontrar o seu elemento-chave pode ser uma tarefa complexa – tão complexa que dedicamos um livro inteiro a esse tópico.[1] Ajudar seus filhos a encontrar o elemento-chave deles pode ser ainda mais problemático. Uma maneira de relaxar sobre isso é entender que seu papel não é identificar os interesses de seus filhos por eles, mas criar as condições para que eles possam identificar talentos e interesses por conta própria. Katie Hurley concorda. Ele é a autora de *The happy kid handbook: how to raise joyful children in a stressful world* e apresenta quatro estratégias para ajudar seus filhos a seguirem suas paixões.[2]

- *Conheça os interesses do seu filho.* Evite colocá-lo no programa local de futebol ou na turma de mandarim porque é isso que todos os seus vizinhos estão fazendo. Em vez disso, observe (especialmente quando ele estiver brincando) sinais de interesse em assuntos específicos.
- *Pense fora da caixa.* A paixão não está limitada aos campos de brincadeiras e palcos teatrais. Ela pode existir na cozinha, na oficina, nas florestas, além da sua porta dos fundos ou em quaisquer outros lugares. Os pais ficam compreensivelmente ansiosos para oferecer um ambiente rico em experiências aos seus filhos, mas esse enriquecimento não equivale de forma automática a grandes programas organizados.
- *Cultive o otimismo.* "Crianças otimistas são mais dispostas a assumir riscos saudáveis, se tornam melhor solucionadoras de problemas e vivenciam relacionamentos positivos", ela observa. Como o fracasso é parte da vida e seus filhos também terão a sua quota de infortúnios, ajude-os a encarar o que fazem de maneira otimista.

- *Evite o julgamento.* Quando você faz um julgamento negativo sobre a área de interesse do seu filho, você corre o risco de roubar parte da alegria desse interesse. Seu filho não apenas é único e diferente de qualquer outra criança no mundo, ele também é diferente de *você*. Se você esmagar suas paixões potenciais ou pressioná-lo para assumir um interesse pelo qual ele particularmente não se interesse, provavelmente provocará nele uma boa dose de conflito interno.

A autora Valerie Frankel estava obcecada pela falta de definição de interesse por parte de suas filhas até reconhecer que essa obsessão a estava cegando a respeito dos interesses reais, que estavam visíveis. Em sua impaciência para que suas filhas descobrissem seus interesses, ela percebeu que havia "jogado fora milhões de opções ao não perceber certos lampejos". Eventualmente ela acabou deixando de pressionar, escutou e observou: "Passaram-se semanas. Ao limpar uma pilha de papéis da Maggie, percebi que ela havia feito um desenho em cada página. Antes, eu criticava esse hábito como algo que a distraía do seu dever de casa. Dessa vez, eu me abstive de fazer esse julgamento e apreciei". Valerie percebeu que os traços eram desenhos elaborados e detalhados de um cachorro monstruoso que lançava fogo.

"Fido", disse Maggie quando lhe perguntei sobre ele. "Meu personagem. Tenho trabalhado nele há algum tempo". "Você gosta de desenhar?", perguntei. "Ela entrou na aula de artes tão rápido que sua cabeça ainda estava girando. De modo incrível, seu interesse tem aumentado, não desaparecido. Em uma exibição recente dos trabalhos dos alunos na escola pude ver claramente que ela tinha talento, bem como entusiasmo. É claro que estou antevendo uma carreira fabulosa para ela na Pixar".[3]

Bem, talvez. De qualquer maneira, nunca é cedo demais (ou, como Frankel descobriu, tarde demais) para criar as condições na sua casa para ajudar a fazer surgir o melhor de seus filhos. Vamos voltar à definição de *gênio* de Thomas Armstrong. Como você ajuda seus filhos a fazerem surgir sua alegria? Como Paul Simon, deixando sua amante, Armstrong tem uma lista de 50 maneiras.[4] Não podemos listar todas aqui, mas, a seguir, são apresentadas algumas sugestões interessantes:

- Permita que seus filhos cometam erros; se eles tiverem que fazer tudo de forma perfeita, nunca assumirão os riscos necessários para descobrir e desenvolver um dom.
- Não os pressione muito para aprenderem; se os alunos forem mandados para aulas extras todos os dias na esperança de desenvolverem

suas potencialidades, eles podem ficar estressados ou exaustos demais para brilhar.

- Encoraje, mas não pressione. Mantenha sua própria paixão em aprender a viver; seus filhos serão influenciados pelo seu exemplo.
- Compartilhe suas conquistas com a família. Fale sobre coisas boas que aconteceram durante o dia para aumentar a autoconfiança deles.
- Dê aos seus filhos tempo livre para simplesmente devanear e divagar.
- À medida que ficarem mais velhos, estimule-os a pensar de forma positiva e criativa sobre seu futuro.
- Apoie suas visões sem direcioná-las para nenhum campo específico.
- Encoraje-os a confiar em sua intuição e a acreditar em suas capacidades.
- Seja uma ligação entre os talentos de seus filhos e o mundo à sua volta. Ajude-os a encontrar oportunidades de descobrir e desenvolver seus talentos.

O MUNDO DO TRABALHO

O mundo do trabalho está mudando de forma rápida e mudará ainda mais nos próximos anos: o mesmo ocorrerá com os desafios que seus filhos enfrentarão. Muitas pessoas assumem que se seus filhos forem para a faculdade e conquistarem um diploma em um dos cursos seguros como direito, medicina ou ciências contábeis, serão bem-sucedidos. Em alguns países isso ainda é verdade. Nos chamados países desenvolvidos, não é assim. Os Estados Unidos têm mais advogados *per capita* do que qualquer país do mundo, quase 40 para cada 10 mil cidadãos e muito formados em direito não estão exercendo a advocacia, seja porque não querem ou porque não existem muitos empregos disponíveis na área. Um dos resultados desse excesso de advogados é um emaranhado de leis e disputas judiciais cada vez mais confuso. Os advogados, afinal de contas, têm algo a ver com o tempo em que vivem.

Deixe-me dizer logo que um diploma universitário ainda é um bom caminho a ser trilhado para um relativo sucesso financeiro. Segundo um estudo do Pew Research Center, a distância entre a renda de trabalhadores com nível universitário e os que têm apenas o ensino médio nunca foi tão grande e tem se ampliado em um tempo relativamente curto.[5] Ainda assim, um diploma universitário não é mais a garantia de um emprego seguro, ou de qualquer emprego.

O PREÇO DO SUCESSO

Segundo uma estimativa, 45% dos alunos recém-formados na faculdade trabalham em empregos que não exigem formação superior. Um emprego de nível universitário é um trabalho em que pelo menos 50% dos trabalhadores indicaram que um diploma universitário ou superior era necessário. Isso está de acordo com a narrativa da Grande Recessão em que alunos de nível superior trabalharam como motoristas de táxi e caixas de loja, entretanto, os autores destacam que esse número não é exato, uma vez que uma parte dessas pessoas fará a transição para empregos de nível superior nos próximos anos.[6]

Outros fatores a serem levados em consideração são os custos crescentes das faculdades e do volume cada vez maior da dívida estudantil. Esses números sugerem que a história normalmente aceita de escola/universidade/segurança pode não ser tão perfeita para muitos indivíduos. Por um lado, o custo da faculdade nos Estados Unidos disparou – de uma média de 18.574 dólares em 2000 para 38.762 dólares em 2015.[7] Isso corresponde a uma inflação de 209%, ou 71% mais alta do que a taxa de inflação média no mesmo período. Muitas famílias não conseguem pagar isso, o que levou ao mais alto índice de endividamento estudantil já vista – mais de 35 mil dólares por credor em 2015.[8] Nossos filhos estão entrando na idade adulta com uma sobrecarga financeira que poucos de nós tivemos de enfrentar.

Esse cenário – carregar um considerável nível de endividamento enquanto se encontra desempregado em um campo que pode oferecer avanços, mas que não acompanha de forma alguma o nível desejado – merece ser levado em conta antes de orientar seus filhos para quatro ou mais anos de escolarização adicional. Um dos motivos para esse problema é que priorizamos tanto a necessidade de que nossos filhos se tornem doutores ou advogados ou que obtenham seus MBAs que lhes mandamos a mensagem inconsciente que qualquer coisa diferente disso seria o mesmo que desvalorizá-los.

ADEQUADO PARA O TRABALHO?

Enquanto isso, existe um problema crescente de desemprego da juventude. Em alguns países, quase 50% dos jovens estão desempregados ou nunca tiveram um emprego. Nos Estados Unidos, a taxa de desemprego gira em torno de 10%. Em algumas partes do país é quase o dobro disso. Em todo o país, aproximadamente uma em cada sete pessoas – cerca de 6 milhões de pessoas – não está fazendo parte de trabalho, educação ou treinamento. Elas não têm qualquer função ou participação na economia. Elas às vezes são chamadas de "as desconectadas".[9]

Ironicamente, milhões de empregos não são preenchidos. Foi estimado que em 2020 haverá 95 milhões de vagas desse tipo no mundo.[10] Em 2016 havia 5,5 milhões de vagas não preenchidas disponíveis nos Estados Unidos.[11] Muitas delas eram em áreas de trabalho especializado, que requerem formação durante o trabalho, mas não nível superior.

Bob Morrison, da Quadrant Research, conhece por experiência própria a dimensão do problema provocado pela ênfase excessiva no envio de pessoas para a universidade, mesmo no campo da educação profissionalizante: "Vejo isso na minha função como presidente de um grande distrito educacional regional em Nova Jersey. Uma das medidas de um ensino médio bem-sucedido é o percentual de alunos que entra na faculdade. As escolas se esforçam para que todos os seus alunos entrem na faculdade em função do seu impacto nas classificações escolares. Ocorreu também uma tendência perturbadora nas escolas técnicas e profissionalizantes. Muitas delas estão se tornando instituições de treinamento de elite para STEM com um grande foco em tecnologia, abandonando o lado das carreiras e educação técnica. Realmente precisamos que os alunos valorizem o campo das carreiras além do caminho universitário, mas também precisamos analisar atentamente as transformações que ocorrem nesse tipo de instituição. Agora que todos entram na lógica de 'leve-os para a universidade', minha preocupação é que em breve não tenhamos mais a infraestrutura capaz de oferecer suporte às diferentes opções do ensino superior que tantos alunos precisam e desejam".[12]

Um dos resultados é a redução do número de cursos técnicos e profissionalizantes nas escolas. A perda desses programas e o declínio do trabalho como aprendiz e de outras oportunidades de treinamento contribuíram para o que se tornou conhecido como a desigualdade global de habilidades. "Muitos norte-americanos não têm as habilidades que os empregos disponíveis exigem", observou Patrick Gillespie, um jornalista da CNNMoney. "A desigualdade de habilidades se tornou um problema sério nos Estados Unidos."[13] Cerca de um terço dos novos empregos abertos nos Estados Unidos, em 2018, exigirá algum tipo de qualificação profissional não universitária, mas apenas 12% da mão de obra possui qualquer tipo de certificação profissionalizante.[14] Existem exceções. Uma das mais significativas é o crescente sucesso da Big Picture Learning.

A BIG PICTURE

A Big Picture Learning (BPL) foi criada em 1995 em Rhode Island com objetivo de colocar os estudantes no centro da sua própria aprendizagem. Os cofundadores da BPL, Dennis Littky e Elliot Washor, uniram suas experiências de 30 anos como professores e diretores para demonstrar que a educação e as escolas podem e devem ser radicalmente diferentes. A primeira turma da Big Picture Learning se formou em 2000 com uma taxa de graduação de 96%. Hoje, existe uma rede de 65 escolas BPL nos Estados Unidos e muitas outras em todo o mundo, incluindo Austrália, Holanda, Itália e Canadá. Enfatizar a educação personalizada e conectar os estudantes ao universo mais amplo do mundo do trabalho são duas das marcas das escolas BPL. Os alunos dessas instituições passam um tempo considerável na comunidade sob a supervisão de tutores. Eles não são avaliados apenas com base em testes padronizados, mas em apresentações e demonstrações de desempenho, quanto à sua motivação "e em relação a hábitos mentais, manuais e interesses, refletindo as avaliações do mundo real que todos nós enfrentamos no cotidiano de nossas vidas".[15]

Esse é o plano

A Big Picture Learning lida com educação personalizada ao dividir os alunos em pequenos grupos de 15 chamados de consultoria. Cada consultoria é apoiada e liderada por um consultor, um professor que trabalha estreitamente com o grupo de alunos e constrói relações pessoais com cada membro desse grupo. Os alunos permanecem em cada consultoria por quatro anos e cada um trabalha com seu consultor personalizando sua aprendizagem ao identificar interesses e descobrindo como eles aprendem melhor e o que os motiva. Os pais e as famílias também estão envolvidos ativamente em ajudar a moldar a continuação da aprendizagem dos alunos. Uma parte importante desse processo é o desenvolvimento de um plano de aprendizagem pessoal.

O plano de aprendizagem é uma descrição de todo trabalho e aprendizagem que o aluno deve realizar em um determinado prazo. Cada aluno tem uma equipe de plano de aprendizagem, que inclui aluno, pais, consultor e tutor. Ela também pode incluir outras pessoas, tais como um especialista em educação especial, um membro da família ou funcionário adicional. Essa equipe trabalha com o aluno para criar o plano de aprendizagem, que é revisado e atualizado conforme a progressão na escola. Quatro vezes por ano, os alunos apresentam seu trabalho e mostram o que aprenderam diante de uma comissão.

Fazendo funcionar

Como os alunos são incentivados a seguir seus próprios interesses e paixões, não há dois alunos com o mesmo plano de aprendizagem. A maior parte do plano gira em torno da aprendizagem por meio de estágio (*learning through internship* – LTI) e trabalho por projetos. Ele também envolve trabalhar em seminários, turmas na faculdade e trabalho extracurricular. Os alunos acompanham as oportunidades da LTI com um tutor adulto em um local de trabalho profissional de sua escolha. Cada uma das experiências conecta os alunos a adultos da comunidade que trabalham na área de interesse deles. Ao estabelecer uma relação entre estagiário/tutor com um adulto que tem os mesmos interesses, o aluno desfruta de oportunidades práticas para desenvolver habilidades e conhecimentos relevantes. O consultor do aluno auxilia no estágio e o tutor ajuda no desenvolvimento do projeto de trabalho e o apoia por meio do desenvolvimento de habilidades na escola. O resultado é uma experiência baseada nos alunos em que eles são ativamente envolvidos em sua aprendizagem e se sentem desafiados a buscar seus interesses por uma comunidade de apoio de educadores, profissionais e familiares que os conhece como indivíduos.

Os pais na Picture

Os pais têm um papel único. escolhem uma escola Big Picture Learning para seus filhos; escrevem um pequeno texto como parte da candidatura, detalhando por que desejam que seus filhos frequentem a escola; comparecem à entrevista com seu filho para se certificarem de que a escola seja uma boa combinação para a família; e assinam uma carta de concordância com a escola para apoiar a aprendizagem do seu filho de muitas maneiras. Depois eles participam das reuniões do plano de aprendizagem, exibições e de todos os eventos escolares. Em resumo, os pais se matriculam na escola tanto quanto seus filhos. Quando as famílias se matriculam em uma escola Big Picture Learning, elas concordam em fazer uma parceria com a escola, que envolve assumir o compromisso de trabalhar junto no melhor interesse dos alunos. Esses são os compromissos.

Os *pais* concordam em:

- Assistir a todas as quatro apresentações do seu filho a cada ano.
- Comparecer de duas a quatro reuniões de planejamento da aprendizagem do seu filho a cada ano.
- Comparecer a pelo menos um evento para a comunidade com a participação de toda a escola (*open house*, habilidades da família e feira de talentos, etc.), além da comemoração anual de final de ano.
- Manter-se em comunicação regular com o consultor do seu filho.
- Ajudar e monitorar seu filho todos os dias na realização do seu dever de casa.
- Garantir que seus filhos cheguem à escola na hora todos os dias.
- Fornecer pelo menos 10 horas de serviço comunitário por ano à escola (atuando como voluntário durante o dia, atuando no comitê de participação familiar, em viagens de acompanhamento, etc.).

Os *alunos* concordam em:

- Estar na escola na hora todos os dias.
- Fazer seus trabalhos na escola todos os dias.
- Fazer seu dever de casa todos os dias.
- Respeitar seus colegas de turma e professores.
- Trabalhar como estagiário com um tutor a cada ano.
- Escrever em seu diário três vezes por semana.
- Desenvolver um plano de aprendizagem com sua equipe quatros vezes ao ano.
- Apresentar o que aprendeu a cada quadrimestre para uma banca.

A *escola* concorda em:

- Respeitar cada aluno.
- Ter expectativas elevadas sobre todos os alunos.
- Manter-se em comunicação com a família sobre o trabalho do aluno.
- Desenvolver planos de aprendizagem individualizados, escrever pelo menos quatro relatórios por ano para cada aluno e ajudá-los no processo de candidatura às faculdades/planejamento da vida.
- Ajudar cada aluno a apresentar seu trabalho publicamente pelo menos quatro vezes por ano.

Pense em quantos alunos a mais teriam uma chance no mercado de trabalho se as escolas e faculdades trabalhassem juntas, com o estímulo dos pais, para fornecer formas relevantes de educação profissionalizante. Em vez disso, toda pressão é para entrar na faculdade e obter um diploma.

Isso levou a uma situação em que existe um número excessivo de advogados infelizes e um número insuficiente de mestres de obra felizes – o que é irônico, considerando-se que o excesso de advogados e a escassez de mestres de obra tem como resultado que em alguns casos o mestre de obras pode ganhar mais do que o advogado. "Para alguns dos meus alunos, um curso universitário de quatro anos é de longe a melhor opção para eles", escreveu a professora Jillian Gordon, em um artigo para a *PBS Newshour*. "Mas esse não é o caso para todos os estudantes e precisamos parar de fingir que é. Um diploma universitário não é um pedaço de papel que diz 'Você é um sucesso!', assim como a falta dele não afirma que 'Você é um fracasso'."[16]

Felizmente, existem outras opções muito boas além do ensino universitário.

OUTRAS OPÇÕES

Se seu filho não for para a faculdade, quais são as alternativas? Segundo a Association for Carrer and Technical Education, mais de nove mil instituições nos Estados Unidos oferecem cursos técnicos após o ensino médio.[17] Alguns deles podem ser encontrados em faculdades comunitárias (*community colleges*),* enquanto outros estão disponíveis por meio de escolas de comércio, institutos técnicos e centros de habilitação de mão de obra.[18]

Outra opção é a *formação de aprendizes*. O lado positivo dessa formação é que, em vez de pagar por uma educação, um aprendiz recebe dinheiro enquanto aprende. Mike Taylor não descobriu a formação de aprendizes antes de entrar na faculdade e de ter feito uma dívida de 75 mil dólares em empréstimos estudantis. Após a faculdade, ele buscou várias oportunidades de emprego como garçom, que não pagavam muito bem. Então ele descobriu o programa de aprendizes do Plumbers Local 1 no Queens, Nova York.[19] Agora ele está ganhando o suficiente para ter uma casa própria e após ter terminado seus cinco anos de formação como aprendiz, será capaz de ga-

---

* N. de T. Nos Estados Unidos, os *community colleges* são instituições de ensino superior comunitárias que oferecem cursos de apenas dois anos, porém não têm o mesmo *status* ou peso de um diploma universitário. Vários dos cursos oferecidos muitas vezes têm um caráter profissionalizante ou técnico.

nhar mais de 100 mil dólares por ano, bem mais do que muitos alunos com diploma superior ou mesmo PhDs.[20]

Outros países contam com programas de educação profissionalizante mais sintonizados com as necessidades de força de trabalho do que os Estados Unidos. No livro *Escolas criativas*, falei sobre o progresso notável da Finlândia na reforma do seu sistema educacional a ponto de ele ser amplamente considerado como um dos melhores do mundo. As altas notas em matemática, ciências e artes da Finlândia, comparadas com o resto do mundo, foram amplamente reportadas. O que é menos conhecido é que 45% dos estudantes finlandeses escolhem uma carreira técnica em vez de uma acadêmica correspondente à sua educação mais elevada. "Era revelador estar em um país em que a educação profissionalizante desfrutava de um alto prestígio, era financiada e incluía alunos que poderiam entrar para a faculdade de medicina, se essa fosse a sua preferência".[21] Lá, a educação profissionalizante não é considerada uma opção menos importante. Os estudantes desses cursos são tratados com o mesmo nível de dignidade daqueles de carreiras estritamente acadêmicas, e as instituições profissionalizantes são encaradas como instituições respeitáveis de aprendizagem. Isso faz diferença no modo como os estudantes vêm a si mesmos e no modo como percebem o valor de seguir uma carreira profissionalizante.

A Áustria também apresenta um modelo de treinamento educacional profissionalizante (*vocational educational training* – VET) particularmente forte. Todos os estudantes austríacos frequentam as escolas de educação básica nos primeiros nove anos de suas vidas acadêmicas. Depois disso, escolhem seguir a carreira preparatória para a universidade ou a carreira VET. Isso é bem diferente do modelo dos Estados Unidos, em que a maioria das escolas do ensino médio prepara todos os alunos para uma carreira universitária, mesmo que a faculdade não esteja nem de forma remota no horizonte do aluno. A carreira VET é escolhida por 80% dos estudantes austríacos, com metade deles seguindo programas técnicos para trabalho especializado (nos quais ainda têm um ou dois dias de aulas acadêmicas) enquanto a outra metade frequenta a escola integral para aprender sobre enfermagem, operações bancárias e contabilidade. Os estudantes em programas técnicos recebem um certificado ao final e ainda têm a oportunidade de, em seguida, entrar na universidade. A taxa de desemprego entre os jovens na Áustria é a metade da dos Estados Unidos e um terço da média da União Europeia.[22]

A Austrália também criou um programa VET atraindo mais de 400 mil estudantes estrangeiros todos os anos. Um dos fatores que impulsiona a qualidade do sistema VET da Austrália é a premiação do ensino. Todos os professores dessa modalidade precisam de pelo menos cinco anos de experiência em sua indústria relacionada com exigências regulares de atualização. Reconhecendo a rapidez com que os mercados de trabalho podem mudar, o sistema australiano confere aos alunos uma boa dose de flexibilidade. Quase 40% dos estudantes australianos de 15 a 19 anos estão envolvidos nos programas VET.[23]

Gabriel Sanchez Zinny é diretor executivo do INET, o Ministério da Educação Argentino, e se encontrou com os criadores do VET australiano durante um simpósio em Buenos Aires. "Algo que me chamou a atenção foi o nível elevado do debate sobre educação e como os participantes são orgulhosos do VET. Tanto o Partido Trabalhista, à esquerda, quanto a Coalizão, à direita, as instituições públicas, as fundações, os fornecedores privados, todos eles colocam os estudantes e a qualidade da educação no centro do sistema."[24]

Quaisquer que sejam as habilidades ou os interesses de seu filho, há um valor significativo em garantir que ele conheça qualquer programa profissionalizante que sua escola ofereça. Avaliar a abordagem de uma escola no ensino de habilidades práticas deve ser um critério importante na sua decisão sobre para onde enviar seu filho.

EMPREENDEDORISMO

Outra opção é seguir o caminho empreendedor. Muitos empreendedores bem-sucedidos fizeram suas fortunas e mudaram sua cultura sem os benefícios de um diploma universitário. Suas histórias são excepcionais, mas existem tantas pessoas se mantendo fazendo *blogs*, criando aplicativos, vendendo produtos *on-line* e divulgando seus serviços e produtos que vale a pena pensar se esse é o caminho correto para seus filhos. O empreendedorismo não é para todos – ele exige entusiasmo, resiliência, visão, coragem e, é claro, um mercado para o que quer que você esteja vendendo –, mas se seu filho tem essas características e uma reserva financeira suficiente para aguentar a possibilidade de fracasso, um caminho empreendedor pode ser a melhor opção.

Donna M. De Carolis é a diretora fundadora da Escola de Empreendedorismo Charles D., na Drexel University. Ela acredita que todos nós somos empreendedores em algum grau. "Todos nascemos com a capacidade inata para sobreviver e a sobrevivência envolve pensamento inovador", ela escreveu em um artigo para a *Forbes*. "Quando pensamos de forma inovadora e agimos a partir dessa inovação, somos empreendedores."[25] O empreendedorismo pode ser desenvolvido em cada um de nós.

TEMPO FORA

Talvez a faculdade seja exatamente o caminho para seu filho – mas talvez *não agora*. Muitos jovens, especialmente os de alto desempenho, estão simplesmente exaustos devido a todo o estresse e a pressão do ensino médio e as férias de verão podem não ser suficientes para recuperarem o fôlego. Outros têm certeza de que desejam entrar na faculdade, mas não têm ideia do que querem estudar ou onde gostariam de se matricular. Nesses casos, um intervalo de um ano pode se mostrar valioso.

Esses anos sabáticos não devem ser férias de um ano. Não se trata de dormir até o meio dia e de nunca tirar o pijama. Na melhor hipótese, esse tempo fornece aos adolescentes uma oportunidade de crescimento, de se conectarem com o mundo fora de si mesmos e de suas escolas e de obter um nível de maturidade que podem não alcançar se simplesmente saírem de um ambiente acadêmico para outro. Seu valor é tão grande que várias das melhores universidades dos Estados Unidos, incluindo Harvard e Princeton, têm programas em curso que os encorajam. Estudos sugerem que os adolescentes que param por um ano estão mais preparados quando entram na universidade e que suas notas tendem a ser melhores do que seriam caso não tivessem tomado essa decisão.[26]

Gaya Morris parou por um ano porque desejava vivenciar as disciplinas nas quais iria se concentrar antes de estudá-las na universidade. Gaya acabou indo para o Senegal em um programa chamado Ano do Cidadão Global, passando sete meses no país, atuando como voluntária em uma escola de ensino fundamental local, frequentando reuniões de um grupo de alfabetização para mulheres e organizando um clube de inglês para alunos do ensino médio. "Em meu ano sabático descobri muitos novos interesses", ela escreveu. "Uma paixão pela educação escolar do ensino fundamental em países em desenvolvimento, uma paixão por ensinar crianças a ler, uma paixão por uma língua expressiva e ritmada chamada *Wolof*, uma paixão por cortar cebolas na palma da minha mão e esfregar roupas em um balde com apenas alguns centímetros de água turva, com a pele áspera em função do sol e do sabão. Concluí esse ano de descoberta e desafios muito entusiasmada com a faculdade – em abrir livros e até mesmo o Word, encontrar novas pessoas e esbarrar em desafios inesperados, buscando novos e antigos interesses no contexto acadêmico."[27]

Elijah Tucker passou um ano viajando sozinho na Costa Rica antes de obter seu diploma no Bard College. Para ele, o ano sabático foi importante para aprender a viver de modo independente. "Queria ir para algum lugar onde pudesse me perder. Me perder, estar sozinho e não falar a língua me levou emocionalmente a conhecer a mim mesmo. Aprendi a rezar quando estava lá. Entrei dentro de mim e aprendi a ser realmente honesto comigo mesmo. Voltei com uma forte valorização do que era a universidade. Essa não foi a primeira vez que experimentei a liberdade e independência e vivenciei situações. Ter esse tempo me ajudou a dirigir meu foco e visão para o que eu desejava fazer na universidade."[28]

Addison Voelz estava a caminho de acompanhar a maioria dos seus colegas de turma para a Indiana University, chegando até a assinar um documento para obter alojamento no *campus*. Mas quando, por acaso, teve como colega de quarto uma amiga do ensino médio, percebeu que estava em uma esteira rolante e que precisava pular fora dela antes de ser tarde demais. Ela foi para Nova York, fez uma visita ao Fashion Institute of Technology (FIT) e lá descobriu uma identificação que não havia percebido antes. Passou um ano trabalhando na indústria da moda e fazendo dois estágios na área. "Sabia que essa era a minha oportunidade de conhecer novas pessoas, fazer contatos e construir uma rede para minha futura carreira e ficar no mesmo círculo não me ajudaria em nada disso", disse ela. Porém, "eu estava um pouco assustada em me mudar para Nova York e me candidatar para uma escola em que não sabia se seria aceita. Comecei a pensar em um plano B, mas realmente não tinha um". Felizmente ela não precisou dele, pois foi aceita no FIT e entrou em um curso para se formar em três anos.[29]

Como você pode perceber em cada uma dessas histórias, os estudantes usaram seus anos sabáticos para obter um nível de percepção e experiência que não poderiam ter conseguido se tivessem ido diretamente para a faculdade. Se seu filho está pensando em tirar um ano sabático ou se você pensa que esse período pode ser benéfico para ele, é melhor planejá-lo adequadamente e com um claro sentimento de propósito. Um número cada vez maior de faculdades oferece programas de anos sabáticos e, então, faz sentido que seu filho se candidate para instituições que interessem a ele, mesmo se ele quiser tirar um ano sabático antes de começar, aproveitando as oportunidades que a faculdade oferece. Existem também feiras de anos sabáticos realizadas por todo o país que apresentam aos alunos uma grande variedade de oportunidades.[30]

FACULDADE

Isso não quer dizer que o melhor caminho para seu filho não seja entrar imediatamente na faculdade. Muitos foram extremamente bem-sucedidos em suas vidas seguindo esse caminho. Conheço muitas pessoas que descrevem suas experiências na faculdade como os melhores anos de suas vidas, o lugar em que descobriram a si mesmas e encontraram os interesses que desde então as impulsionam. Tudo o que estou dizendo é que esta não é a única escolha disponível nem mesmo a melhor delas em todos os casos, é importante observar seu filho, pensar seriamente em seus interesses e talentos (bem como outras considerações, como seu nível de maturidade e independência) e decidir se a faculdade é o melhor veículo para conduzi-lo ao futuro.

Existem bibliotecas inteiras disponíveis sobre como escolher a melhor faculdade, de modo que não preciso abordar essa questão aqui. Porém, é importante reconhecer que existem agora muitas outras maneiras de estudar para obter diplomas e outras qualificações de nível superior além da presença física em uma universidade por quatro ou mais anos. Especialmente nos últimos 10 anos, houve uma proliferação de cursos e faculdades *on-line*, que oferecem programas de graduação por uma fração do preço das faculdades convencionais e flexibilidade considerável quanto ao modo e ao momento em que esses cursos serão frequentados. O mundo da aprendizagem *on-line* é como o velho oeste no momento, com muitas iniciativas fracassadas, falsas promessas e charlatões entre provedores legítimos de excelentes cursos e de qualificações que valem a pena. Aqui, como em todas as transações *on-line*, você precisa ser cuidadoso e utilizar a devida diligência. As opções são muitas e elas provavelmente devem melhorar à medida que as experiências se acumulam e os sistemas amadurecem.

O CAMINHO À FRENTE

Um dos perigos da educação padronizada é a ideia de que um tamanho serve para todos e de que a vida é linear. A verdade é que existem muitos caminhos para a realização. A vida da maioria das pessoas não segue uma rota padronizada: elas em geral se movem em direções inesperadas, descobrem novos interesses ou aproveitam oportunidades não planejadas. É importante a escola não limitar o futuro dos seus filhos ao assumir que o tipo de educação que você recebeu será inevitavelmente adequado para eles. Você pode pensar que algumas matérias serão mais úteis do que outras para encontrar uma carreira. À medida que o mundo muda, isso pode não ser verdade.

O melhor que você pode fazer é ajudar seus filhos a se desenvolverem de diferentes maneiras e ajudá-los a identificar os talentos e os interesses pessoais que mais os motivam. Eles criarão e viverão suas próprias vidas, como você também fez. Por mais que você cuide deles como deve e se esforce como pode, você não pode fazer isso por eles.

Notas

CAPÍTULO 1: **Oriente-se**

1. Ela postou o poema no seu *blog Motherhood for Slackers* e o compartilhou no Facebook. Disponível em: https://motherhoodforslackers. com/2014/08/20/dear-teacher/.

2. GRAY, P. Welcome to the world of self-directed education. *Alternatives to School*. c2019. Disponível em: http://alternativestoschool.com. Acesso em: 30 mar. 2019.

3. FARKAS DUFFETT RESEARCH. *Learning less:* public school teachers describe a narrowing curriculum. 2012. Disponível em: http://great minds.net/maps/documents/reports/cc-learning-less-mar12.pdf. Acesso em: 30 mar. 2019.

4. Para mais informações sobre este tema acesse: AMERICAN FOR THE ARTS. *The state status report:* a review of state and regional arts education studies. Washington: Silk, Mahan, and Morrison, 2015. Disponível em: http://www.americansforthearts.org/sites/default/files/ State_Status_Report_Final.pdf. Para mais detalhes acesse também http://www.quadrantresearch.org/group-list/priorre search. Acesso em: 30 mar. 2019.

5. KAMENETZ, A. *The test:* why our schools are obsessed with standardized testing but you don't have to be. New York: Public Affairs, 2015. p. 5.

6. KAMENETZ, A. *The test:* why our schools are obsessed with standardized testing but you don't have to be. New York: Public Affairs, 2015. p. 7. Para outras informações sobre a propagação e impacto da testagem,

padronização e privatização na educação pública, ver RAVITCH, D. *Reign of error*: the hoax of the privatization movement and the danger to america's public schools. New York: Vintage Books, 2014.

7. WORLD ECONOMIC FORUM EXECUTIVE SUMMARY. *The future of jobs*: employment, skills and workforce strategy for the fourth industrial revolution. Switzerland: Word Economic Forum, 2016. Disponível em: http://www3.weforum.org/docs/WEF_FOJ_Executive_Summary_Jobs. pdf. Acesso em: 30 mar. 2019.

8. PETERS, S. Cities where the most (and least) people graduate high school. *24/7 Wall Street*. 2016. Disponível em: http://247wallst.com/special-report/2016/07/18/cities-where-the-most-and-least-people-graduate-high-school. Acesso em: 30 mar. 2019.

9. PBS. *Closing the achievement gap*: charter school FAQ. Disponível em: http://www.pbs.org/closingtheachievementgap/faq.html. Acesso em: 30 mar. 2019.

10. AVERAGE PRIVATE SCHOOL TUITION COST (2016-2017). *Private School Review*. 2016. Disponível em: http://www.privateschoolreview. com/tuition-stats/private-school-cost-by-state. A mensalidade anual é em média 37.119 dólares para escolas de ensino médio privadas em Vermont.

11. KIERNAN, J. S. Private schools vs. public schools: experts weigh in. *Wallet Hub*. 2016. Disponível em: https://wallethub.com/blog/private-school-vs-public-school/23323. Acesso em: 30 mar. 2019.

12. LUBIENSKI, C. A.; LUBIENSKI, S. T. *The public school advantage*: why public schools outperform private schools. Chicago: University of Chicago, 2013.

13. Falo mais sobre este tema em ROBINSON, K. *Out of our minds*: the power of being creative. Hoboken: Wiley, 2017.

14. GARCIA, L. E. Comunicação pessoal, julho de 2017.

15. De tempos em tempos, refiro-me novamente ao livro *Escolas criativas* para apoiar algo que digo aqui, o que significa que você não precisa ler esse livro para entender este. É claro, se você também quiser ler *Escolas criativas*, será uma grande oportunidade para se aprofundar no assunto.

CAPÍTULO 2: **Conheça seu papel**

1. COHEN, P. Family diversity is the new normal for america's children. *Family Inequality*. 2014. Disponível em: https://familyinequality.files. wordpress.com/2014/09/family-diversity-new-normal.pdf. Acesso em: 4 abr. 2019.

2. ANGIER, N. The changing american family. *New York Times*, 25 nov. 2013.

3. A população mundial também estava crescendo rapidamente, dobrando de um para dois bilhões entre 1800 e 1930.

4. Embora o nome de família tenha passado tradicionalmente por meio da linhagem masculina e em famílias nobres, a riqueza e os títulos também passam com precedência para as crianças do sexo masculino.

5. O premiado documentário *India's daughter* aborda o aterrorizante estupro e a morte da menina Jyoti Singh de 23 anos. Seu assassinato gerou protestos nacionais pela Índia, em parte por ele não ser incomum. Aproximadamente 25 mil meninas e mulheres são estupradas por ano na Índia, quase todas por alguém que conhecem. Pelo menos mil mulheres e meninas são assassinadas nos chamados crimes de honra, geralmente por membros de suas próprias famílias. Elas podem ser mortas por se apaixonarem pela pessoa errada ou mesmo, como no caso de Jyoti Singh, por estar tarde da noite na rua com um amigo do sexo masculino. Quase tão chocante quanto os assassinatos é a sua defesa de que eles são justificados para redimir a vergonha da família.

6. COMPASSION INTERNATIONAL. *What is poverty?* c2019. Disponível em: http://www.compassion.com/poverty/what-is-poverty.htm. Acesso em: 3 abr. 2019.

7. MORELL, V. Why do animals sometimes kill their babies? *National Geographic*. 2014. Disponível em: https://news.nationalgeographic.com/news/2014/03/140328-sloth-bear-zoo-infanticide-chimps-bonobos-animals/. Acesso em: 4 abr. 2019.

8. MOMMY, F. *Do parents feel peer pressure too?* 2014. Disponível em: http://www.foggymommy.com/parents-face-peer-pressure. Acesso em: 4 abr. 2019.

9. Muitas pessoas ficaram surpresas em saber disso e pensam que a punição corporal nas escolas seja ilegal, mas não é. Em 1977, a Suprema Corte decidiu que bater ou espancar crianças ainda é uma atitude legal naqueles

distritos locais que ainda não baniram tais práticas. Trinta e um estados aboliram a punição corporal nas escolas públicas, mas ela permanece como comum ou rotineira em pelo menos nove estados, principalmente no sul dos Estados Unidos.

10. O amor parental não depende das qualidades pessoais da criança, embora elas naturalmente tenham mais influência sobre você à medida que a personalidade da criança se desenvolve. O amor parental é inerente à relação pai-filho. Quando seus filhos são jovens, seu amor pode parecer unidirecional e não correspondido. À medida que ambos envelhecem juntos e que suas necessidades e perspectivas inerentes mudam, o equilíbrio muda.

11. Já escrevi, em outro momento, sobre quando meu pai quebrou seu pescoço em um acidente na fábrica quando tinha 45 anos de idade e ficou quadriplégico.

12. MULHOLLAND, A. "Super parent" pressure taking mental health toll, research shows. *CTVNews*. 2014. Disponível em: https://www.ctvnews.ca/lifestyle/super-parent-pressure-taking-mental-health-toll-research-shows-1.2003955. Acesso em: 4 abr. 2019.

13. CHERRY, K. The 4 styles of parenting. *Very well mind*. 2019. Disponível em: http://psychology.about.com/od/developmentalpsychology/a/parenting-style.htm. Acesso em: 4 abr. 2019.

14. INDIANA UNIVERSITY. "Helicopter parentes" stir up anxiety, depression. *IU News Room*. c2013. Disponível em: http://newsinfo.iu.edu/web/page/normal/6073.html. Acesso em: 4 abr. 2019.

CAPÍTULO 3: **Conheça seu filho**

1. COOPER-WHITE, M. Nature or nurture? the long-running debate may finally be settled. *Huffington Post*, 29 maio 2015.

2. GOPNIK, A.; MELTZOFF, A. N.; KUHL, P. K. *The scientist in the crib*: what early learning tells us about the mind. New York: Harper Perennial, 2001. p. 1.

3. KARP, H.; SPENCER, P. *The happiest toddler on the block*: how to eliminate tantrums and raise a patient, respectful and cooperative one-to four-year-old. New York: Bantam Books, 2008.

4. PULLA, P. Why do humans grow up so slowly? Blame the brain. *Science*, 25 ago. 2014.

5. O lado negativo desse processo mais lento de mielinização é que os seres humanos são mais vulneráveis durante a juventude e adolescência aos distúrbios emocionais e psiquiátricos, incluindo depressão e esquizofrenia, que também são muito comuns.

6. REMMEL, E. The benefits of a long childhood. *American Scientist*, maio/jun. 2008.

7. MCLEOD, S. Jean Piaget. *Simply Psychology*. 2018. Disponível em: http://www.simplypsychology.org/piaget.html#stages. Acesso em: 3 abr. 2019.

8. Outras teorias e modelos abordam diferentes aspectos do desenvolvimento das crianças. Por exemplo, Erik Erikson defendeu que existem cinco etapas, cada uma delas construída em torno de uma tensão central: *confiança* vs. *desconfiança* (do nascimento até um ano de idade), descobrir em quem você pode confiar para cuidar de você; *autonomia* vs. *vergonha e dúvida* (início da infância), começar a tomar decisões simples e obter controle sobre o próprio corpo e o ambiente; *iniciativa* vs. *culpa* (anos da pré-escola), experimentar e desenvolver um senso de liderança em assumir controle de si mesmo enquanto aprende a importância de trabalhar com os outros; *realização* vs. *inferioridade* (idades de cinco a 11 anos), desenvolver um sentimento de realização e orgulho na realização; e *identidade* vs. *confusão* (adolescência), desenvolver um sentido de si mesmo e de independência enquanto aprende a viver na estrutura social.

9. KEITH, F. 10 modern cases of feral children. *Listverse*. 2008. Disponível em: http://listverse.com/2008/03/07/10-modern-cases-of-feral-children/; Dainius, "Shocking Real Stories of Feral Children Told with Dark Photos", BoredPanda, http://www.boredpanda.com/feral-children-wild-animals-photos-julia-fullerton-batten. Acesso em: 3 abr. 2019.

10. STEWART, K.; COOPER, K. Does money affect children's outcomes? A review of evidence on casual links. *Child Poverty Insights*. 2013. Disponível em: http://www.unicef.org/socialpolicy/files/CPI_October_2013.pdf. Acesso em: 3 abr. 2019.

11. BERGER, L. M.; PAXSON, C.; WALDFOGEL, J. Income and child development. *Science Direct*. 2009. Disponível em: https://www.sciencedirect.com/science/article/pii/S0190740909001108. Acesso em: 3 abr. 2019.

12. Existem 24 distúrbios conhecidos do desenvolvimento sexual (DSDs). Pessoas intersexo possuem cromossomos XX e XY e tanto tecido testicular quanto ovariano. Algumas DSDs são raras, outras são tão comuns

quanto ter gêmeos. Em cidades como Londres ou Nova York, estima-se que 100 mil pessoas podem apresentar DSDs de algum tipo.

13. GENDER SPECTRUM. *Understanding gender.* c2019. Disponível em: https://www.genderspectrum.org/quick-links/understanding-gender. Acesso em: 3 abr. 2019.

14. ROBB, A. How gender-specific toys can negatively impact a child's development. *New York Times*, 12 ago. 2015.

15. ARMSTRONG, T. *Awakening genius in the classroom.* Alexandria, VA: Association for Supervision and Curriculum Development, 1998.

16. GARDNER, H. The components of MI. *Multiple Intelligences Oasis.* Disponível em: http://multipleintelligencesoasis.org/about/the-components-of-mi. Acesso em: 3 abr. 2019.

17. STERNBERG, R. *Intelligence:* triarchic theory of intelligence. *State University.* 2017. Disponível em: https://education.stateuniversity.com/pages/2104/Intelligence-TRIARCHIC-THEORY-INTELLIGENCE.html Acesso em: 3 abr. 2019.

CAPÍTULO 4: **Crie-os para serem fortes**

1. JAYSON, S. Teens feeling stressed, and many not managing it well. *USA Today.* 2014. Disponível em: https://www.usatoday.com/story/news/nation/2014/02/11/stress-teens-psychological/5266739/. Acesso em: 4 abr. 2019.

2. AMERICAN ACADEMY OF PEDIATRICS. Promoting children's mental health. c2019. Disponível em: https://www.aap.org/en-us/advocacy-and-policy/federal-advocacy/Pages/mentalhealth.aspx. Acesso em: 4 abr. 2019.

3. AMERICAN PSYCHOLOGICAL ASSOCIATION. APA stress survey: children are more stressed than parents realize. Washington: APA, 2009. Disponível em: https://www.apaservices.org/practice/update/2009/11-23/stress-survey. Acesso em: 2 abr. 2019.

4. Tivemos celulares antes deles, mas eles não eram *smartphones*. A maioria de nós nem tinha celular até o fim da década de 1990.

5. ZEPHORIA DIGITAL MARKETING. *The top 20 valuable Facebook statistics:* updated august 2017. 2017. Disponível em: https://zephoria.com/top-15-valuable-facebook-statistics. Acesso em: 4 abr. 2019.

6. Em 2016, a indústria dos *videogames* era estimada em 99,6 bilhões de dólares e em crescimento. Ver MINOTTI, M. Video games will become

a $99.6B industry this year as mobile overtakes consoles and PCs. *Venture Beat*. 2016. Disponível em: https://venturebeat.com/2016/04/21/video-games-will-become-a-99-6b-industry-this-year-as-mobile-overtakes-consoles-and-pcs/. Acesso em: 4 abr. 2019.

7. BERGLAND, C. Social media exacerbates perceived social isolation. *Psychology Today*, 7 mar. 2017. Disponível em https://www.psychologytoday.com/us/blog/the-athletes-way/201703/social-media-exacerbates-perceived-social-isolation. Acesso em: 4 abr. 2019. A equipe entrevistou 1.787 adultos de 19 a 32 anos sobre sua utilização das 11 plataformas de mídia mais populares na época em que a pesquisa foi realizada, em 2014: Facebook, YouTube, Twitter, Google Plus, Instagram, Snapchat, Reddit, Tumblr, Pinterest, Vine e Linked-In. Ver HOPPER, D. Brian primack, University of Pittsburgh: social media and depression. *Academic Minute*. 2016. Disponível em: https://academicminute.org/2016/05/brian-primack-university-of-pittsburgh-social-media-and-depression/. Acesso em: 4 abr. 2019. Os participantes do estudo que visitaram endereços de mídias sociais 58 ou mais vezes por semana apresentavam um risco de isolamento social três vezes maior do que aqueles que visitavam essas páginas menos de nove vezes por semana. A associação com o isolamento foi encontrada mesmo depois de levar em conta fatores sociais e demográficos que poderiam ter influenciado o resultado. A coautora Elizabeth Miller, professora de pediatria na University of Pittsburgh, afirmou: "Ainda não sabemos o que veio primeiro, o uso das mídias sociais ou o isolamento social observado. É possível que os jovens adultos que se sentiram inicialmente isolados tenham se voltado para as mídias sociais. Pode ter ocorrido que seu uso cada vez maior das mídias sociais, de algum modo, levou a um sentimento de isolamento do mundo real. Pode ter sido também uma combinação dos dois fatores. Entretanto, mesmo que o isolamento social tenha ocorrido primeiro, ele não parece ter sido aliviado pelo tempo passado *on-line*, mesmo em situações supostamente sociais". Social media is increasing loneliness among adults, say psychologists, *HuffPost United Kingdom*. 2017. Disponível em: https://www.huffingtonpost.co.uk/entry/social-media-making-adults-feel-lonely-study_uk_58bd26c9e4b05cf0f4016e11?guccounter=1&guce_referrer=aHR0cHM6Ly93d3cuZ29vZ2xlLmNvbS8&guce_referrer_sig=AQAAACXMNWIuMoA1-0IQRb7-iM9LXqICBOpcvu6AVf3AuzYJHhOlb9kG-tiXbVzr7NEfjmHVvD2cMGETgEPVkbiZJ82042h2X3LUPQniTPOn7xRpuZqAnMhSHKOpCEh10fIfXF24vpY1GECZ21ONp7TyW8-GHBwaQUp6Rg6_nAqg5onY. Acesso em: 4 abr. 2019.

8. TAYLOR, J. How technology is changing the way children think and focus. *Psychology Today.* 2012. Disponível em: https://www.psycholo-gytoday.com/us/blog/the-power-prime/201212/how-technology-is-chan-ging-the-way-children-think-and-focus. Acesso em: 4 abr. 2019.

9. ROWAN, C. The impact of technology on the developing child. *Huffington Post.* 2013. Disponível em: https://www.huffpost.com/entry/technology--children-negative-impact_n_3343245. Acesso em: 4 abr. 2019.

10. CENTERS FOR DISEASE CONTROL AND PREVENTION. Childhood obesity facts. 2015. Disponível em: http://www.cdc.gov/healthyschools/obesity/facts.htm. Acesso em: 4 abr. 2019.

11. NATIONAL INSTITUTE ON DRUG ABUSE. Drug use hurts families. c2019. Disponível em: https://easyread.drugabuse.gov/content/drug-u-se-and-families. Acesso em: 31 mar. 2019.

12. PERSILUK. *Free the kids:* dirt is goo. London: PersilUK, 2016. 1 vídeo (2:37 min). Disponível em: https://www.youtube.com/watch?v=8Q2Wn-CkBTw0. Acesso em: 4 abr. 2019.

13. SRTS GUIDE SAFEROUTESINFO.ORG. *The decline of walking and bicycling.* [2013?] Disponível em: http://guide.saferoutesinfo.org/introduction/the_decline_of_walking_and_bicycling.cfm. Acesso em: 1 abr. 2019.

14. FINKELHOR, D. Trends in children's exposure to violence, 2003 a 2011. *JAMA Pediatrics,* v. 168, n. 6, p. 540, 2014. Entre as 50 tendências de crimes estudados, ocorreram 27 reduções significativas e nenhum aumento considerável entre 2003 e 2011. O endereço eletrônico Free-Range Kids postou recentemente o seguinte: o crime está de volta ao nível em que o galão da gasolina custava 29 centavos e anterior ao da TV colorida; mortes de pedestres, ciclistas e de motoristas de carro atingem as taxas mais baixas em décadas.

15. FIRESTONE, L. 7 tips to raising an emotionally healthy child. *Psychology Today.* 2012. Disponível em: https://www.psychologytoday.com/intl/blog/compassion-matters/201211/7-tips-raising-emotionally-healthy-child. Acesso em: 1 abr. 2019.

16. TENNANT, V. The powerful impact of stress. *Johns Hopkins School of Education.* 2005. Disponível em: http://archive.education.jhu.edu/PD/newhorizons/strategies/topics/Keeping%20Fit%20for%20Learning/stress.html. Acesso em: 1 abr. 2019. Ela prossegue: "Níveis elevados do principal hormônio associado ao estresse, o cortisol, podem deprimir o

sistema imunológico e têm sido implicados na incidência de aids, esclerose múltipla, diabete, câncer, doença coronariana, Alzheimer e Parkinson".

17. COHEN, M. Student guide to surviving stress and anxiety in college & beyond. *LearnPsychology*. c2019. Disponível em: https://www.learnpsy-chology.org/student-stress-anxiety-guide. Acesso em: 2 abr. 2019.

18. AMERICAN PSYCHOLOGICAL ASSOCIATION. *Identifying signs of stress in your children and teens*. c2019. Disponível em: https://www.apa.org/helpcenter/stress-children.aspx. Acesso em: 2 abr. 2019.

19. WALKER, M. *Por que nós dormimos*: a nova ciência do sono e dos sonhos. Rio de Janeiro: Intrínseca, 2018.

20. HUFFINGTON, A. *The sleep revolution*: Transforming your life one night at a time. New York: Harmony Books, 2016. p. 20.

21. Os livros de Matthew Walker e Arianna Huffington possuem excelentes orientações práticas sobre como fazer isso, para você e para seus filhos. Ambos são altamente recomendados.

22. WORLD HEALTH ORGANIZATION. *Report of the commission on ending childhood obesity*. Geneva: World Health Organization, 2016. Disponível em: http://apps.who.int/iris/bitstream/10665/204176/1/9789241510066_eng.pdf. Acesso em: 4 abr. 2019.

23. RATEY, J. J. *Spark*: the revolutionary new science of exercise and the brain. New York: Little, Brown, 2008. p. 3.

24. Ele continua, "Eles têm nomes como fator de crescimento semelhante à insulina (IGF-1) e ao fator de crescimento do endotélio vascular (VEGF), fornecendo uma visão inédita da conexão corpo-mente. Ainda existem muitas coisas que não entendemos sobre o que ocorre no microambiente do cérebro, mas acredito que o que conhecemos pode mudar as vidas das pessoas. E, talvez, da própria sociedade".

25. RATEY, J. J. *Spark*: the revolutionary new science of exercise and the brain. New York: Little, Brown, 2008. p. 5.

26. NATIONAL ASSOCIATION FOR THE EDUCATIONAL OF YOUNG CHILDREN. *A conversation with Dr. Alison Gopnik*. 2016.

27. LOUV, R. *Last child in the woods*: saving our children from nature-deficit disorder. Chapel Hill: Algonquin, 2005. p. 3.

28. HENRY, A. Surround yourself with nature to boost your productivity. *Lifehacker*. 2012. Disponível em: https://lifehacker.com/surround-yourself-with-nature-to-boost-your-productivit-5876390. Acesso em: 4 abr. 2019.

29. SMEDLEY, T. Swings, slides and iPads: the gaming companies targeting kids' outdoor play. *The Guardian*. 2016. Disponível em: https://www. theguardian.com/sustainable-business/2016/apr/11/ipads-playgroun-d-gaming-companies-targeting-kids-outdoor-play. Acesso em: 4 abr. 2019.

30. TULLEY, G.; SPIEGLER, J. *50 dangerous things*: you should let your children do. New York: New American Library, 2011. p. xv.

31. DUCKWORTH, A. L. *Grit*: the power of passion and perseverance. [S. l.]: TED, 2013. 1 vídeo (6:14 min). Disponível em: https://www.ted. com/talks/angela_lee_duckworth_grit_the_power_of_passion_and_per-severance. Acesso em: 4 abr. 2019.

32. Six declines of modern youth: Kurt Hahn. *Wilderdom*. 2004. Disponível em: http://www.wilderdom.com/sixdeclinesofmodernyouth.html. Acesso em: 4 abr. 2019.

33. Four antidotes to the declines of modern youth: Kurt Hahn. *Wilderdom*. 2007. Disponível em: https://www.wilderdom.com/fourantidotes.html. Acesso em: 4 abr. 2019.

34. OUTWARD BOUND INTERNATIONAL. *Philosophy*. c2019. Dispo-nível em: http://www.outwardbound.net/about-us/philosophy. Acesso em: 4 abr. 2019.

CAPÍTULO 5: **Entenda para que serve a escola**

1. Para mais detalhes ver MURO, M. Manufacturing jobs aren't coming back. *MIT Technology Review*. 2016. Disponível em: https://www.tech-nologyreview.com/s/602869/manufacturing-jobs-arent-coming-back/. Acesso em: 4 abr. 2019.

2. Jovens e crianças juntos, isto é, todos com 24 anos ou menos – represen-tando aproximadamente 40% da população mundial.

3. PHILLIPS, M. Why we need vocational education. *Washington Post*. 2012. Disponível em: https://www.washingtonpost.com/blogs/answer-sheet/post/why-we-need-vocational-education/2012/06/04/gJQA8jHbEV_blog.html?utm_term=.0d6771218864. Acesso em: 4 abr. 2019.

4. Eles incluem: o Hammer Museum at University of California (UCLA), o Skirball Cultural Center, a LA Central Library and Readers of Homer, a iniciativa Project 51's Play the River, o Chinese American Museum, o

California African American Museum, o GRAMMY Museum e o UCLA Art and Global Health Center.

5. Além de ter participado das oficinas Nível 1 da ArtworxLA durante três anos nessa escola, ele fez parte de estágios de arte de 11 semanas no Art Center College of Design and Street Poets (Nível 2). Por meio do programa de bolsas da ArtworxLA (Nível 3), ele concluiu o programa de Aulas de Verão da GRAMMY com duração de uma semana do GRAMMY Museum em 2014 e, no verão de 2015, aprendeu sobre esculturas e artesanato na UCLA.

6. As faculdades dos Estados Unidos normalmente exigem: matemática, três a quatro anos (álgebra, geometria, cálculo); inglês, quatro anos (composição, literatura, discurso); ciências sociais, três a quatro anos (história, sociologia, psicologia, ciência política, geografia, economia); ciências, três anos (biologia, química, física, geologia).

7. FLEMING, G. What are core academic classes? *ThoughtCo.* 2016. Disponível em: https://www.thoughtco.com/what-are-core-academic-classes-1857192. Acesso em: 4 abr. 2019.

8. Para uma abordagem detalhada da criatividade e sobre como ela funciona veja ROBINSON, K. *Out of our minds*: the power of being creative. Hoboken: Wiley, 2017.

9. Existe um interesse e uma literatura crescentes a respeito do pensamento crítico. Para um bom ponto de partida, ver GLASER, E. M. *An experiment in the development of critical thinking.* New York: Teacher's College, Columbia University, 1941.

10. ROBINSON, K.; ARONICA, L. *Finding your element*: how to discover your talents and passions and transform your life. New York: Viking, 2014.

11. SELIGMAN, M. *Flourish*: a visionary new understanding of happiness and well-being. New York: Free, 2011.

12. RATH, T. *Well being*: the five essential elements. New York: Gallup Press, 2011.

13. LYUBOMIRSKY, S. *The how of happiness.* New York: Penguin, 2008. p. 21.

14. RICARD, M. *Happiness*: a guide to developing life's most important skill. New York: Little, Brown, 2007. p. 7.

CAPÍTULO 6: **Escolha a escola certa**

1. Para alguns exemplos práticos ver *Escolas criativas,* especialmente os exemplos da Grange Elementary School na Inglaterra e do Room 13 na Escócia. ROBINSON, K.; ARONICA, L. *Escolas criativas*: a revolução que está transformando a educação. Porto Alegre: Penso, 2019. 262 p.

2. Ver, por exemplo, MORRISON, R.; YOUNG, A.; PARSONS, E.; CIRILLO, P. *Arts education data project California executive summary report.* California: Quadrant Research, 2016. Disponível em: http://www. createca.dreamhosters.com/wp-content/uploads/2016/09/California-Data-Project-Executive-Summary-Report1.pdf. Acesso em: 4 abr. 2019.

3. Minha palestra "Será que as escolas matam a criatividade?" já foi vista *on-line* mais de 47 milhões de vezes em 150 países, sendo a palestra mais vista na história do TED. Claramente a mensagem ecoa. Embora mencione as artes, a palestra não é especificamente sobre elas: falo da educação como um todo e da necessidade de abordagens mais criativas para o ensino e para a aprendizagem em todas as disciplinas. A recepção à palestra confirmou que pessoas de muitas áreas – incluindo artes, ciências, tecnologia, matemática, vida pública e negócios – estão igualmente preocupadas a respeito das políticas públicas que levaram a educação para o caminho errado, e que é essencial, para o bem de nossos filhos e de nossas comunidades, que mudemos essa trajetória. Se estiver interessado, o vídeo da íntegra da palestra está disponível em: https://www.youtube. com/watch?v=iG9CE55wbtY.

4. NIELSEN, C. S.; BURRIDGE, S. *Dance education around the world*: perspectives on dance, young people and change. New York: Routledge, 2015.

5. De acordo com uma avaliação de dois anos do programa na cidade de Nova York realizado por Rob Horowitz, diretor associado do Center for Arts Education Research na Columbia University's Teachers' College. Para mais informações sobre este assunto e sobre as salas de aula dançantes, ver Audrey Cleo em: YAP, A. C. Learning empathy through dance. *The Atlantic*. 2016. Disponível em: https://www.theatlantic.com/education/archive/2016/01/learning-empathy-through-dance/426498/. Acesso em: 4 abr. 2019. As salas de aula dançantes também são abordadas no documentário *Mad hot ballroom*, de 2005.

6. Dancing principals special edition – Toni Walker, Lehigh Elementary, Lee County, FL. *Dancing Classrooms*. 2014. Disponível em: http://www. dancingclassrooms.org/principalspotlight. Acesso em: 4 abr. 2019.

7. DANCING PRINCIPALS. Antwan Allen, St. Mark the Evangelist School, Harlem, NY". *Dancing Classrooms*. 2013. Disponível em: http://www. dancingclassrooms.org/principalspotlight. Acesso em: 4 abr. 2019.

8. Principal Spotlight. *Dancing Classrooms*. Disponível em: http://www. dancing classrooms.org/principalspotlight. Acesso em: 4 abr. 2019.

9. RATEY, J. J. *Spark*: the revolutionary new science of exercise and the brain. New York: Little, Brown, 2013. p. 8.

10. Como destaca Ratey, Naperville 203 é um distrito escolar demograficamente favorecido: "83% brancos, com apenas 2,6% na faixa de baixa renda, comparado a 40% nessa faixa para Illinois como um todo. Suas duas escolas de ensino médio apresentam uma taxa de graduação de 97%. Os principais empregadores da cidade são as ciências – companhias como Argonne, Fermilab e Lucent Technologies, o que sugere que os pais de muitos alunos da Naperville possuem uma boa educação. O jogo – tanto em termos de ambiente quanto de genética – é favorável a Naperville.".

11. RATEY, J. J. *Spark*: the revolutionary new science of exercise and the brain. New York: Little, Brown, 2013. p. 15.

12. RATEY, J. J. *Spark*: the revolutionary new science of exercise and the brain. New York: Little, Brown, 2013. p. 22.

13. AMERICAN FOR THE ARTS. *The state status report*: a review of state and regional arts education studies. Washington: Silk, Mahan, and Morrison, 2015. Disponível em http://www.americansforthearts.org/ sites/default/files/State_Status_Report_Final.pdf. Para mais detalhes ver também http://www.quadrantresearch.org/group-list/priorresearch. Acesso em: 4 abr. 2019.

14. WEIMER, M. Five things students can learn through group work. *The Teaching Professor*. 2013. Disponível em: https://www.teachingprofessor. com/topics/for-those-who-teach/five-things-students-can-learn-through- -group-work/. Acesso em: 4 abr. 2019.

15. KATZ, L. G. The benefits of mixed-age grouping. *ERIC Digests*, p.1-6, 1995. Disponível em: https://files.eric.ed.gov/fulltext/ED382411.pdf. Acesso em: 4 abr. 2019.

16. Há vários exemplos em *Escolas criativas*. Uma busca rápida pela internet revelará muitos outros.

17. THE ASPEN INSTITUTE. *Eric Schaps*. Disponível em: https://www. aspeninstitute.org/our-people/eric-schaps. Acesso em: 4 abr. 2019.

18. SCHAPS, E. Creating a school community. *Educational Leadership,* v. 60, n. 6, 31-33, 2003. Disponível em: http://www.ascd.org/publications/educational-leadership/mar03/vol60/num06/Creating-a-School-Community.aspx. Acesso em: 4 abr. 2019.

19. Para mais informações, acesse http://www.educationrevolution.org.

20. MINTZ, J. *School's over*: how to have freedom and democracy in education. Roslyn Heights: Alternative Education Resource Organization, 2017.

21. Para mais informações sobre esse movimento, acesse Institute for Democratic Education em: http://www.democratic.co.il/en/local-municipalities.

22. Se você está pensando na possibilidade de educação domiciliar, a revista *Parents* tem um guia útil, disponível em: https://www.parents.com/kids/education/.

23. SIZER, B. B. Unschooling 101. *PBS*. [2013?]. Disponível em: http://www.pbs.org/parents/education/homeschooling/unschooling-101. Acesso em: 4 abr. 2019.

24. Alguns estados norte-americanos dificultam mais a desescolarização. Se você estiver pensando nessa possibilidade para seu filho, deve verificar as orientações e restrições locais.

25. STEVENS, E. What is unschooling? *The Natural Child Project*. 1994. Disponível em: https://www.naturalchild.org/articles/guest/earl_stevens.html. Acesso em: 4 abr. 2019.

26. VANGELOVA, L. How do unschoolers turn out? *MindShift*. 2014. Disponível em: https://www.kqed.org/mindshift/37091/how-do-unschoolers-turn-out. Acesso em: 4 abr. 2019. A estação pública de televisão e rádio KQED reuniu uma lista de recursos para escolarização doméstica e desescolarização em: https://www.kqed.org/search?q=guide%20to%20the%20best%20home%20schooling.

27. ROBINSON, K.; ARONICA, L. *Escolas criativas*: a revolução que está transformando a educação. Porto Alegre: Penso, 2019. p. 254.

28. Para mais informações, ver What is Steiner education? Disponível em: https://www.steinerwaldorf.org/steiner-education/what-is-steiner-education/.

29. Para mais informações, ver http://www.summerhillschool.co.uk/.

CAPÍTULO 7: **Vá à fonte**

1. SMITH, A. *High performers*: the secrets of successful schools. Carmarthen, Wales: Crown, 2011.

2. FINE, S. M. A slow revolution: toward a theory of intellectual playfulness in high school classrooms. *Harvard Educational Review*, v. 84, n. 1, p. 1-23, 2014.

3. WILLIS, J. *Research-based strategies to ignite student learning*: insights from a neurologist and classroom teacher. Alexandria, VA: Association for Supervision and Curriculum Development, 2006.

4. EMDIN, C. *Teach teachers how to create magic*. [S. l.]: TED, 2013. Disponível em: https://www.ted.com/speakers/chris_emdin. Acesso em: 4 abr. 2019. Ele é o fundador da Science Genius B.A.T.T.L.E.S. (Bring Attention to Transforming Teaching, Learning and Engagement in Science), que mostra como trazer as ferramentas do *hip-hop* para as salas de aula.

5. KREMER, W. Does confidence really breed success? *BBC News*. 2013. Disponível em: https://www.bbc.com/news/magazine-20756247. Acesso em: 4 abr. 2019.

6. BUILDING LEARNING POWER. *Overview*. 2014. Disponível em: https://www.buildinglearningpower.com/about/. Acesso em: 4 abr. 2019.

7. GRASHA, A. F. A matter of style: the teacher as expert, formal authority, personal model, facilitator, and delegator, *College Teaching*, v. 42, n. 4, p. 143, 1994. Disponível em: http://www.jstor.org/stable/27558675? origin=JSTOR-pdf. Acesso em: 4 abr. 2019.

8. SAHLBERG, S. Q: what makes finnish teachers so special? A: it's not brains. *The Guardian*. 2015. Disponível em: https://www.theguardian. com/education/2015/mar/31/finnish-teachers-special-train-teach. Acesso em: 4 abr. 2019.

9. RIPLEY, A. What makes a great teacher. *The Atlantic*. 2010. Disponível em: https://www.theatlantic.com/magazine/archive/2010/01/what-makes-a-great-teacher/307841/. Acesso em: 4 abr. 2019.

10. O sucesso da Edcamp em empoderar os educadores foi reconhecido por várias organizações, incluindo o U.S. Department of Education, a Association for Supervision and Curriculum Development (ASCD), as TED Talks e a Bill and Melinda Gates Foundation. Mais importante, ele se espalhou e encontrou um grande apoio entre seus seguidores: educadores

dedicados a melhorar sua prática, o campo e a aprendizagem dos alunos. Para mais informações, ver http://www.edcamp.org.

11. BRYK, A. S.; SEBRING, P. B.; ALLENSWORTH, E.; LUPPESCU, S.; EASTON, J. Q. Organizing schools for improvement: lessons from Chicago. *Uchicago Consortium on School Research*. 2010. Disponível em: https://consortium.uchicago.edu/publications/organizing-schools-improvement-lessons-chicago. Acesso em: 4 abr. 2019.

12. HENDERSON, A. T.; MAPP, K. L.; AVERETT, A. *A new wave of evidence*: the impact of school, family, and community connections on student achievement. Austin: National Center for Family and Community Connections with Schools, 2002.

13. KOHN, A. *The homework myth*: why our kids get too much of a bad thing. Cambridge: Da Capo, 2008.

14. A pesquisa *on-line* com mais de 1.000 professores em tempo integral de ensino fundamental e médio nos Estados Unidos foi realizada em nome da University of Phoenix College of Education por Harris Poll. Disponível em: https://www.phoenix.edu/.

15. NATIONAL CENTER FOR EDUCATION STATISTICS. *Table 35*: Average hours spent on homework per week and percentage of 9th-through 12th-grade students who did homework outside of school and whose parents checked that homework was done, by frequency of doing homework and race/ethnicity. *2007*. Disponível em: https://nces.ed.gov/pubs2012/2012026/tables/table_35.asp. Acesso em: 4 abr. 2019.

16. NATIONAL CENTER FOR EDUCATION STATISTICS. *NAEP 1994 trends in academic progress*. 1994. Disponível em: https://nces.ed.gov/nationsreportcard//pdf/main1994/96045.pdf. Acesso em: 4 abr. 2019.

17. UNIVERSITY OF PHOENIX. Homework anxiety: survey reveals how much homework k-12 students are assigned and why teachers deem it beneficial. *UOPX News*. 2014. Disponível em: https://www.phoenix.edu/news/releases/2014/02/survey-reveals-how-much-homework-k-12-students-are-assigned-why-teachers-deem-it-beneficial.html. Acesso em: 4 abr. 2019.

18. BIDWELL, A. Students spend more time on homework but teachers say it's worth it. *U.S. News & World Report*. 2014. Disponível em: https://www.usnews.com/news/articles/2014/02/27/students-spend-

-more-time-on-homework-but-teachers-say-its-worth-it. Acesso em: 4 abr. 2019.

19. COOPER, H.; ROBINSON, J. C.; PATALL, E. A. Does homework improve academic achievement? a synthesis of research, 1987-2003. *Review of Educational Research*, v. 76, n. 1, p. 1-62, 2006.

20. DUKE TODAY. *Duke study*: homework helps students succeed in school, as long as there isn't too much. 2006. Disponível em: https://today.duke.edu/2006/03/homework.html. Acesso em: 4 abr. 2019.

21. Cooper reconhece muitas limitações na pesquisa atual sobre a questão do dever de casa. Por exemplo, poucas pesquisas foram realizadas sobre como a raça, a situação socioeconômica ou o nível de habilidade afeta a importância do dever de casa no desempenho dos alunos.

22. REILLY, K. Is homework good for kids? Here's what the research says. *Time*, 30 ago. 2016. Disponível em: http://time.com/4466390/homework-debate-research. Acesso em: 4 abr. 2019.

23. HEALY, M. New trend: no homework for elementary students. *Psychology Today*. 2017. Disponível em: https://www.psychologytoday.com/us/blog/creative-development/201708/new-trend-no-homework-elementary-students. Acesso em: 4 abr. 2019.

24. STRAUSS, V. What happened when one school banned homework – and asked kids to read and play instead. *Washington Post*. 2017. https://www.washingtonpost.com/news/answer-sheet/wp/2017/02/26/whathappened-when-one-school-banned-homework-and-asked-kids-to-read-and-play-instead/?utm%5fterm=.bce0129859e4. Acesso em: 4 abr. 2019.

25. BASSETT, P. F. When parents and schools align. *Independent School*. 2009. Disponível em: https://www.nais.org/magazine/independent-school/winter-2009/when-parents-and-schools-align/. Acesso em: 4 abr. 2019.

CAPÍTULO 8: **Construa o relacionamento**

1. AHLBERG, A. *Collected poems*. London: Puffin, 2008.

2. Você pode saber mais sobre o Blackboard Learn em https://www.blackboard.com/blackboard-learn/index.html. Informações sobre o Edmodo podem ser encontradas em https://www.edmodo.com. Para mais informações sobre Fresh Grade, acesse https://www.freshgrade.com.

3. O trabalho de Richard foi apresentado no livro *The Element*. Ele agora é autor, palestrante e conselheiro na área de educação e desenvolvimento corporativo. Disponível em: http://www.richardgerver.com.

4. CAPRETTO, L. *38 easy ways to get involved in the classroom*. *Oprah. com*. 2010. Disponível em: http://www.oprah.com/relationships/38-ways--for-parents-to-get-involved-in-the-classroom-back-to-school/all. Acesso em: 4 abr. 2019.

5. WILDE, M. Real-life stories about improving schools. *Great Schools*. 2015. Disponível em: http://www.greatschools.org/gk/articles/improving-schools. Acesso em: 4 abr. 2019.

6. ASHLINE, J. 5 reasons you should volunteer at your child's school. *Orange County Register*. 2012. Disponível em: http://www.ocregister.com/articles/child-374635-reasons-volunteer.html. Acesso em: 4 abr. 2019.

7. National standards for family-school partnerships: e-learning course notes. *PTA.org*, 2014. Disponível em: https://www.pta.org/home/run--your-pta/National-Standards-for-Family-School-Partnerships. Acesso em: 4 abr. 2019.

8. THORNTON, O. Families: an essential ingredient for student success and excellent schools. *Huffington Post*. 2014. Disponível em: http://www. huffingtonpost.com/otha-thornton/families-an-essential-ing_b_5232446. html. Acesso em: 4 abr. 2019.

9. Home-to-school connections guide. *Edutopia*. c2019. Disponível em: http://www.edutopia.org/home-to-school-connections-resource-guide. Acesso em: 3 set. 2017. Acesso em: 4 abr. 2019.

10. Se você acha que isso é algo que você gostaria de fazer, você pode aprender mais sobre como concorrer ao comitê escolar no seu estado visitando https://www.nsba.org/services/state-association-services.

11. BROWN, A. C. Comunicação pessoal, 5 out. 2016.

12. Para mais informações sobre isso e iniciativas relacionadas, ver o documento *Turnaround arts, summary of key findings*, disponível em: http://artsedwashington.org/news/turnaround-arts-initiative-shares-key-findings, elaborado pelo President's Committee on the Arts and Humanities, 2015.

13. Para mais informações sobre a Orchard Gardens, acesse http://orchard-gardensk8.org/about/a-message-from-principal-megan-webb/. Acesse também http://www.huffingtonpost.com/2013/05/02/orchard-gardens-andrew-bott_n_3202426.html.

14. Para muitos outros, ver ROBINSON, K.; ARONICA, L. *Escolas criativas*: a revolução que está transformando a educação. Porto Alegre: Penso, 2019.

15. STRAUSS, V. Concrete victories won by the anti-testing movement (so far). *Washington Post*. 2015. Disponível em: https://www.washington-post.com/news/answer-sheet/wp/2015/11/17/concrete-victories-won-by--the-anti-testing-movement-so-far/?utm_term=.371932e03902. Acesso em: 4 abr. 2019.

16. What we believe. *Parents Across America*. 2016. Disponível em: http://parentsacrossamerica.org/what-we-believe-2.

17. CENTER FOR EDUCATION REFORM. *Advocacy*. c2019. Disponível em: https://www.edreform.com/issues/choice-charter-schools/advocacy. Acesso em: 29 nov. 2016. Acesso em: 4 abr. 2019.

18. PARENT REVOLUTION. *School transformation*. c2019. Disponível em: http://parentrevolution.org. Acesso em: 4 abr. 2019.

CAPÍTULO 9: Enfrente o problema

1. CROUCH, M. 22 things your kid's principal won't tell you. *Reader's Digest*. 2012. Disponível em: https://www.rd.com/?s=22+things+your+kid%E2%80%99s+principal+won%E2%80%99t+tell+you. Acesso em: 4 abr. 2019.

2. MOMENTOUS INSTITUTE. *Services*: momentous school. Disponível em: https://momentousinstitute.org/services/momentous-school. c2019. Acesso em: 4 abr. 2019.

3. GREGOIRE, C. School stress: 8 awesome ways high schools are helping students unplug & recharge. *Huffington Post*. 2013. http://www.huffing-tonpost.com/2013/03/04/school-stress-8-awesome-w_n_2806869.html. Acesso em: 4 abr. 2019.

4. BROTMAN, F. *The unforgettable Amanda Todd story*. 2016. Disponível em: https://prezi.com/wann7qhhknny/the-unforgettable-story-of-aman-da-todd/. Acesso em: 4 abr. 2019.

5. School bullying. *NoBullying.com*. 2016. Disponível em: https://no-bullying.com/school-bullying. Acesso em: 4 abr. 2019.

6. STOPBULLYING. *Facts about bullying*. 2017. Disponível em: https://www.stopbullying.gov/media/facts/index.html#listing. Acesso em: 4 abr. 2019.

7. Designing effective bullying prevention response. *NoBullying.com*. 2015. Disponível em: https://nobullying.com/designing-effective-bullying-prevention-response. Acesso em: 4 abr. 2019.

8. PULIDO, M. L. My child is the bully: tips for parents. *Huffington Post*. 2012. http://www.huffingtonpost.com/mary-l-pulido-phd/bullying_b_1435791.html. Acesso em: 4 abr. 2019.

9. A primeira versão (DSM-I) foi publicada em 1952 e desde então tem sido revisada periodicamente. As duas primeiras edições não incluíam o TDAH como uma condição reconhecida. O DSM-II foi publicado em 1968 e nele oTDAH foi denominado *reação hipercinética da infância*. Apenas na versão DSM-III, em 1980, o termo *distúrbio de déficit de atenção* (DDA) apareceu pela primeira vez. Edições posteriores, incluindo a mais recente, DSM-V, adotaram o termo TDAH.

10. A Ritalina atua estimulando o sistema nervoso central e aumentando a concentração de dopamina no cérebro. Ela foi aprovada pela Food and Drug Administration dos Estados Unidos como um tratamento para hiperatividade na metade da década de 50. O Adderall é uma anfetamina, semelhante à benzedrina, e está disponível como uma marca desde 1996.

11. HOOGMAN, M. et al. Subcortical brain volume differences in participants with attention deficit hyperactivity disorder in children and adults: a cross-sectional mega-analysis. *The Lancet*, v. 4, n. 4, p. 310-319, 2017. Disponível em: https://www.thelancet.com/journals/lanpsy/article/PIIS2215-0366(17)30049-4/fulltext. Acesso em: 4 abr. 2019. Uma equipe de neurocientistas analisou tomografias de crânio de mais de 3.200 pessoas entre 4 e 63 anos (com a idade média de 14 anos). Foi medido o volume cerebral total, bem como o volume de sete regiões cerebrais que eram consideradas associadas à TDAH. Aproximadamente metade dos participantes apresentou um diagnóstico de TDAH.

12. Myth #1: ADHD is not a real disorder. *Chadd*. Disponível em: https://www.chadd.org/understanding-adhd/about-adhd/myths-and-misunderstandings.aspx#myth1. Acesso em: 4 abr. 2019.

13. SAUL, R. ADHD does not exist, writes Dr. Richard Saul. *Time*, 2014. Disponível em: http://time.com/25370/doctor-adhd-does-not-exist. Acesso em: 4 abr. 2019.

14. Enquanto apenas 2,8% dos meninos nascidos em setembro apresentam essa condição, o cenário salta para 4,5% para os nascidos em agosto, aumentando rapidamente ao longo do ano escolar. Para as meninas,

passou de 0,7% para 1,2%. Os autores concluem que a idade relativa pode desempenhar um papel em ser diagnosticado com TDAH e receber medicação entre crianças e adolescentes. Eles reconhecem que a questão não é tão simples quanto assumir que a idade sempre influencia os sintomas da TDAH, "uma vez que realmente vemos um número significativo de adultos comparecendo a serviços psiquiátricos pela primeira vez com sintomas de TDAH... Nossas descobertas enfatizam a importância de levar em conta a idade de uma criança em um determinado ano escolar ao diagnosticar a TDAH". KNAPTON, S. ADHD is vastly overdiagnosed and many children are just immature, say scientists. *The Telegraph*, 2016. Disponível em: http://www.telegraph.co.uk/news/science/science-news/12189369/ADHD-is-vastly-overdiagnosed-and-many-children-are-just-immature-say-scientists.html. Acesso em: 4 abr. 2019

15. Relatório elaborado pela empresa de pesquisas de mercado IBIS World, em 2017. Disponível em: https://www.ibisworld.com/industry-trends/specialized-market-research-reports/life-sciences/prescription-drugs/adhd-medication-manufacturing.html.

16. Ver WHELAN, L. Sales of ADHD meds are skyrocketing: here's why. *Mother Jones*. 2015. Disponível em: http://www.motherjones.com/environment/2015/02/hyperactive-growth-adhd-medication-sales/. Acesso em: 4 abr. 2019; ver também HINSHAW, S. P.; SCHEFFLER, R. M. *The ADHD explosion*: myths, medication, money, and today's push for performance. New York: Oxford University, 2014.

17. SCHWARZ, A. Still in a crib, yet being given antipsychotics. *New York Times*. 2015. Disponível em: https://www.nytimes.com/2015/12/11/us/psychiatric-drugs-are-being-prescribed-to-infants.html. Acesso em: 4 abr. 2019; SCHWARZ, A. Thousands of toddlers are medicated for ADHD, report finds, raising worries. *New York Times*, 16 may 2014. Disponível em: https://www.nytimes.com/2014/05/17/us/among-experts-scrutiny-of-attention-disorder-diagnoses-in-2-and-3-year-olds.html. Acesso em: 4 abr. 2019.

18. BOFFEY, D. Children's hyperactivity "is not a real disease", says US expert. *The Guardian*. 2014. Disponível em: https://www.theguardian.com/society/2014/mar/30/children-hyperactivity-not-real-disease-neuroscientist-adhd. Acesso em: 4 abr. 2019.

19. THE INSTITUTE OF MENTAL HEALTH. The reality of ADHD — CANDAL researchers. *IMH Blog* (Nottingham). 2014. Disponível em:

https://imhblog.wordpress.com/2014/04/14/the-reality-of-adhd-candal-
-researchers/. Acesso em: 4 abr. 2019.

CAPÍTULO 10: **Olhe para o futuro**

1. ROBINSON, K.; ARONICA, L. *Finding your element*: how to discover
your talents and passions and transform your life. New York: Viking,
2013.

2. NEWMAN, S. How to support and nurture your child's passions. *Psychology Today*. 2015. Disponível em: https://www.psychologytoday.com/intl/
blog/singletons/201510/how-support-and-nurture-your-childs-passions.
Acesso em: 4 abr. 2019.

3. FRANKEL, V. Help your kid find her passion. *Good House-Keeping*.
2011. Disponível em: http://www.goodhousekeeping.com/life/parenting/
tips/a18330/nurture-your-childs-interests. Acesso em: 4 abr. 2019

4. ARMSTRONG, T. *50* ways to bring out your child's best. *American
Institute for Learning and Human Development*. 1993. Disponível em:
http://www.institute4learning.com/articles/50_ways.php. Acesso em:
4 abr. 2019.

5. A desigualdade de renda é maior que 17.500 dólares por ano em salários
de tempo integral para aqueles com idades entre 25 e 32 anos. Em 1979,
a diferença era de 9.690 dólares (valores ajustados). KURTZLEBEN, D.
Study: income gap between young college and high school grads widens.
U.S. News & World Report. 2014. Disponível em: http://www.usnews.
com/news/articles/2014/02/11/study-income-gap-between-young-college-
-and-high-school-grads-widens. Acesso em: 4 abr. 2019.

6. ABEL, J. R.; DEITZ, R. Working as a barista after college is not as com-
mon as you might think. *Liberty Street Economics*. 2016. Disponível
em: https://libertystreeteconomics.newyorkfed.org/2016/01/working-
-as-a-barista-after-college-is-not-as-common-as-you-might-think.html.
Acesso em: 4 abr. 2019.

7. MITCHELL, T. Chart: see 20 years of tuition growth at national univer-
sities. *U.S. News & World Report*. 2015. Disponível em: http://www.us-
news.com/education/best-colleges/paying-for-college/articles/2015/07/29/
chart-see-20-years-of-tuition-growth-at-national-universities. Acesso em:
4 abr. 2019.

8. SPARSHOTT, J. Congratulations, class of 2015. You're the most indebted
ever (for now). *Wall Street Journal*, may 2015.

9. Veja *One in seven*, um relatório do Measure of America Project of the Social Sciences Research Council. Disponível em: http://www.measureofamerica.org. De acordo com o relatório, "Das 25 maiores áreas metropolitanas, Boston e Minneapolis – St. Paul apresentam o melhor desempenho, com menos de um entre dez jovens desconectado dos mundos da escola e do trabalho. Em Phoenix, cerca de uma a cada cinco está desconectado. Os afro-americanos apresentam a taxa mais elevada de desconexão de jovens, com 22,5%. Em Pittsburgh, Seattle, Detroit e Phoenix um entre quatro jovens americanos está desconectado. Latinos possuem a segunda maior taxa nacional de desconexão de jovens, com 18,5%. Em Boston, Nova York e Phoenix, cerca de um em cinco jovens latinos estão desconectados".

10. OLSON, M. P. A multilateral approach to bridging the global skills gap. *Cornell HR Review*. 2015. Disponível em: https://digitalcommons.ilr.cornell.edu/cgi/viewcontent.cgi?article=1072&context=chrr. Acesso em: 4 abr. 2019.

11. Table A. Job openings, hires, and total separations by industry, seasonally adjusted. *Bureau of Labour Statistics*. 2016. Disponível em: http://www.bls.gov/news.release/jolts.a.htm. Acesso em: 4 abr. 2019.

12. MORRISON, B. Correspondência pessoal, jul. 2017.

13. GILLESPIE, P. America has near record 5.6 million job openings. *CNN-Money*. 2016. Disponível em: https://money.cnn.com/2016/02/09/news/economy/america-5-6-million-record-job-openings/. Acesso em: 4 abr. 2019.

14. Report: vocational training misses mark in many countries. *U.S. News & World Report*. 2014. Disponível em: http://www.usnews.com/news/articles/2014/11/18/report-vocational-training-misses-mark-in-many-countries. Acesso em: 4 abr. 2019.

15. Our story. *Big picture learning*. c2019. Disponível em: https://www.bigpicture.org/apps/pages/index.jsp?uREC_ID=389353&type=d&pREC_ID=882353. Acesso em: 4 abr. 2019.

16. GORDON, J. Why I'm telling some of my students not to go to college. *PBS Newshour*. 2015. Disponível em: https://www.pbs.org/newshour/education/im-telling-students-go-college. Acesso em: 4 abr. 2019.

17. ASSOCIATION FOR CAREER & TECHNICAL EDUCATION. *Frequently asked questions*. c2019. Disponível em: https://www.acteonline.org/general.aspx?id=2733#many_cte. Acesso em: 4 abr. 2019.

18. Uma lista extensa de escolas de comércio está disponível em http://www.rwm.org e o Department of Consumer Affairs lista as instituições aprovadas pela agência para educação particular de ensino superior na Califórnia. Disponível em: http://www.bppe.ca.gov/schools/approved_schools.shtml.

19. O programa começou pagando 28 dólares por hora e depois passou para 42 dólares por hora assim que ele conseguiu desenvolver as habilidades necessárias. As vagas para trabalho com aprendiz são frequentemente muito disputadas e difíceis de serem localizadas. O Departamento do Trabalho dos Estados Unidos disponibiliza uma ferramenta de localização de trabalhos como aprendiz em https://www.careeronestop.org/toolkit/training/find-apprenticeships.aspx.

20. GILLESPIE, P. The $100,000 job: be an apprentice and bridge the jobs skills gap. *CNNMoney*. 2015. https://money.cnn.com/2015/10/01/news/economy/america-job-skills-gap-apprentice/index.html. Acesso em: 4 abr. 2019.

21. PHILLIPS, M. Why should we care about vocational education? *Edutopia*. 2012. Disponível em: https://www.edutopia.org/blog/vocational-education-benefits-mark-phillips. Acesso em: 4 abr. 2019.

22. DUESTERBERG, T. Austria's successful model for vocational education: lessons for the US. *Aspen Institute*. 2013. Disponível em: https://www.aspeninstitute.org/blog-posts/austria-s-successful-model-vocational-education-lessons-us/. Acesso em: 4 abr. 2019.

23. Vocational education and training (VET). *Australian Bureau of Statistics*. 2012. Disponível em: http://www.abs.gov.au/ausstats/abs@.nsf/Lookup/1301.0Main+Features1062012. Acesso em: 4 abr. 2019.

24. ZINNY, G. S. Vocational education and training: the australian model. *Huffington Post*. 2016. Disponível em: http://www.huffingtonpost.com/gabriel-sanchez-zinny/vocational-education-and-_b_10587444.html. Acesso em: 4 abr. 2019.

25. CAROLIS, D. M. We are all entrepreneurs: it's a mindset, not a business model. *Forbes*. 2014. Disponível em: http://www.forbes.com/ sites/forbeswomanfiles/2014/01/09/we-are-all-entrepreneurs-its-a-mindset-not--a-business-model/#7d90bcc4cd16. Acesso em: 4 abr. 2019.

26. AMERICAN GAP ASSOCIATION. *Gap year data & benefits*. [1999?]. Disponível em: http://www.americangap.org/data-benefits.html. Acesso em: 4 abr. 2019.

27. PRINCETON UNIVERSITY. Our stories. *The Princeton Gap Year Network*. c2019. Disponível em: https://gapyear.princeton.edu/blurbs. Acesso em: 4 abr. 2019.

28. YANCEY-SIEGEL, W. Taking a gap year to get ahead: 4 alumni share their stories. *InformED*. 2016. Disponível em: https://www.opencolleges. edu.au/informed/future-of-education/taking-a-gap-year-to-get-ahead- -4-alums-share-their-stories/. Acesso em: 4 abr. 2019.

29. GLADU, A. Taking a gap year before college: 3 collegiette success stories. *Her Campus*. 2013. Disponível em: https://www.hercampus.com/lifestyle/ bridging-gap-reasons-take-year-college-why-these-girls-did. Acesso em: 4 abr. 2019.

30. Para saber mais, acesse: https://usagapyearfairs.org/programs. The American Gap Association também pode ser um recurso valioso para aprender mais sobre anos sabáticos.

Índice